KB252670

난해한 구약에 대한
평신도의 생각들

난해한 구약에 대한

평신도의 생각들

ⓒ 김대진, 2026

초판 1쇄 발행 2026년 3월 5일

지은이　　김대진
펴낸이　　이기봉
편집　　　좋은땅 편집팀
펴낸곳　　도서출판 좋은땅
주소　　　서울특별시 마포구 양화로12길 26 지월드빌딩 (서교동 395-7)
전화　　　02)374-8616~7
팩스　　　02)374-8614
이메일　　gworldbook@naver.com
홈페이지　www.g-world.co.kr

ISBN　979-11-388-5462-7 (03230)

| 주께서 선한 것이 무엇임을 네게 보이셨나니 (미 6:8) |

난해한 구약에 대한
평신도의 생각들

김대진 지음

A Layman's Contemplations

좋은땅

프롤로그

구약성경은 참으로 낯설게 느껴집니다.

수천 년 전 사람들의 언어와 관습, 전쟁과 법, 정결 규례와 제사까지—오늘날의 감성과 상식으로는 선뜻 받아들이기 어려운 이야기들로 가득합니다.

그 앞에 서면 제 마음속에서는 늘 작은 경계심이 피어올랐습니다.
"이걸 어떻게 이해해야 하지?"
"이 말씀이 지금의 나와 어떤 관련이 있을까?"
"왜 이런 어려운 이야기들이 성경에 포함된 걸까?"
오랜 세월 교회를 다녔지만, 구약은 여전히 제게 '항상 다시 시작해야 하는 책'이었습니다.

창세기의 익숙한 장면 몇 곳을 지나면, 곧바로 생소한 이름들, 낯선 규례들, 받아들이기 쉽지 않은 하나님의 명령들이 이어졌습니다. 때로는 무섭고, 때로는 혼란스럽고, 때로는 솔직히 마음이 불편해지는 대목들 앞에서 저는 여러 번 멈춰 설 수밖에 없었습니다.

그런데 멈춘 그 자리에서 새로운 질문들이 생겨났습니다. 그리고 그 질문들이 오히려 저를 다시 구약으로 이끌었습니다. 질문을 품고 구약을 바라

보니, 이전에는 보이지 않던 길들이 조금씩 열리기 시작했습니다.
하나님이 왜 그런 방식으로 일하셨는지,
왜 어떤 시대에는 전쟁과 심판의 언어가 많고
왜 어떤 장르는 시적이며 또 어떤 장르는 역사적인지,
왜 동일한 사건이 서로 다른 책에서 다르게 기록되었는지…
이러한 물음들은 오히려 구약을 이해하는 시작점이 되었습니다.

저는 신학자도 아니고, 히브리어를 깊이 연구한 학자도, 목회자도 아닙니다. 그저 성경 앞에서 기뻐하기도, 슬퍼하기도, 혼란스러워하기도 하는 한 명의 평신도입니다. 그래서 이 책은 '정답'을 제시하려는 책이 아닙니다. 다만 난해한 구약을 읽으며 제가 품었던 질문들, 그 질문을 풀기 위해 찾아보았던 역사적 배경들, 그 과정에서 마음에 남은 작은 깨달음들을 담담히 나누고자 합니다.

구약은 어렵지만, 그 어려움 속에 깊이가 있습니다. 난해하지만, 그 난해함 속에는 우리가 놓치기 쉬운 하나님의 시선이 숨어 있습니다. 우리 시대의 감성과는 다르지만, 그 다름이 오히려 우리가 잃어버린 하나님 나라의 관점을 되찾게 해 줍니다.

이 책은 구약을 전문적으로 연구하려는 분들을 위한 학술서가 아닙니다. 다만 저와 비슷하게 구약 앞에서 자주 멈칫했던 분들, 그러면서도 다시 한 번 읽어 보고 싶은 마음을 가진 분들에게 작은 길잡이가 되기를 바라는 마음으로 썼습니다.

이미 성경을 여러 차례 읽어 보았으나 구약의 흐름 속에서 길을 잃고 돌아가기를 반복하던 분들에게, 이 책이 조금이나마 방향을 잡는 데 도움이 되었으면 합니다.

무엇보다 이 책이 독자 여러분을 다시 성경 본문으로 초대하는 작은 등불이 되기를 바랍니다. 질문을 두려워하지 않고, 이해되지 않는 부분 앞에서 멈추는 것도 괜찮다는 마음으로, 구약이 들려주는 하나님의 크고 넓은 이야기를 함께 걸어가기를 소망합니다.

구약은 결국 하나님의 이야기입니다.
그 이야기는 인간의 역사와 질문 속에서 전해졌지만, 하나님께서 당신을 드러내시고 인도하신 섭리의 이야기이기도 합니다.

멀고 낯설게 느껴지는 장면들 속에서도 하나님은 언제나 인간을 향해 손을 내밀고 계셨습니다. 그 손을 찾고자 하는 우리의 작은 시도가, 지금 이 책을 펼치는 순간 이미 시작되었다고 믿습니다.

물론 이 책 한 권으로 구약의 모든 내용을 설명할 수는 없습니다. 그러나 이 책이 구약을 읽는 길에서 만나는 질문들을 함께 정리해 보는 작은 지도(Map)가 된다면, 저에게는 그것으로 충분합니다.

부디 이 여정이 독자 여러분의 신앙에 새로운 시선과 질문, 작은 기쁨을 더해지시길 기도드립니다.

목차

1부
구약에 대한 이해

2부
율법서 - 구약 신앙의 기초를 세우다 -

6부

예언서 - 하나님의 메시지와 미래의 소망 -

고지 사항

이 책은 저자의 개인적 묵상과 신앙적 탐구, 그리고 공개된 연구 자료와 다양한 신학적 논의를 바탕으로 집필되었습니다. 따라서 특정 교단이나 교파의 공식 입장을 대변하지 않으며, 정통 신학의 최종적 결론을 제시하려는 목적도 없습니다.

본서는 성경의 영감과 정경성, 그리스도 중심성에 대한 기독교 신앙의 전통적 고백 위에서, 구약성경을 하나님의 계시와 섭리, 구속사적 이야기로 바라보려는 신앙적 시도입니다. 제시된 해석과 주장은 완성된 답변이 아니라, 더 깊은 신학적 성찰과 건강한 신앙적 대화를 위한 출발점으로 제안됩니다.

따라서 본서는 성경 해석의 다양한 학문적 접근을 소개하되, 그 어떤 해석도 교회의 신앙고백과 분리되어 이해될 수 없다는 것을 전제로 합니다.

본서에서 사용된 '편집'은 하나님의 섭리 안에서 이루어진 신앙적 정리를, '전승'은 신앙 공동체 안에 보존된 기억을 의미합니다.

또한 본서에서 말하는 '작품'이라는 표현은 성경을 인간의 산물로 환원하려는 의도가 아니라, 하나님의 계시가 역사 속에서 형성되어 온 과정을 가리키기 위해 사용되었습니다.

이 책이 독자 여러분이 말씀 안에서 하나님을 더 깊이 알고, 그분의 뜻을 따라 신앙의 길을 걸어가시는 데 작은 동반자가 되기를 바랍니다.

1부

구약에 대한 이해

1.

난해한 구약, 왜 이렇게 어려울까?

구약성경을 읽다 보면 오늘날의 상식이나 문화로는 쉽게 이해되지 않는 내용들이 자주 등장합니다. 때로는 "이것이 정말 신약에서 말하는 사랑과 자비의 하나님이 맞는가?"라는 질문까지 나오기도 합니다. 그래서 많은 신앙인들이 구약 전체를 읽기보다 마음에 드는 특정 구절만 골라 읽거나, 이해하지 못한 채 기계적으로 반복해서 읽는 경우도 있습니다. 심지어는 성경 자체에 대한 신뢰와, 더 나아가 기독교 신앙 전체에 대한 회의로 이어지기도 합니다.

그렇다면 구약이 어렵게 느껴지는 이유는 무엇일까요? 여러 신학자와 목회자들은 그 이유를 '거리(距離)의 문제'와 '장르의 문제'로 설명합니다.

거리(距離)의 문제

구약과 오늘 우리가 살아가는 시대 사이에는 여러 차원의 '거리'가 존재합니다. 이 거리가 제대로 인식되지 않으면 구약은 당연히 낯설고 어렵게 느껴집니다.

① 시대적 거리

가장 오래된 성경 본문과 오늘날 사이에는 3천 년 이상의 시간이 흐르고 있습니다. 당시의 세계관, 사회 질서, 법체계, 가치관은 오늘과 전혀 다릅니다. 이 시간의 간극을 무시하면 성경 해석에 오해가 생길 수밖에 없습니다.

② 문화적 거리

구약은 '고대 중동(근동)'이라는 독특한 문화권에서 기록되었습니다. 가부장적 구조, 명예·수치 문화, 부족 중심 사회 등 우리는 거의 경험해 보지 못한 문화가 배경이 됩니다. 우리의 현대적 감정을 그대로 적용하면 이해가 어긋나게 됩니다.

③ 언어적 거리

구약의 언어인 히브리어는 상징, 이미지, 반복, 병행법 같은 표현을 좋아하는 언어입니다. 하지만 우리는 이를 한국어로 된 번역본으로 읽다 보니 미묘한 의미나 의도를 놓치기도 합니다.

④ 종교적·신학적 거리

제사, 정결 규례, 전쟁 규례, 언약의 개념 등은 신약과도 다른 신학적 틀 안에서 이해해야 합니다. 구약의 종교적 삶과 신약의 신앙생활은 연속성을 가지면서도 분명한 차이가 있습니다.

하지만 대부분의 사람들은 자신이 살아가는 시대의 문화와 정서를 기준으로 구약을 읽습니다. 그러다 보니 자연스럽게 여러 오해가 생기기도 합니다.

고대 근동의 법과 전쟁 문화를 이해하지 못해 "구약은 잔인하다"라고 평가하기도 하고, 구약이 심판과 공의를 강조한 이야기라는 것을 간과한 채 "구약의 하나님과 신약의 하나님이 너무 다르다"라고 판단하기도 합니다. 더 나아가 구약이 신약을 이해하게 하는 기초이며 복음의 배경이라는 점을 놓치고 "구약의 율법은 우리와는 상관없다"라고 빠르게 결론을 내리기도 합니다.

이처럼 '거리'를 고려하지 못하면 구약은 자연스럽게 낯설고, 때로는 두렵기까지 한 책으로 느껴질 수 있습니다.

장르의 문제

구약은 한 권이 아니라 다양한 문학 장르로 이루어진 39권의 책들의 집합입니다. 각 장르는 읽는 방법이 다르기 때문에, 이를 구분하지 않으면 해석에 오류가 생길 수 있습니다.

① 역사서

이스라엘의 실제 사건들을 기록하지만, 단순한 연대기 목적이 아니라 신학적 메시지를 전달하려는 기록입니다.

② 시가서

시편, 잠언, 욥기 등은 시적 표현과 상징이 많습니다. "산들이 뛰놀고", "하늘이 외친다”와 같은 표현을 문자 그대로 해석하면 오해가 생기게 됩니다.

③ 지혜문학

삶의 원리와 통찰을 주지만, 모든 상황에 기계적으로 적용되는 '법칙'은 아닙니다. 장르를 구분하지 않으면 구약은 복잡한 퍼즐처럼 느껴지고, 어떤 구절은 충돌하는 것처럼 보이기도 합니다.

④ 예언서

미래 예언뿐 아니라 당시 사회의 죄악을 고발하고 회개를 촉구하는 설교적 성격이 강합니다. 또한 상징적 표현이나 비유가 많기 때문에 “이것이 어떻게 성취되었나?”만을 보게 되면 여러 가지 오해와 고민이 생기게 됩니다.

그렇다면 어떻게 읽어야 할까?

구약의 난해함을 이해하는 것은 결국 올바르게 읽기 위한 첫 단계입니다. 거리와 장르를 이해하면 구약은 더 이상 두려운 책이 아니라, 오히려 신앙의 깊이를 더해 주는 책이 됩니다. 따라서 구약을 읽을 때는 몇 가지 원칙을 기억할 필요가 있습니다.

① 역사적·문화적 배경을 인지하며 읽기

본문이 기록된 시대의 상황을 알면 오해가 많이 사라집니다.

② 장르를 먼저 파악하고 그에 맞게 해석하기

시를 시로, 예언을 예언으로, 역사서를 신학적 역사로 읽는 것이 중요합니다.

③ 문맥과 흐름을 함께 보기

특정 구절만 떼어 읽으면 오해가 생기기 쉽습니다. 구약 전체의 이야기 흐름—'창조 → 타락 → 선택 → 언약 → 구원 약속'—을 보며 읽으면 훨씬 명확해집니다.

④ 예수 그리스도를 통해 구약 읽기

신약은 구약의 성취입니다. 예수님은 "이에 모세와 모든 선지자의 글로 시작하여 모든 성경에 쓴 바 자기에 관한 것을 자세히 설명하시니라"(눅 24:27)라고 말씀하셨습니다. 구약은 결국 예수 그리스도라는 큰 그림 속에서 읽어야 온전히 이해됩니다.

왜 구약을 읽어야 하는가?

구약이 어렵다 보니 간혹 "성경은 신약만 읽으면 된다"라고 말하는 분도 있습니다. 하지만 이런 생각은 신앙적인 왜곡을 초래할 수 있습니다. 신약의 뿌리와 근거가 구약에 있기 때문입니다.

예수님의 말씀이 이해되지 않는 이유 중 상당수는 구약적 배경을 모르기 때문입니다. 구약을 모르면 십자가, 언약, 제사, 구원, 하나님 나라 같은 개념이 흐릿해집니다. 구약은 신약의 '약속', 신약은 구약의 '성취'이며 두 책은 분리될 수 없습니다.

구약은 어렵지만, 거리를 이해하고 장르를 구분하며 읽으면 오히려 신앙의 기초가 단단해지고 성경 전체의 흐름이 선명해집니다. 구약을 알고 신약을 읽을 때, 성경은 비로소 하나의 큰 이야기로 연결되어 보이기 때문입니다.

2.
구약 전체의 흐름과 역사적 배경

구약은 하나님이 천지를 창조하시고 인간을 세우신 이야기로 시작됩니다. 그리고, 인간의 타락으로 죄와 고통이 세상에 퍼지게 되는 모습으로 이어집니다. 결국 인류의 악이 극에 달하자 하나님은 대홍수로 세상을 심판하시고, 노아의 가족을 통해 새로운 출발을 허락하시게 됩니다.

시간이 흘러 대략 기원전 2000~1800[1]년쯤 하나님은 아브라함을 부르시고 언약을 주십니다. 그리고 그 언약은 이삭과 야곱으로 이어집니다. 야곱의 후손들은 대략 기원전 1800~1300년쯤 애굽에 내려가 약 400년가량 거주하게 됩니다. 하지만 실제 거주 기간에 대해서는 여러 학설들이 존재합니다.

야곱의 후손들이 애굽에서 고난과 압제를 받게 되자 하나님은 모세를 세워 이스라엘을 애굽에서 구원하시고, 율법을 주시며 언약 백성으로서의 정체성을 새롭게 하십니다. 출애굽 시기는 전통적으로 기원전 1446년으로 보지만, 다른 견해로 기원전 1270년경으로 보는 학설도 있습니다.

---

1) 대략 중기 청동기 시대(Middle Bronze Age II)에 해당. 단, 현대 학계에서는 정확한 연대 산정이 어렵다는 견해가 일반적

기원전 1200년 전후 여호수아 시대에 이스라엘은 가나안에 정착하였고, 이후 사사 시대[1]에는 타락과 회복이 반복되는 혼란이 이어졌습니다.

그 후 사울, 다윗(약 기원전 1010~970), 솔로몬(약 기원전 970~930) 등을 통해 통일 왕국이 세워지고 성전이 건축되었지만, 솔로몬 사후인 기원전 930년경 왕국은 예루살렘 중심의 남유다와 사마리아 중심의 북이스라엘로 분열되었습니다.

분열된 두 왕국은 결국 죄와 우상숭배로 인해 심판을 받게 되어, 북이스라엘은 아시리아에 기원전 722년, 남유다는 바벨론에 기원전 586년에 멸망을 당합니다.

북이스라엘을 멸망시킨 아시리아는 강경한 통합 정책을 시행하여 북이스라엘 주민을 타지역으로 이주시켰고, 다른 민족들을 북이스라엘 지역에 정착시켰습니다. 이로 인해 북이스라엘의 10개 지파[2]는 점차 공동체적 정체성을 잃게 되었고, 이후 이 지역에 남은 혼혈 공동체는 신약 시대에 '사마리아인'으로 불리며 유대인들로부터 차별을 받게 됩니다.

---

1) 이스라엘이 가나안 땅에 정착한 이후, 여호수아 다음부터 사무엘 이전까지의 시대로, 왕정(사울·다윗·솔로몬) 시대가 시작되기 전까지의 기간을 가리킴

2) 르우벤, 시므온, 잇사갈, 스불론, 단, 갓, 아셀, 납달리, 므낫세, 에브라임(창 48:5~6에서 야곱이 요셉의 두 아들인 므낫세와 에브라임을 자신의 아들로 입적시킴으로써, 요셉 지파가 두 지파로 나뉘어 계수됨)

반면, 남유다를 정복한 바벨론은 주로 남유다의 왕족·지도층·지식인 계층을 바벨론으로 이주시켰기 때문에, 본토에 남아 있던 유다·베냐민·레위 지파의 정체성은 비교적 보존되었습니다.

바벨론 포로기 동안에도 하나님은 예언자를 통해 회복을 약속하셨습니다. 그리고, 마침내 기원전 539년 페르시아가 바벨론을 정복한 뒤 기원전 538년 '고레스 왕의 칙령'으로 유다인들의 귀환이 허용되게 됩니다.

귀환한 공동체는 기원전 516년 성전을 재건하고, 율법을 중심으로 영적 공동체를 다시 세워 나갔으며, 하나님이 약속하신 메시아를 기다리는 공동체로 자리 잡게 됩니다.

여기에서 구약 시대의 역사는 신약 시대를 향한 기대 속에 마무리됩니다.

  ● 난해한 구약에 대한 평신도의 생각들

[참고, 성경 역사 연표: 아브라함에서 예수 그리스도 탄생까지]

기원전	주요사건
2000~1800	아브라함을 부르심. 단, 정확한 연대는 미확정
1800~1300	야곱 후손 애굽 거주. 연대는 다수 의견 존재
1446년	출애굽(BC 1270년경으로 보는 학설도 존재)
1200~1050	가나안 정착. 사사시대(정확한 연대 특정 불가)
1050~930	통일 왕국시대(사울, 다윗, 솔로몬 통치)
930년경	남북 분단
722년	북이스라엘, 아시리아(앗수르)에 멸망
612년	아시리아, 신바벨론·메대연합에 멸망
586년	남유다, 바벨론에 멸망
539년	바벨론, 페르시아(바사)에 멸망
538년	고레스 칙령, 귀환시작(1차 귀환)
516년	예루살렘 제2성전 완공(스룹바벨성전)
330년	페르시아, 마케도니아(헬라)에 멸망
301년 이후	헬라 왕조 유다 지배(프톨레마이오스 → 셀레우코스)
167년	셀레우코스 안티오쿠스 4세, 성전 모독
167~160년	마카비(마카베오) 혁명
146년	마케도니아(그리스 본토) 로마에 멸망
140~63년	하스몬(마카비) 왕조
63년	폼페이우스 예루살렘 점령, 로마 지배 시작
37년	헤롯 왕조(에돔계[1], 로마 괴뢰왕조) 통치 시작
7~4년경	예수 그리스도 탄생(학자 간 견해 차이 있음)[2]

---

1) 에서의 자손들로 형성된 족속(에돔=에서, 창 36:1)
2) 학자마다 헤롯 통치기(마 2:1), 인구조사 기록(눅 2:1~2), 동방의 별 전승(마 2:2) 등을 근거로 추정. 견해 차이가 발생

3.
구약성경의 전승 및 편집 시기

여기에서는 앞에서 언급된 구약시대의 흐름과 역사적 배경을 바탕으로 구약성경의 전승[1] 및 편집[2] 시기를 살펴보도록 하겠습니다.

구약성경은 한 번에 기록된 책이 아니라, 이스라엘의 역사가 흐르는 동안 오랜 전승과 편집을 거쳐 완성된 책들입니다. 그래서 어느 시기에 어떤 내용이 형성되기 시작했는지를 이해하면 성경을 읽는 데 큰 도움이 됩니다.

아래 내용은 정확한 연대라기보다는 "대략 이런 시기에 이런 전승이 생기고 정리되었다"라는 정도로 이해하면 좋을 것 같습니다.

기원전 2000~1500[3]: 족장 시대

아브라함, 이삭, 야곱으로 이어지는 족장 시대입니다. 이때는 당연히 글로 기록되기 전이었기 때문에 창세기에 나오는 족장 이야기들이 구전으로 전승되기 시작했습니다.

---

1) 신앙 공동체 안에 보존된 기억을 의미
2) 하나님의 섭리 안에서 이루어진 신앙적 정리를 의미
3) 현대 학계는 보수·중도·진보 전통 모두에서 "정확한 연대 산정이 불가능하다"가 공통 견해

한편 욥기의 전체 완성은 훨씬 후대지만, 일부 학자들은 욥기의 배경을 족장 시대 풍속과 연결하기도 합니다. 하지만 이는 확정된 견해로 보기 어렵습니다.

▶ **관련 책**　창세기, 욥기(초기 전승)

기원전 1500~1200: 출애굽과 광야 시대

모세 시대로 율법 전승이 형성된 때입니다. 출애굽, 시내산 언약, 광야생활 같은 중요한 사건들이 일어나고, 이 시기의 경험들이 구약의 기초가 되어 율법 전승이 됩니다.

- 출애굽기: 출애굽 사건 전승
- 레위기: 제사·정결·성막 규례
- 민수기: 광야 40년
- 신명기: 언약을 중심으로 한 모세의 신학적 가르침
- 시편 일부: 모세 전승(예: 시편 90편)

▶ **관련 책**　출애굽기, 레위기, 민수기, 신명기, 시편 일부

기원전 1200~1050: 가나안 정착-사사 시대

이스라엘이 가나안에 정착하고, 사사들이 등장하는 시기입니다.
이때의 이야기가 나중에 여호수아~사사기의 내용이 되었고,
같은 시대 이야기를 다룬 룻기의 기록은 후대에 완성됩니다.

▶ **관련 책**　여호수아, 사사기, 룻기

기원전 1050~930: 사울-다윗-솔로몬 시대(통일 왕국)

이스라엘이 처음으로 왕정 체제로 들어가는 시기입니다. 사울과 다윗의
이야기들이 사무엘상·하의 핵심 자료가 됩니다. 다윗 왕 때 만들어진 시
편 전승도 이때 많이 생겨납니다.

또 솔로몬 시대에는 잠언의 핵심부, 전도서, 아가서에 해당하는 지혜문학
전승도 형성되기 시작합니다.

▶ **관련 책**　사무엘상·하, 열왕기상·하(초기 전승), 시편 일부, 잠언(초기 형
태), 전도서 초기, 아가서

기원전 930~722: 남·북 왕국 시대(분열 왕국기)

왕국이 남유다와 북이스라엘로 나뉘면서 선지자들이 활발히 등장합니다.

북이스라엘에서는 아모스(기원전 760~750), 호세아(기원전 755~715)가 활동하였고, 남유다에서는 이사야 1~39장[1](기원전 740~700), 미가(기원전 740~700) 등이 같은 시기에 활동하였습니다.

한편 요엘[2]과 오바댜[3]도 이 시대에 활동했다고 보는 견해도 있지만, 두 사람의 활동시기는 구약 예언서 중에서도 가장 논쟁이 많은 부분으로 포로기나 귀환기로 보는 학설도 존재합니다.

또 이 시대의 역사 기록들이 모여 열왕기상·하의 기초 전승이 됩니다.

▶ **관련 책** 오바댜, 아모스, 요엘, 호세아, 이사야(1~39), 미가, 열왕기상·하 (전승)

---

1) 많은 현대 학자들은 이사야서를 세 시기의 전승(남유다: 1~39장, 포로기 40~55장, 귀환기 56~66장)으로 구분하기도 하지만, 전통적 해석에서는 이를 예언자 이사야의 단일 저작으로 이해하고 있음
2) 북이스라엘에서 활동
3) 남유다에서 활동

기원전 722~586: 북이스라엘 멸망 이후-남유다 말기

북이스라엘이 앗수르에 멸망하고, 남유다만 남아 있던 시기입니다. 기원전 8세기경의 요나 전승[1]이 이 시기에 문학적으로 정리되었으며, 스바냐(기원전 630~620), 예레미야 초기 전승(기원전 627~580), 나훔(기원전 650 전후), 하박국(기원전 620~600), 예레미야 애가(예루살렘 멸망 직후) 등이 기록되었습니다. 그리고 열왕기서 최종 편찬을 위한 자료들이 이때 많이 정리되었습니다.

▶ **관련 책** 요나, 스바냐, 예레미야, 나훔, 하박국, 예레미야애가, 열왕기 상·하(편찬 준비)

기원전 586~539: 바벨론 포로기

유다가 바벨론에 의해 멸망하고, 백성들이 포로 생활을 하던 때입니다. 에스겔(기원전 593~571)과 예레미야 후반이 기록·편집되고, 열왕기서가 완성된 시기로 추정됩니다. 또한 시편 중 포로기 시들이 편집되었고, 애가의 사용이 확대된 시기입니다.

---

1) 문학적 구성상 후대에 형성된 본문으로 보려는 견해가 많지만, 그 전승의 기원이 언제인지에 대해서는 학자들의 의견이 다양

그리고 바벨론 포로 공동체를 향한 위로와 구원을 선포한 이사야 40~55장(제2이사야)을 이 시기의 전승으로 보지만, 전통적으로는 이사야의 단일 저작으로 이해합니다.

▶ 관련 책 에스겔, 이사야 40~55장, 예레미야 후반, 열왕기상·하(최종 편집), 시편 일부, 예레미야애가

기원전 539~400: 귀환 시대(페르시아 시대)

포로에서 돌아온 뒤 성전과 공동체를 재건하는 시대입니다.

학개(기원전 520), 스가랴 1~8장(기원전 520~518), 스가랴 9~14장(기원전 500~400 추정), 말라기(기원전 450 전후) 등의 선지서들이 기록되었습니다. 또한 역대기상·하(기원전 450~400), 에스라·느헤미야(기원전 450~400), 잠언 후기 편집, 시편 최종 편집 등이 이루어진 시기입니다. 욥기도 이 시기에 문학적으로 완성(기원전 600~400 사이)된 것으로 보입니다.

귀환한 공동체의 예배 회복과 사회 정의, 이방인에 대한 포용을 다룬 이사야 56~66장(제3이사야)을 다수의 현대 학자들은 귀환 시기의 전승으로 이해하기도 합니다.

▶ **관련 책** 학개, 스가랴, 말라기, 역대기상·하, 에스라, 느헤미야, 이사야 56~66장, 잠언(후기), 시편(후기), 욥기(문학적 완성)

기원전 400~250: 페르시아 후기-헬레니즘 초기

이 시기에는 지혜문학의 후대적 편집과 더불어 성경의 마지막 책들이 정리됩니다. 전도서는 이 시기에 최종 형태를 갖춘 것으로 보는 견해가 일반적이고, 욥기·잠언 등 지혜문학의 후대 교정이 마무리되었습니다. 그리고, 이미 완성되었던 시편이 5권[1]으로 배열되어 최종 고정되기도 하였습니다.

▶ **관련 책** 전도서(최종 형태), 시편 5권 배열, 욥기·잠언 후기 교정

기원전 250~160: 헬레니즘 후기-마카베오(마카비) 시대

다니엘서는 이 시기의 역사적 상황(안티오쿠스 4세 등)을 반영한 문학으로 보려는 견해가 현대 학계의 주류입니다. 그러나 전통적 입장에서는 다니엘을 훨씬 앞선 시대의 인물로 보고, 예언적 성격과 고대 저작 전통을 존중합니다.

---

1)   제1권: 시편 1~41편, 제2권: 시편 42~72편, 제3권: 시편 73~89편, 제4권: 시편 90~106편, 제5권: 시편 107~150편

최종 정리

이처럼 구약성경은 '오랜 구전 전승 → 문헌화 → 편집 → 재편집' 등의 과정을 거쳐 오늘날의 형태가 되었습니다.

한편, 구약성경의 기록 배경을 문헌학적으로 추적해 보면, 전체의 절반 가까이가 전쟁, 침략, 멸망, 포로기와 같은 역사적 위기 상황 속에서 형성되었음을 확인할 수 있습니다.

이스라엘은 고대 근동 세계의 강대국들의[1] 틈바구니에서 끊임없는 정치적·군사적 압박을 받았고, 이러한 격동의 역사 속에서 많은 성경 문헌이 기록되었기 때문입니다.

역사서(사무엘서·열왕기·역대기), 포로기 문헌(예레미야·에스겔·다니엘), 귀환기 문헌(에스라·느헤미야·학개·스가랴) 등은 모두 그 시대의 위기와 재건을 직접적으로 반영하고 있습니다.

특히 예언서 17권 전체는 거의 예외 없이 어떤 형태로든 역사적 위기 속

---

1) 이집트, 앗수르, 바벨론, 페르시아 등

에서 기록되었습니다. 예언자들은 멸망 직전의 부패, 외세의 위협, 포로기의 절망, 귀환기 혼란 등, 다양한 위기 앞에서 하나님의 말씀을 선포했습니다. 그래서 독자가 구약을 읽을 때, 특히 마지막 부분에서 예언서를 연속적으로 접하게 되면 구약 전체가 심판 중심으로 구성된 듯한 강한 인상을 받는 것은 자연스러운 일입니다. 성경 배열 구조 자체가 이러한 체감적 비중을 높여 주기 때문입니다.

그러나 이것이 구약성경이 심판만을 다루거나, 하나님의 약속이 실패했다는 의미는 절대 아닙니다. 오히려 구약성경의 무게감은 기록 시기의 역사적 특성에서 비롯된 결과이며, 그 안에는 하나님의 약속이 흔들렸기 때문이 아니라 언약을 어긴 백성을 바로잡으시는 하나님의 거룩과 정의가 드러나기 때문입니다.

이스라엘의 불순종과 죄악이 신랄하게 드러나는 것은 비난을 위한 것이 아니라, 하나님의 심판이 임의적이거나 감정적인 조치가 아니라는 것을 증명하는 신학적 장치이기도 합니다.

또한 구약의 역사에는 분명한 평화와 번영의 시기도 존재하고 있습니다. 다윗과 솔로몬 시대의 번영, 요시야 시대의 부흥, 포로 귀환 이후의 회복은 하나님이 약속하신 축복이 실제로 성취된 시기들이었습니다.

따라서 구약의 심판은 약속의 철회가 아니라, 언약적 관계 속에서 불순종한 백성을 회복시키기 위한 공의로운 징계이며, 궁극적으로 '심판—회개—

회복—구원'으로 이어지는 언약 신학의 큰 흐름 속에서 이해해야 합니다.

결국 구약성경은 역사적 위기와 언약적 징계를 중심으로 기록되었기에 다소 무겁고 침울하게 느껴질 수 있지만, 그 핵심 메시지는 심판이 아니라 회복과 구원으로 나아가는 하나님의 변함없는 신실하심입니다.

구약의 어두움은 실패의 기록이 아니라, 구원의 빛을 더욱 선명하게 드러내는 배경이 될 수 있습니다.

4.
개신교, 유대교, 가톨릭의 구약성경

구약성경은 오랜 시간에 걸쳐 편집되고 정리되어 왔고, 유대교, 가톨릭, 개신교에서 모두 사용하고 있습니다. 하지만 그 구성과 내용에는 약간의 차이가 있습니다. 실제로 개신교 구약성경은 39권, 유대교 타나크는 24권, 가톨릭 구약성경은 46권으로 구성되어 있습니다.

개신교의 구약성경이 히브리어 마소라 본문[1]에 기초하고 있다보니, 유대교 타나크와 개신교 구약성경의 내용은 실질적으로 동일합니다. 다만 배열 순서와 분류 기준이 다르고, 히브리 성경은 24권으로 합본 처리가[2] 되어 있어 권수에서 차이가 나는 것뿐입니다. 그리고 가톨릭 성경에는 마소라 본문에는 없지만 70인역[3](LXX)에는 있는 7권[4]의 제2경전이 포함되어 있습니다.

---

1) 기원후 6~10세기 마소라 학자들이 전승을 표준화하여 확립한 히브리어 성경 본문으로, 오늘날 유대교 성경(Tanakh)의 기초이자, 개신교 구약성경의 기본 텍스트
2) 사무엘·열왕기·역대기 등이 '상·하'로 나뉘지 않고 한 권으로 묶임. 에스라서와 느헤미야서, 12 소예언서도 각각 한 권으로 취급.
3) 기원전 3세기경 알렉산드리아에서 번역된 헬라어 구약성경으로, 전승에 따르면 70명(혹은 72명)의 유대인 학자들이 번역했다 하여 '칠십인역'이라 불림. 디아스포라 유대인과 초기 교회에서 널리 사용
4) 토빗기, 유딧기, 마카베오기 상·하, 지혜서, 집회서, 바룩서 등

유대교 타나크

유대교 타나크(TaNaKh)는 '토라(Torah, 율법)', 네비임(Nevi'im, 예언서), 케투빔(Ketuvim, 성문서) 등 세 부분으로 구성되어 있습니다.

① 토라(תורה, 율법) - 5권

  - 창세기, 출애굽기, 레위기, 민수기, 신명기

    → 개신교와 동일

② 네비임(נביאים, 예언서) - 8권

  - 전기 예언서(역사서 성격)

    여호수아, 사사기, 사무엘(상·하 합본), 열왕기(상·하 합본)

  - 후기 예언서

    이사야, 예레미야, 에스겔, 열두 예언서(12권 합본)

    → 기독교의 역사서 일부가 예언서로 분류됨.

③ 케투빔(כתובים, 성문서) - 11권

  - 시편, 욥기, 잠언, 룻기, 아가, 전도서, 예레미야애가, 에스더, 다니엘,

    에스라·느헤미야(합본), 역대기(상·하 합본)

    → 기독교의 시가서·역사서·예언서가 섞여 여기로 들어감

개신교의 구약성경

개신교의 구약성경은 율법서, 역사서, 시가서·지혜문학, 예언서의 네 부분으로 분류되는데, 이 체계는 초기 교회가 사용했던 칠십인역(LXX)의 문학양식·서사 중심 배열을 계승한 것입니다.

가톨릭은 이 칠십인역의 구조를 공식적인 구약 체계로 확립했고, 개신교 역시 책들의 기본 구성 체계(4분류)는 그대로 이어받아 오늘날까지 사용하고 있습니다.

① 율법서(모세오경, 5권)

　- 창세기, 출애굽기, 레위기, 민수기, 신명기

② 역사서(12권)

이스라엘의 정복 → 사사 → 왕국 → 분열 → 멸망 → 귀환의 흐름을 담고 있습니다.

　- 여호수아, 사사기, 룻기, 사무엘상, 사무엘하, 열왕기상, 열왕기하, 역대상, 역대하, 에스라, 느헤미야, 에스더

③ 시가서·지혜문학(5권)

인간의 고난·지혜·삶·찬양 등을 다루는 문학적·철학적 성격의 책입니다.

- 욥기, 시편, 잠언, 전도서, 아가서

④ 예언서(17권)

하나님의 뜻을 선포하며 회개와 소망을 전한 예언자들의 메시지를 기록
한 책입니다.

- 대예언서(5): 이사야, 예레미야, 예레미야애가, 에스겔, 다니엘
- 소예언서(12): 호세아, 요엘, 아모스, 오바댜, 요나, 미가, 나훔, 하박
  국, 스바냐, 학개, 스가랴, 말라기

가톨릭의 구약성경

앞에서 언급한 것처럼 개신교가 '외경(Apocrypha)'으로 취급하며 정경에
서 제외한 '제2경전(Deuterocanon)'을 가톨릭은 정경으로 인정하고 있습
니다. 이에 따라 가톨릭 구약은 개신교 39권에 7권이 더해져 모두 46권으
로 구성되어 있습니다. 그리고 에스더서와 다니엘서에도 개신교 구약보
다 일부 내용이 더 포함되어 있습니다.

세 가지 구약의 구성 차이

이처럼 가톨릭은 예수님이 활동하던 시기에 디아스포라[1] 유대인들과 초대 교회가 널리 사용했던 그리스어 '70인역(LXX)'의 전통을 정경의 근거로 채택하였습니다.

반면 개신교는 종교개혁 시기 '오직 성경'을 강조하면서, 초대교회에서 널리 사용되었으나, 히브리어 마소라 본문(MT)과는 다른 전승과 확장 본문을 포함하고 있던 그리스어 70인역(LXX)보다, 히브리어 원문 계열인 마소라 본문(MT)을 더 오래되고 신뢰할 수 있는 정경 전통으로 보았습니다.

그 결과 히브리어 정경에 포함되지 않은 제2경전(가톨릭 정경)과 에스더서와 다니엘서의 확장 부분은 정경 범위에 포함하지 않아, 개신교 구약은 총 39권으로 확정되었습니다.

그렇다고 해서 루터와 종교개혁 시대 개신교가 제2경전의 내용을 문제 있는 책으로 간주한 것은 아닙니다. 루터는 이 책들을 '유익한 책들'로 분류하여 성경과 구분된 위치에서 읽을 수 있는 문헌으로 다루었고[2], 칼빈과 개혁파 전통 역시 정경 밖에 두면서도 역사적·윤리적 맥락을 이해하는 데 참고할 수 있는 자료로 인식했습니다[3].

---

1) 고향을 떠나 타 지역에 정착한 이주 공동체
2) Martin Luther, Preface to the Apocrypha, in the 1534 German Bible.
3) John Calvin, Institutes of the Christian Religion, I.7.

결국 가톨릭과 개신교의 구약성경 구성 차이는 단순한 '권수의 차이'가 아니라, 성경 전승을 바라보는 신학적 관점의 차이를 보여 줍니다. 그러나 두 전통 모두 하나님의 말씀을 중심에 두며, 신앙과 경전을 지키려는 진지한 노력의 결과라는 점에서 서로를 이해할 수 있습니다.

한편 기독교는 '메시아적 흐름'을 강조하면서, '율법 → 역사 → 시가 → 대·소예언서'와 같이 예언서를 맨 뒤에 두어 신약과 연결하였고, 유대교는 '언약-역사-찬송/지혜'라는 전통적 배열을 하며 역대기를 끝에 두어 포로 귀환의 희망으로 마무리를 하고 있습니다.

이러한 구성차이는 누가 맞고 틀리다가 아니라 각자의 신앙과 경전을 지키기 위한 노력이고, 그만큼 구약성경이 가지고 있는 무게와 의미가 있다는 것을 의미합니다.

1. 토빗기(Tobit)

- 내용: 고난 중에도 율법을 지키는 토빗과 그의 아들 토비아, 천사 라파엘의 도움 이야기

- 교리적 포인트:

  • 천사 라파엘의 활동은 가톨릭의 '천사의 중재(하나님의 사역에 협력하는 존재)'에 대한 이해를 반영

  • 자선과 선행이 죄를 덮는다는 표현은 회개 이후의 정화와 보속이라는 개념과 연결되어, 연옥[1] 사상의 배경으로 해석되어 왔음

  → 개신교 전통에서는 '오직 은혜로 구원받는다'라는 교리를 중심으로 이해하지만, 가톨릭 전통에서는 은총과 선행의 조화를 강조

2. 유딧기(Judith)

- 내용: 경건한 여인 유딧이 믿음으로 적장을 무찌르는 이야기

- 교리적 포인트:

  • 신앙 주제: 기도, 금식, 용기, 하나님의 섭리

  • 하나님의 인도에 의지하는 경건의 태도

  • 여성의 믿음을 통한 구원 역사—가톨릭 전통에서는 이를 성모 마리아의 믿음의 모범으로 읽음

---

[1] 연옥은 사후에 구원의 가능성을 열어 두는 교리가 아니라, 그리스도의 구원을 받아 하나님의 은총 안에서 죽은 영혼이 하나님을 온전히 대면하기 위해 거치는 정화의 상태를 의미

3. 마카베오기 상(1 Maccabees)

- 내용: 셀루키드(셀레우코스) 왕조의 종교 탄압 속에서 율법과 공동체의 자유를 지키기 위해 봉기한 마카베오(마카비) 가문과, 그 투쟁을 통해 성립된 하스몬(마카비) 왕조의 역사

- 교리적 포인트:

  - 신앙 정체성을 지키기 위한 집단적 저항의 정당성
  - 성전 정화와 정치적·종교적 자치 회복
  - 하나님과 율법에 대한 충실성을 행동으로 드러낸 결단의 모범
  - → 개신교 전통에서는 주로 제2성전기 유다사의 역사 자료로 읽히며, 가톨릭 전통에서는 신앙을 지키기 위한 공동체적 책임과 행동 윤리의 관점에서 이해됨

4. 마카베오기 하(2 Maccabees)

- 내용: 헬레니즘 박해 속에서 신앙을 지키다 죽음을 맞은 순교자들의 믿음, 의인의 부활에 대한 희망, 죽은 이를 위한 기도[1]를 강조

- 교리적 포인트:

  - "죽은 이를 위해 기도했다"(12:44~45)는 본문은 가톨릭의 연옥 교리와 중보기도 전통의 성경적 근거로 인용
  - 부활 신앙이 명시적으로 기술됨(특히 7장)
  - → 개신교 전통에서는 '죽은 이를 위한 기도'를 교리적으로 수용하지 않지만, 가톨릭 전통에서는 이 책을 제2성전기 유다교와 초대교회의 부활 신앙 형

---

1) '죽은 이를 위한 기도'는 연옥에 있는 영혼이 하나님의 자비 안에서 정화를 완성하고 천상 영광에 들어가도록 청하는 기도를 의미

성에 중요한 사상적 배경으로 평가함

5. 지혜서(Wisdom of Solomon)

- 내용: 지혜를 하나님의 선물로 찬양하며, 의인과 악인의 운명을 대조

- 교리적 포인트:

  - 영혼의 불멸과 의인의 보상(3:1~9)을 강조

  - 죽음 뒤 정화의 개념이 암시되어, '연옥(정화의 상태)' 교리의 신학적 토대로 해석되어 왔음

  - 지혜를 하나님의 숨결로 묘사하며, 성령 이해의 초기적 형태로 볼 수 있음

  → 개신교 전통은 인간의 지혜보다 '말씀의 계시'를 강조하지만, 이 책은 창조와 윤리, 지혜를 통합적으로 조명

6. 집회서(시라의 지혜, Sirach / Ecclesiasticus)

- 내용: 효도, 언어, 재물, 죽음 등 실천적 교훈

- 교리적 포인트:

  - 자선과 선행의 가치를 강조하며, 공동체 신앙과 중보의식을 반영

  - 부모 공경과 사회적 책임을 강조하는 윤리 · 지혜의 통합은 도덕신학의 근간

  → 개신교 전통에서도 실천적 교훈서로서의 가치를 인정

7. 바룩서(Baruch)

- 내용: 예루살렘 포로 백성에게 전하는 회개의 메시지.

- 교리적 포인트:

  - 죄의 결과로 고난이 왔음을 인정하고, 말씀으로 돌아오라는 호소

  - '지혜의 찬가'(3:9~38)는 하나님의 지혜가 사람 가운데 거한다는 표현으로,

그리스도의 예표로 해석

→ 가톨릭 전통에서는 이를 '회개를 통해 구원의 말씀과 질서가 회복되는 메시지'로 이해하고, 개신교 전통에서는 이를 새로운 계시의 예언이라기보다, 예레미야 등을 통해 이미 주어진 예언 전승을 재해석하고 적용한 글로 이해함

※ 가톨릭의 구약성경 분류

- 율법 5권, 역사 16권, 지혜 7권, 예언 18권 등 46권

분류	제2경전
역사서	토빗기, 유딧기, 마카베오기 상·하
시가서·지혜문학	지혜서, 집회서
예언서	바룩서

→ 제2경전 이외는 개신교와 동일

8. 에스더서와 다니엘서의 헬라어 추가 전승

- 에스더 헬라어 부분:

  • 기도와 하나님에 대한 언급이 추가되어, 인간의 계획 너머에서 하나님의 섭리를 강조함

- 다니엘서 추가 부분:

  • '아자르야의 기도', '세 소년의 찬가', '스사나', '벨과 용' 등의 내용이 포함되어 있음

  • 고난 속 찬미, 정의, 우상 거부 등 신앙의 순수함을 강조

2부

율법서

- 구약 신앙의 기초를 세우다 -

1.
율법서: 모세오경

창세기·출애굽기·레위기·민수기·신명기 등의 율법서는 모세오경이라고도 불리며, 전통적으로 모세가 기록했다고 여겨져 왔습니다.

하지만 성경을 자세히 읽어 보면, 모세가 직접 기록했다고 보기 어려운 부분이 있습니다.

- 모세의 죽음과 장례가 기록된 신명기 34장
- "지금까지"와 같은 후대 관찰자의 표현
- 모세 시대 이후에 등장하는 지명(예: '단' 등)

이 때문에 오래전부터 오경 전체를 모세 한 사람이 기록한 것이 아니라는 견해가 존재했습니다. 실제로 유대 랍비 전통(탈무드)에서도 "모세가 대부분을 기록했으나, 마지막 장(모세의 죽음)은 여호수아가 기록했다"라고 설명하고 있습니다.

J·E·D·P 문서설

18세기 계몽주의 시대에 들어서면서 "성경도 다른 고대 문헌처럼 비평적으로 연구해야 한다"라는 인식이 확산되었습니다. 학자들은 성경 속 문체, 단어, 신학적 강조점의 차이에 주목했고, 오경이 한 번에 기록된 것이 아니라 여러 시대의 전통이 쌓이고 편집된 문헌이라는 견해가 발전했습니다.

19세기 후반, 독일학자 벨하우젠(Wellhausen)은 이러한 연구들을 정리하여 오경의 전승을 대표하는 네 가지 흐름을 J·E·D·P 문서로 정리하였습니다.

① J 문서(야훼 전승, J=Yahwist)

영어로 Y가 아니라 J로 표기한 것은 당시 독일식 표기 때문입니다. 이는 하나님을 '야훼(Yahweh)'라고 부르는 전승을 가리키며, 이야기 중심의 서술과 인간적으로 묘사되는 하나님이 특징입니다.

창세기 2장의 창조 이야기, 족장 이야기의 일부가 여기에 해당되고, 솔로몬과 유다 왕국 시대였던 기원전 10세기경에 정리된 것으로 보기도 합니다.

② E 문서(엘로힘 전승, E = Elohist)

하나님을 '엘로힘(Elohim)'이라고 부르는 전승입니다. 꿈, 예언자, 도덕적 책임 등을 강조하고 있습니다.

아브라함·야곱·요셉 이야기 일부가 여기에 포함된다고 보며, 북이스라엘 왕국 시대였던 기원전 9세기경에 기록된 것으로 봅니다.

③ D 문서(신명기 전승, D = Deuteronomist)

신명기 대부분의 문체와 사상이 여기에 해당합니다. 즉, '순종 ↔ 불순종'에 따라 복과 저주가 결정된다는 구조로, 예루살렘 중심의 예배를 강조하며, 요시야 왕의 종교개혁 시기였던 기원전 7세기 후반에 형성·정리된 것으로 보고 있습니다.

④ P 문서(제사장 전승, P = Priestly)

제사, 의식, 성막, 정결 규례 등 제사 제도를 중심으로 족보·숫자·질서·창조 등의 내용도 포함하고 있습니다.

창세기 1장의 창조기사, 홍수 전승의 체계적 구성 등에 미루어, 공동체의 정체성을 다시 세우려는 포로기 신학으로, 바벨론 포로기 및 귀환기였던 기원전 6~5세기에 정리된 것으로 보고 있습니다.

⑤ 마지막 단계: 편집(Redaction)

이 문서들(J, E, D, P)은 세월 속에서 결합되고, 여러 차례 편집되면서 오늘날 우리가 알고 있는 창세기~신명기의 모습이 되었습니다. 대체로 기원전 5~4세기경 최종적으로 편집된 것으로 보기도 합니다.

이렇게 모세오경은 단번에 쓰인 책이 아니라, 여러 세대에 걸쳐 전승이 쌓이고, 포로기·귀환기 공동체가 신앙을 재정리하면서 최종적으로 정리된 문헌으로 이해됩니다.

하지만 이러한 구분은 실제로 독립된 문서가 그대로 존재했다는 의미라 기보다, 본문 안에 관찰되는 전승과 신학적 경향을 설명하기 위한 학문적 모델로 이해하는 것이 적절합니다.

현대 학계의 시각

JEDP 문서설은 여전히 모세오경 연구의 기본 틀로 소개되지만, 현대 학 계에서는 그 이후 발전한 연구방법들도 함께 사용하고 있습니다.

- 조각문서설: 더 작은 전승 단위로 분석
- 보완설: 기존 문서에 후대가 덧붙였다고 보는 관점
- 편집비평: 편집자가 신학적 목적에 따라 본문을 재구성했다고 보는 관점

종합적으로, 모세오경은 모세 시대의 신앙 전통을 기초로 하되, 여러 시대 의 전승(J·E·D·P)이 누적되고 편집된, 고대 이스라엘의 신앙 문헌이라 는 것이 오늘날 학계의 일반적인 견해입니다.

그리고 중요한 점은 이러한 연구들은 신앙의 핵심을 부정하려는 의도와 무관하다는 것입니다. 전통적인 모세저작설은 신앙 공동체의 중요한 역 사적 이해이며, JEDP 문서설은 모세오경이 어떻게 편집되어 오늘의 형태 가 되었는지를 설명하려는 현대 학계의 분석 방법일 뿐입니다.

따라서 다시 한번 강조하고 싶은 것은 성경에 대한 다양한 학문적 접근 방법들은, 어떻게 사용되고 이해되냐에 따라, 교회의 신앙고백을 더 단단하게 하고, 하나님의 섭리와 역사를 드러내는 수단이자 도구가 될 수 있다는 것입니다.

2.
창세기

창세기의 전승(oral tradition)이 시작된 시점에 대해서는 학자들마다 다양한 견해가 있지만, 대체로 기원전 2천 년대 중후반부터 족장 이야기가 구전으로 전승되었을 가능성이 높다고 봅니다.

아브라함, 이삭, 야곱, 요셉 이야기는 유목 생활과 가족 중심 사회의 특성상 이야기 구조로 전승되기 쉬운 형태였으며, 창조·홍수·바벨 사건들 역시 길가메시 서사시[1]나 아트라하시스 신화[2]와 같이 고대 근동 세계에서 널리 존재하던 공통 전승과 유사한 점이 많습니다.

문서화 과정

앞에서 언급했듯이 전통적 관점에서는 모세가 모세오경 전체를 기록했다고 보았지만, 현대 학계에서는 복합 문서 형성을 더 가능성 있는 모델로 보고 있습니다.

---

1) 메소포타미아 우루크의 전설적 왕 길가메시의 이야기를 다룬 인류 최초의 서사시
2) 메소포타미아 신화의 하나로 인간을 창조한 신들이 대홍수로 인류를 멸하려 했으나, 신 엔키의 도움으로 인간 아트라하시스가 배를 만들어 살아남는 내용

특히 창세기는 J(야훼 전승), E(엘로힘 전승), P(제사장 전승), 고대 근동의 공통 전승(홍수·창조·바벨), 히브리족 자체의 족장 전승 등이 함께 편집된 문헌으로 이해됩니다. 그리고 창세기 본문에는 D(신명기 전승)의 직접적인 흔적은 거의 나타나지 않아, 창세기를 J·E·P 중심의 복합 구조로 보는 견해가 일반적입니다.

편집과 재편집 과정

창세기는 바벨론 포로기(기원전 6세기)에 대대적인 편집이 이루어진 것으로 보는 견해가 우세합니다. 포로기 공동체는 "우리는 누구인가?"라는 정체성의 질문 속에서 각각 존재하던 족장 전승들을 하나로 엮어 신앙적 역사로 재정리한 것으로 알려져 있습니다.

그 후 귀환기와 포스트 포로기(기원전 5~4세기)에 현재와 비슷한 문서 형태로 자리 잡았으며, 기원전 4세기 말~3세기 초에는 다른 율법서들과 함께 '토라(Torah)'로 확립되었습니다.

또한 기원전 3~2세기경 번역된 70인역을 통해 지금의 본문 전통으로 안정되었다는 견해가 일반적입니다.

창세기의 주요 내용 및 구성

핵심을 간단히 정리하면 다음 네 개의 대주제로 나뉩니다.

① 원역사(창 1~11장)

주로 '하나님-인간-세상의 기원', '죄의 확대', '심판과 은혜'에 대해 기록되어 있습니다.

1~2장에서는 창조 기사를 언급하며 P와 J의 두 전승이 나란히 배치되어 있습니다. 그러다 보니 일각에서는 "1장과 2장의 창조순서가 다르다"는 주장도 있지만 이는 관점의 차이일 뿐입니다. 여기에서 주는 핵심 메시지는 '하나님은 질서 있고 선하게 세상을 만드셨다'라는 것입니다.

3장은 인간의 타락에 대해 기록합니다. '죄의 기원', '하나님과 인간의 관계 단절' 등이 선악과 사건을 중심으로 기록되어 있습니다.

4장에서는 가인과 아벨을 통해 죄가 인간 사회로 확산되는 모습이 그려지고, 5장에서는 아담의 족보가 소개됩니다.

6~9장에서는 대홍수를 통한 심판이 그려지지만, 노아와의 언약을 통해 인간에게 구원의 길을 보여 주셨습니다.

10장에서는 노아의 후손들을 통해 70여 개 민족의 구성과 고대 중동 세계가 어떻게 형성되었는지를 신학적으로 설명합니다.

11장에는 바벨탑 사건을 통해 언어와 민족의 분산을 기록하고 있습니다.

② 족장사(창 12~36장)
하나님이 아브라함의 자손을 통해 '인류를 구원하시려는 언약'에 대해 기록하고 있습니다.

12~25장의 아브라함 이야기에서는 '하나님은 약속을 지키시는 분'이라는 것이 기록되어 있고,
25~28장에서는 이삭을 통해 '약속의 계승'이 강조되고 있습니다.

25~36장에는 야곱의 이야기가 이어집니다. 장자권과 축복 쟁탈, 라반과의 갈등, 얍복강 씨름, 에서와의 화해 등을 통해 "하나님의 선택은 인간의 허물보다 크시며, 하나님은 삶을 변화시키신다"라는 메시지를 전해주고 있습니다.

③ 요셉의 이야기(창 37~50장)
37장은 형제들의 시기와 요셉의 추락을 기록합니다.
38장은 유다와 다말 이야기를 통해 인간의 실패 속에서도 하나님의 약속이 끊어지지 않음을 보여 줍니다.
39~41장은 고난 속에서 형성되는 요셉의 인격과 지혜를 다룹니다.
42~43장은 시험 가운데서 드러나는 형제들의 두려움과 변화의 조짐을 보

여 줍니다.

44장은 유다의 중보를 통해 회개의 절정과 책임의 회복을 드러내며, "대신하여… 종이 되게 하시고…"(창 44:33)라는 말을 통해 '대속의 그림'을 시사합니다.

45장은 하나님의 섭리에 대한 고백과 형제들의 화해를 기록하고,

46~50장은 가족과의 재회, 야곱의 축복, 요셉의 마지막을 통해 이야기를 마무리하며,

"당신들은 나를 해하려 하였으나 하나님은 그것을 선으로 바꾸셨다"(창 50:20)라는 메시지를 선포합니다.

창세기에 대한 의문들

이처럼 창세기는

- 하나님이 질서 있고 선하게 세상을 만드심
- 인류를 구원하시려는 언약
- 하나님의 선택은 인간의 허물보다 크고, 삶을 변화시키신다
- 하나님의 보이지 않는 섭리
- 사람들의 악을 선으로 바꾸시는 모습 등

구약성경의 첫 시작과 하나님의 큰 뜻과 그림을 기록하고 있습니다.

그러나 창세기는 동시에 여러 질문과 고민을 불러일으키기도 합니다.

① 창조와 인간의 신학

  - 창조 기사와 과학의 관계(1~2장)

  - 왜 선악과를 두셨는가?(3장)

  - 하나님이 "땅 위에 사람 지으셨음을 한탄하사 마음에 근심하시고"(창
    6:6)라는 표현은 무슨 뜻인가?

② 선택과 하나님의 뜻

  - 왜 하나님은 종종 장자 대신 차자를 선택하시는가?(4장, 25장, 48장)

  - 야곱은 많은 허물에도 어떻게 믿음의 조상이 되었는가?(25~36장)

  - 왜 하나님은 약속의 땅을 떠나 애굽으로 내려가게 하셨는가?(46장)

이런 질문들은 단순히 의문이 아니라, 하나님·인간·역사·선택·자
유·악·구원에 대한 깊은 신앙적 탐구의 출발점이 되기도 합니다.

1. 창조 기사와 과학의 관계는 어떻게 이해해야 하나요?

창조 기사는 과학의 설명이 아니라 신앙의 고백입니다. 과학이 '어떻게'를 말한다면, 성경은 '누가' 창조했는가를 말합니다. 창세기는 세상의 기원을 과학적으로 분석하기보다, 모든 존재가 하나님의 의도와 사랑 속에 있음을 선포합니다.

2. 왜 하나님은 선악과를 두셨나요?

하나님은 인간에게 자유의지를 주셨습니다. 사랑은 강요될 수 없기 때문에, 하나님은 순종과 불순종 모두 가능한 존재로 인간을 창조하셨습니다. 선악과는 시험이 아니라 관계의 경계, 곧 "너는 피조물이다"라는 하나님의 질서의 표지입니다.

3. 하나님이 인간을 만드신 것을 "한탄하셨다"(창 6:6)는 표현은 무슨 뜻인가요?

'한탄하셨다'는 감정적 회환이 아니라, 인간의 타락을 바라보시는 하나님의 슬픔과 애통을 표현한 언어입니다. 하나님은 인간의 악을 보며 무감각하지 않으시며, 사랑이 상처 입을 때 느끼는 하나님의 고통이 드러난 표현입니다.

4. 왜 하나님은 종종 장자 대신 차자를 선택하시나요?

하나님은 인간의 질서가 아닌 은혜의 질서로 일하십니다. 가인 대신 아벨, 에서 대신 야곱, 므낫세 대신 에브라임을 택하신 것은 인간의 자격이나 순서가 아니라 하나님의 자유로운 주권이 일하심을 보여 줍니다.

5. 야곱은 많은 허물에도 어떻게 믿음의 조상이 되었나요?

야곱의 삶은 속임과 도망의 연속이었지만, 그 실패 속에서도 하나님을 붙든 끈질긴 믿음이 있었습니다. 얍복강에서의 씨름은 인간의 고집이 꺾이고 은혜로 걷기 시작한 신앙의 전환점이었습니다.

6. 왜 하나님은 약속의 땅을 떠나 애굽으로 내려가게 하셨나요?

하나님은 고난과 타국의 시간을 통해 언약 백성을 세우셨습니다. 애굽은 약속을 잃은 땅이 아니라, 언약을 다시 새기는 '형성의 학교'였습니다. 하나님은 때로 돌아가게 하시지만, 결코 멀리 떠나지 않으십니다.

3.

출애굽기

출애굽기는 '노예 생활-모세의 등장-열 가지 재앙-홍해-시내산 언약' 등의 핵심 사건을 통해 이스라엘 공동체의 정체성을 형성하는 핵심적인 이야기입니다.

학계는 이 전승이 기원전 13~12세기경(출애굽 추정 시기) 광야 생활과 정착 과정에서 구전되기 시작했다고 봅니다. 특히 출애굽 사건 자체는 이스라엘의 '국가적 신앙 고백'으로도 볼 수 있기 때문에, 분절된 형태의 구원 이야기가 반복적으로 전승되면서 서서히 하나의 서사 구조로 형성된 것으로 보고 있습니다.

전승의 핵심 내용은

- 하나님이 압제당하던 백성을 해방시킨 사건
- 하나님의 강력한 개입(열 가지 재앙, 홍해 건넘 등)
- 언약 백성의 탄생(시내산)
- 하나님 임재의 상징인 성막

등으로 구성되어 있습니다.

이러한 요소는 고대 근동의 해방·탈출 신화와는 구조적으로 구별되며, 역사적 사건을 신앙적으로 해석한 이스라엘 특유의 전승으로 평가됩니다.

문서화 과정

출애굽기는 단일한 역사 기록이라기보다, 여러 전승이 종합된 복합 문서로 보는 것이 일반적입니다. 현대 학계에서는 출애굽기는 창세기와 마찬가지로 신명기 전승(D)의 흔적은 많지 않으며, J·E·P가 복합된 대표적 문서로 여겨집니다.

- J(야훼 전승): 하나님과 친밀하고 인격적인 묘사, 내러티브 중심
- E(엘로힘 전승): 모세 중심 전승, 신의 출현(theophany) 강조
- P(제사장 전승): 언약, 율례, 성막, 제사 제도 등
- 고대 이스라엘 공동체의 구전 전승: 해방 사건 자체

출애굽기는 특별히 '모세와 관련된 전승(E)'과 '성막·율법 관련 전승(P)'이 강하게 드러나는 책입니다.

편집과 재편집 과정

출애굽기의 최종 형태는 '바벨론 포로기(기원전 6세기)'와 그 이후로 보는

견해가 일반적입니다.

① 포로기 편집

포로기 이스라엘은 "우리는 왜 여기에 있는가? 하나님은 우리와 함께하시는가?"라는 질문 속에서 '해방-언약-임재-거룩'이라는 출애굽기의 핵심 신앙을 다시 해석한 것으로 보입니다.

특히 성막과 율법 부분(P)은 "하나님이 여전히 함께하신다", "거룩한 공동체로 다시 세워지려면 언약이 필요하다"라는 메시지를 강조하면서 재편집된 것으로 이해됩니다.

② 귀환기~포스트 포로기(기원전 5~4세기)

이 시기에는 출애굽기가 다른 율법서들과 함께 토라의 한 부분으로 정착되었고, 기원전 3~2세기에 70인역을 통해 지금의 본문 전통으로 안정화되었습니다.

출애굽기의 주요 내용 및 구조

출애굽기는 크게 세 부분으로 구분할 수 있습니다.

① 출애굽(1~18장)

출애굽 1~18장은 하나님의 구원 능력과 이스라엘의 새로운 출발을 신학적으로 보여 줍니다. "하나님이 압제당한 백성을 구원하신다"라고 요약할 수 있습니다.

- 1장: 이스라엘의 노예화와 박해
- 2~4장: 모세의 출생, 애굽 도피, 하나님의 소명
- 5~12장: 바로와의 충돌, 열 가지 재앙
- 12~13장: 유월절 제정, 초태생 규례[1]
- 14장: 홍해 사건(출애굽기의 신학적 중심)
- 15~18장: 광야 첫 여정(마라·만나·아말렉)

② 시내산 언약(19~24장)

이 부분은 출애굽기의 중심 신학인 '해방 → 언약 → 거룩한 공동체 형성'이라는 핵심 주제를 가지고 있습니다. "구원받은 백성은 하나님과 언약을 맺는다"라고 정리할 수 있습니다.

- 19장: 시내산 도착
- 20장: 십계명
- 21~23장: 언약법전(사회법·도덕법·제의법)
- 24장: 언약 체결

---

1)　이스라엘 백성에게 첫 번째로 태어난 것들을 하나님께 드리도록 정한 성경의 법칙으로 하나님과의 관계에서 구원·기억·헌신을 강조하는 신앙적 의미를 갖고 있음

③ 성막과 제도(25~40장)

성막은 하나님의 임재가 이동식 형태로 백성 가운데 머문다는 상징이며, 포로 시대 이후에는 "하나님은 성전이 없어도 우리와 함께 계신다"는 신학적 재해석의 기반이 되었습니다. 따라서 "하나님은 구원하신 백성과 함께 거하신다"라는 하나님의 뜻이 기록되어 있습니다.

- 25~31장: 성막·제사장 제도의 설계
- 32~34장: 금송아지 사건과 언약 갱신
- 35~40장: 성막 건축과 하나님의 임재

출애굽기의 신학적 의미

출애굽기는 구약 전체의 중심 신학을 형성하는 책입니다. 하나님은 억압받는 자를 해방시키시고, 언약을 통해 백성과 관계를 맺으실 뿐 아니라, 구원은 은혜이고, 율법은 관계를 지속하는 방식이라는 것과, 하나님의 임재가 백성 가운데 거하신다는 것이 출애굽기가 시사하는 내용입니다.

심지어는 배신(금송아지) 속에서도 하나님은 언약을 회복하시는 모습을 보여 주고 계십니다. 그렇기 때문에 거룩은 은혜로 구원받은 백성이 살아가는 삶의 방식입니다.

이렇듯 출애굽기는 '출애굽-언약-성막'이라는 세 가지 단계를 통해 이스라엘의 정체성(Identity)과 소명(Vocation)을 정의하고 있습니다.

출애굽기에 대한 주요 의문들

출애굽기 역시 많은 신학적 질문을 불러일으킵니다.

① 구원의 사건과 하나님의 주권

- 출애굽의 정확한 연대는 언제인가?

- 열 가지 재앙은 역사적 사실인가, 상징인가?

- 왜 애굽의 첫째 아들들이 죽음의 심판을 겪었는가?

- 하나님이 바로의 마음을 '강퍅하게 하셨다'는 의미는?

② 언약과 예배의 회복

- 율법은 '구원의 조건'인가, '구원의 결과로 주어진 삶의 방식'인가?

- 금송아지 사건은 왜 발생했으며, 하나님은 왜 다시 용서하셨는가?

- 성막의 구조와 제사 제도는 오늘날 어떤 의미가 있는가?

이 질문들은 단순한 지적 관심을 넘어 하나님의 구원, 거룩, 인간의 자유, 하나님 임재, 언약 관계를 깊이 탐구하게 하는 신앙적 출발점이 됩니다.

1. 출애굽의 정확한 연대는 언제인가요?

역사적으로 두 설(기원전 15세기, 기원전 13세기)이 있으나, 신앙적으로는 '하나님이 실제 역사 속에서 개입하셨다'는 사실이 핵심입니다.

2. 열 가지 재앙은 상징인가, 실제 사건인가요?

상징과 역사 모두를 포함합니다. 재앙은 단순한 기적이 아니라, 애굽의 신들을 향한 하나님의 주권 선언이기도 합니다.

3. 왜 애굽의 장자들이 죽어야 했나요?

하나님의 심판은 자의적 보복이 아니라, 교만과 억압에 대한 정의의 실현입니다. 구원은 늘 심판을 통과해 옵니다.

4. 하나님이 바로의 마음을 '강팍하게 하셨다'는 말은 무엇인가요?

인간이 끝까지 완고할 때 하나님은 그 완고함을 그대로 두시며, 자신의 뜻을 드러내십니다. 심판조차 하나님의 주권 아래 있습니다.

5. 율법은 '구원의 조건'인가요?

아닙니다. 율법은 이미 구원받은 백성이 '은혜에 응답하는 방식'으로 주어진 삶의 지침입니다.

6. 금송아지 사건 이후에도 하나님이 용서하신 이유는 무엇인가요?

언약은 인간의 실패보다 깊습니다. 하나님은 언약의 신실하심으로 백성을 다시 세우십니다.

7. 성막은 오늘날 어떤 의미가 있나요?

하나님은 특정 장소에만 계시지 않습니다. 성막은 하나님 임재의 상징이며, 오늘날 그 임재는 성령 안에서 우리 가운데 있습니다.

4.
레위기

레위기는 성경 전체에서 가장 '제의적(祭儀的)·의례적'인 내용을 담고 있으며, 그 기원은 광야 시대(기원전 13세기경)의 제사 규례와 공동체의 정결 규정입니다.

레위기의 전승은 고대 근동 문화 전반에 존재하던 제사·정결·속죄 전통, 이스라엘의 독자적 언약 신학[1], 광야 공동체의 실제 생활 규범, 가나안 정착 후 성소 운영 및 제사 체계의 필요성 등으로 구성되어 있습니다.

레위기 전승은 단순한 제도 규정이 아니라, '거룩하신 하나님이 백성 가운데 거하실 수 있는 방법'을 설명하는 신학적 해석을 담고 있습니다.

문서화 과정

현대 학계는 레위기가 대부분 제사장 전승(P)에 속하는 것으로 봅니다. 언약 백성의 정체성을 '거룩'으로 규정하며, 제사 제도, 정결 규례, 도덕 규범을 체계적으로 정리하고 있습니다.

---

1) "… 제사장 나라가 되며 거룩한 백성이 되리라…"(출 19:6)

이는 '광야 시대 전승'과 '성막 중심의 법전', '제사장 집단의 신학의 결합' 등에 의한 것으로, 전통적으로는 "모세가 하나님께 받은 율법을 기록한 책"으로 이해되었고, 현대 학계도 전체적인 형성에는 모세 시대의 제도와 전승이 실제로 기반이 되었음을 인정하기는 하지만, 지금의 형태는 여러 시대의 보완·정리가 결합한 문헌으로 봅니다.

편집과 재편집 과정

레위기의 형성이 가장 활발했던 시기는 바벨론 포로기와 귀환기(기원전 6~5세기)로 보는 견해가 많습니다.

① 포로기

성전이 무너진 상황에서 "우리는 어떻게 거룩을 유지할 것인가?"라는 질문이 제사장 집단(P)을 중심으로 심도 있게 다뤄졌습니다. 이 시기에는 제사 없는 상황에서 "죄와 정결"을 어떻게 이해할 것인가, 공동체를 무엇으로 규정할 것인가, 하나님 임재는 어떻게 가능한가라는 질문 속에서 제의 전승들이 재해석되었습니다.

② 귀환기 이후

성전 재건(제2성전, 곧 스룹바벨 성전) 과정에서 레위기의 규례는 실제 예배 제도와 공동체 윤리를 규정하는 법전으로 정착합니다. 기원전 3~2세기 70인역 번역을 통해 지금의 텍스트가 안정화되었습니다.

레위기는 세부적으로 5개, 크게 두 부분(1~16장, 17~26장)으로 나뉘며, 마지막 27장은 부록적 성격입니다.

① 제사 규례(1~7장)

"하나님께 나아가는 길은 인간이 정하는 것이 아니라 하나님이 알려 주신 방식"임을 강조하며, "죄와 화해를 위한 하나님이 정하신 방법"을 다섯 가지 형태의 제사로 정리하고 있습니다.

- 1장(번제): 전적 헌신
- 2장(소제): 감사와 예배
- 3장(화목제): 하나님과의 교제
- 4장(속죄제): 죄에 대한 정결
- 5~6장(속건제): 잘못과 손상에 대한 보상
- 6~7장: 제사장의 집행 규례(제물 분배, 거룩한 음식 규정 등)

② 제사장 규례(8~10장)

제사장은 단순 직분이 아니라 하나님의 임재가 있는 지성소까지 나아가는 특별한 소명을 지닌 자로 묘사하며, "하나님 앞에서 섬기는 자의 거룩함"을 강조하고 있습니다.

- 8~9장: 아론과 그의 아들들의 위임

- 10장: 나답과 아비후의 죽음('다른 불')으로 거룩의 무게를 강조

③ 정결 규례(11~15장)

생명성이 약화된 상태를 상징하는 '부정함'을 설명하며, "부정이 하나님 임재에서 멀어지는 것을 의미"한다는 것을 기록하고 있습니다.

- 11장: 정결·부정한 동물
- 12장: 산후 정결
- 13~14장: 피부병과 의복·가옥의 곰팡이
- 15장: 유출 정결

이러한 규례들은 단순히 종교적 상징을 넘어 위생과 안전을 지키는 역할도 했던 것으로 볼 수 있습니다. 예를 들어, 부정한 접촉이나 감염을 피하게 하는 조치는 일종의 공중보건적 기능을 했습니다. 이는 생활의 안전을 위한 지혜로 전승되는 것과 유사한 점이 있습니다.

④ 속죄일(16장)

이 장은 아사셀[1] 염소와 지성소 정결을 포함한 연 1회의 대속죄일 규례를

---

1) 아사셀(עֲזָאזֵל, Azazel): 속죄일(레 16장)에서 죄를 짊어지고 광야로 보내진 염소와 관련된 표현으로,
   ① 죄를 멀리 제거하는 '속죄 염소(상징적 의미)',
   ② 광야의 악령(유대 전승),
   ③ 절벽 또는 광야 지역명(지리적 해석)
   등으로 해석되며 "죄를 공동체 밖으로 내보내는 상징"으로 이해됨

기록하고 있으며, 레위기 전체 구조의 중심을 이룹니다. 속죄일은 '하나님 임재-죄-정결-회복'이라는 구약 신학의 핵심 주제를 집약하며, 공동체 전체를 위한 대속(代贖)을 다룹니다.

대제사장은 두 염소 중 하나를 여호와께 속죄제로 드리고, 다른 하나를 '아사셀'에게 보내어 죄를 광야로 떠나보내는 상징적 의식을 행함으로써, 이스라엘의 모든 죄를 정결케 합니다.

이 장은 하나님과의 관계 회복을 위한 구속의 중심 의식으로, 레위기 전체의 구조적·신학적 정점이라 할 수 있습니다.

⑤ 거룩의 법전(레위기 17~26장)

레위기의 중심 선언인 "너희는 거룩하라, 이는 나 여호와 너희 하나님이 거룩함이니라"(19:2)가 이 부분 전체를 관통합니다. '거룩'은 단순한 제의(祭儀)적 구별이 아니라, 삶의 모든 영역에서 하나님의 성품을 반영하는 실천적 삶을 의미합니다. 이에 따라 학계에서는 이 부분을 H 법전(Holiness Code)이라고도 부릅니다.

- 17장: 제사는 반드시 하나님께만 드려야 함—우상숭배 금지
- 18장: 성적 윤리와 가정 질서—하나님의 거룩함에 기반한 성적 규범
- 19장: 사회적·도덕적 거룩—십계명 정신의 확장(사랑, 공의, 정직, 이웃 사랑)
- 20장: 성결 질서 유지—부정한 행위에 대한 형벌 규정

- 21~22장: 제사장의 거룩 규례—신체 결함, 애도, 제물의 정결 기준

- 23장: 절기 규례—안식일, 유월절, 오순절, 속죄일, 초막절 등

- 24장: 성소 규례와 형벌 사례—등불, 진설병, 신성모독 형벌

- 25장: 안식년과 희년 규례—땅의 쉼, 종 해방, 사회적 회복 원리

- 26장: 축복과 저주—하나님의 언약 순종과 불순종의 결과

따라서 17~26장은 '거룩한 삶'을 통해 예배와 윤리, 개인과 공동체, 종교와 사회 정의를 통합하는 신학적 정점이라 할 수 있습니다.

⑥ 서원과 헌물의 규례(27장)

본문 전체가 부록적 규례이며, 공동체의 서원문화를 정돈합니다. '하나님께 드린 서원의 지침'이라고 볼 수 있습니다.

레위기의 신학적 의미

레위기는 성경에서 가장 일관된 신학적 메시지를 담은 책 중 하나로, 거룩하신 하나님이 어떻게 죄인과 함께 거하실 수 있는가에 대한 해답을 제시합니다.

① 거룩

하나님의 본성에서 흘러나온 것으로, 백성의 삶 전체를 규정합니다. 거룩은 단지 제의적 구별이 아니라, 하나님의 성품을 닮아가는 윤리적 실천을

포함합니다.

② 임재

하나님은 성막을 통해 공동체 가운데 거하시며, 그 임재를 유지하기 위해 제사와 정결 규례가 필요합니다. 이는 '거룩하신 하나님이 죄인과 함께 거하기 위한 제도적 장치'입니다.

③ 속죄와 정결

죄와 부정은 하나님의 임재를 파괴하는 요소이며, 속죄는 단순한 용서가 아니라 하나님과의 관계 회복을 의미합니다.

④ 윤리와 예배의 통합

레위기에서는 도덕률(19장)과 제의적 규례(1~16장)가 분리되지 않습니다. 거룩은 '예배'이자 '삶의 방식'이며, 예배 없는 윤리는 공허하고 윤리 없는 예배는 무의미합니다.

⑤ 공동체 규범(사회적 거룩)

약자 보호, 공정한 재판, 이삭 줍기 등은 신앙이 사회 정의로 확장된 모습이며, 이는 신약의 "원수를 갚지 말며… 네 이웃 사랑하기를 네 자신과 같이 사랑하라…"(레 19:18)의 근원이 됩니다.

레위기의 핵심 신학은 "거룩하신 하나님이 백성 가운데 임재하시며, 속죄를 통해 그들과 관계를 회복하시고, 거룩한 삶으로 자신을 드러내게 하신다"는 것입니다.

레위기에 대한 주요 질문들

레위기는 오늘날 독자가 가장 많이 의문을 가지는 책이기도 합니다.

① 제사와 속죄의 의미

- 왜 이렇게 많은 제사 규례가 필요한가?
- 피를 흘려야 죄가 사해지는 이유는?
- 신약에서 예수님의 사역이 레위기 제사 제도를 어떻게 완성하는가?
- 레위기의 내용이 지금도 유효한가?

② 정결과 부정의 개념

- 왜 부정한 동물 규정이 존재하는가?(위생? 상징? 구별?)
- '정결/부정'은 오늘날 어떻게 이해해야 하는가?
- 대속죄일은 왜 1년에 한 번만 행해졌나?

③ 거룩과 징계

- 왜 나답과 아비후는 즉시 죽임을 당했는가?
- 하나님의 징계와 회복의 약속은 오늘날 어떻게 이해해야 되나?

④ 절기와 사회제도

- 절기는 단순한 기념일인가? 신앙의 시간에 대한 교육인가?
- 희년 제도는 실제로 시행되었는가?

⑤ 윤리와 현대 적용

- 레위기의 윤리는 오늘 시대에 어떻게 적용되는가?

이 질문들은 단순 규칙의 해석을 넘어, 하나님의 거룩, 인간의 연약함, 죄와 화해, 공동체 윤리, 예배의 의미를 깊이 묵상하게 하는 출발점이 됩니다.

1. 왜 이렇게 많은 제사 규례가 필요한가요?

제사는 죄인인 인간이 거룩하신 하나님께 나아가는 길을 보여 주는 상징체계입니다. 다양한 제사 규례는 하나님과의 관계 회복을 세밀히 가르치는 교육적 장치이며, "거룩한 백성으로 살라"는 부르심의 표현입니다.

2. 피를 흘려야 죄가 사해지는 이유는 무엇인가요?

피는 생명입니다. 생명을 대가로 죄를 속한다는 것은 죄의 결과가 죽음임을 상징하고, 하나님께서 생명으로 죄를 덮으신다는 은혜의 표현입니다. 이는 장차 예수 그리스도의 십자가 피 흘림으로 완성될 속죄의 모형입니다.

3. 신약에서 예수님의 사역은 레위기의 제사 제도를 어떻게 완성하나요?

예수 그리스도는 대제사장이자 완전한 속죄 제물로 오셨습니다. 십자가의 피로 모든 제사를 완성하셨고, 이제 우리는 반복된 제사 없이 믿음으로 하나님께 나아갑니다.

4. 레위기의 내용이 지금도 유효한가요?

의식적 규례는 그리스도 안에서 완성되었으나, 거룩·정결·사랑·공의의 원리는 여전히 유효합니다. 형식은 달라졌지만 "너희는 거룩하라, 이는 내가 거룩함이라"(19:2)는 말씀은 변하지 않습니다.

5. 왜 부정한 동물 규정이 존재하나요?(위생? 상징? 구별?)

위생적 요소도 포함될 수 있으나, 핵심은 '구별된 백성'으로 살게 하는 상징적 교육에 있습니다. 일상 속에서도 거룩과 구별을 배우게 하심으로, 하나님과 세상 사이의 경계를 의식하도록 하셨습니다.

6. '정결/부정'은 오늘날 어떻게 이해해야 하나요?

정결 규정은 단순한 청결이 아니라, 하나님 앞에 서는 인간의 상태를 상징합니다. 신약 시대에는 외적 규정이 아니라 마음의 정결, 즉 내적 순결과 공동체적 거룩으로 의미가 옮겨집니다.

7. 대속죄일은 왜 1년에 한 번만 행해졌나요?

대속죄일은 하나님과 백성의 관계를 새롭게 하는 날로, 반복되는 제사 속에서도 전체 공동체의 죄를 단번에 정결케 하는 상징적 절정이었습니다. 이는 장차 예수 그리스도의 단 한 번의 속죄를 예표합니다.

8. 왜 나답과 아비후는 즉시 죽임을 당했나요?

그들은 하나님이 명하지 않은 불을 드려 예배의 중심을 훼손했습니다. 이는 '하나님이 정하신 방식'을 무시한 행위로, 거룩을 가볍게 여긴 결과였습니다. 하나님은 제사의 형식보다 경외의 태도를 요구하십니다.

9. 하나님의 징계와 회복의 약속은 오늘날 어떻게 이해해야 하나요?

레위기 26장은 순종과 불순종의 결과를 제시하면서도, 회개하는 자에게 다시 회복을 약속하십니다. 하나님의 징계는 파괴가 아니라 돌아오게 하시는 사랑의 통로입니다.

10. 절기는 단순한 기념일인가, 신앙의 시간 교육인가요?

절기는 역사적 사건을 기념하는 날이면서, 동시에 시간 속에서 하나님을 기억하는 훈련입니다. 이스라엘은 절기를 통해 매년 구원의 역사를 되새기며, '시간을 거룩하게 사는 법'을 배웠습니다.

11. 희년 제도는 실제로 시행되었나요?

철저히 시행된 기록은 없지만, 희년은 하나님의 주권 아래서의 해방과 회복, 곧 공동체의 리셋을 상징합니다. 그 정신은 여전히 신앙과 사회 윤리의 근본 원리로 남습니다.

12. 레위기의 윤리는 오늘 시대에 어떻게 적용되나요?

레위기의 윤리는 단순한 도덕 조항이 아니라, 하나님의 거룩하심을 반영한 창조 질서의 관계 윤리입니다. 오늘날 우리는 이를 사랑과 거룩이 함께 서는 삶의 기준으로 이해해야 합니다. 레위기의 윤리가 인간을 정죄하는 도구가 되어서는 안 되지만, 동시에 현대의 시각으로 성경의 원뜻을 왜곡하는 일도 피해야 합니다.

이러한 윤리적 원리는 신약에서도 동일하게 확인됩니다. 예수님은 간음한 여인에게 "나도 너를 정죄하지 아니하노니 가서 다시는 죄를 범하지 말라"(요 8:11)고 말씀하시며, 정죄 없는 회복을 베푸시면서도 윤리적 요청을 분명히 하셨습니다.

그리고 사도바울은 성령의 인도하심에 따라 "이 세대를 본받지 말고… 하나님의 선하시고 기뻐하시고 온전하신 뜻이 무엇인지 분별하도록 하라"(롬 12:2)고 가르치며, 하나님의 뜻이 시대의 기준에 종속되지 않음을 분명히 하고 있습니다.

5.
민수기

민수기는 단순한 '광야 여행 기록'이 아니라, 이스라엘 공동체가 약속의
땅을 향해 이동하는 과정에서 경험한 신앙적 기억들의 집합입니다.

민수기의 전승은

- 인구 조사와 지파 조직(군사적·사회적 구조)
- 광야 여정과 사건들
- 불평과 징계, 하나님의 인내
- 모세·아론·고라 등 지도자 전승
- 발람 이야기(모압 지역의 전승 포함)

등으로 구성되어 있습니다.

민수기의 상당 부분은 실제 광야 시대(기원전 13세기경)의 역사적 경험에
서 시작되었고, 그 이후 세대에 신앙적 교훈을 담은 이야기 구조로 정리
되어 전승되었습니다.

문서화 과정

여러 학자들은 민수기가 창세기에서 레위기에 이르기까지와 마찬가지로, 복합 전승(J, E, P)이 결합된 문서로 보고 있습니다.

인구조사, 진영 배치, 제사 규례, 나실인 규례 등은 P(제사장 전승)의 특징을 지니고 있으며,
불평, 반역, 기적, 정탐, 발람 이야기 등은 J전승에 기반하여 E전승이 혼합된 형태로 구성되어 있습니다. 고라의 반역과 모세의 실수 등은 E전승에 기반하여 J전승이 혼합된 형태의 역사적 서사로 볼 수 있기 때문입니다.

민수기는 '율법서'이지만, 법전과 역사적 서사가 함께 나타난다는 점에서 독특한 위치를 차지합니다.

편집과 재편집 과정

① 포로기(기원전 6세기)

바벨론 포로기의 상황은 광야 여정의 경험과 유사했습니다. 광야는 '하나님의 인도와 백성의 불순종, 다시 주어지는 은혜'의 공간으로 재해석되었고, 이 시기 편집자들은 포로 공동체의 회개와 순종의 회복을 강조하기 위해 민수기의 광야 이야기를 '순종과 불순종의 결과, 하나님의 인내와 심판'의 신학으로 강화했습니다. 따라서 포로기는 광야 서사의 신학적 재해

석기로 볼 수 있습니다.

② 귀환기 이후(기원전 5~4세기)

예루살렘 성전이 재건되고 공동체 질서가 새롭게 세워지는 가운데, 제사장 집단은 민수기의 제의 규정(P 전승)을 실제 공동체 규범으로 체계화했습니다. 이 시기에는 오경 전체가 하나의 율법서로 정리되는 편집이 이루어졌고, 이후 헬라 시대(기원전 3~2세기)의 70인역(Septuagint) 번역 과정을 거치며 지금과 같은 본문의 형태와 신학적 구조가 확립된 것으로 보입니다.

민수기의 전체 구조

민수기는 두 세대의 이야기로 구성됩니다.

- 1세대(1~25장): 애굽에서 나온 세대 → 광야에서 죽음
- 2세대(26~36장): 약속의 땅을 상속받을 언약 공동체의 재구성

① 시내산 출발 준비(1~10장)

이 부분은 레위기의 '거룩한 공동체'가 현실의 행군 공동체로 조직되는 과정을 보여 주면서, '거룩한 공동체의 질서 확립'을 기록하고 있습니다.

- 1장: 인구조사

- 2장: 진영 배치

- 3~4장: 제사장 직무 규례

- 5~6장: 정결·나실인·축복

- 7장: 성막 봉헌

- 8~10장: 등불·유월절·은혜의 구름 기둥

② 광야 여정(11~25장)

광야는 단순한 공간이 아니라 이스라엘 백성이 하나님을 신뢰하는 법을 배우는 영적 학교로 표현되며, '불순종-심판-인내-회복' 등이 반복되고 있습니다.

- 11장: 만나 불평, 불로 징계

- 12장: 미리암·아론의 반역

- 13~14장: 정탐 사건(민수기의 신학적 중심) → 1세대 광야에서 죽음

- 16장: 고라의 반역

- 20장: 모세의 반석 사건(모세도 가나안에 못 들어감)

- 21장: 불뱀

- 22~24장: 발람 이야기

- 25장: 브올 사건(음행과 우상 숭배)

③ 새 세대의 준비(26~36장)

민수기는 새로운 세대가 약속의 땅을 차지하기 위한 준비과정인 '약속의 땅을 위한 새로운 공동체 형성'으로 마무리됩니다.

- 26장: 제2차 인구조사

- 27장: 상속 규례, 지도자 교체(모세 → 여호수아)

- 28~29장: 절기와 제사

- 30장: 맹세 규례

- 31장: 미디안 전쟁

- 32장: 르우벤·갓·므낫세 반 지파의 정착

- 33장: 광야 여정에 대한 회고

- 34~36장: 기업 분배 지침

민수기의 신학적 의미

민수기는 가나안 땅을 주시겠다는 하나님의 약속 앞에서, 인간의 불신과 두려움으로 인해 약속의 땅에 들어가지 못한 정탐 사건을 중심으로 전개 됩니다.

광야 40년의 여정을 통해 하나님은 '순종은 생명, 불순종은 죽음'이라는 교훈을 주시며, 그 속에서도 여전히 불평과 반역 가운데 인내하시는 하나 님의 모습을 드러내십니다. 하나님은 불뱀과 만나, 구름기둥과 불기둥을 통해 백성 곁을 떠나지 않으시고, 징계 속에서도 은혜의 인도자로 함께하 십니다.

또한 모세의 실수를 통해 하나님이 맡기신 지도자의 책임과 거룩함의 무게를 보여 주십니다.

민수기를 관통하는 주제는 "하나님은 끊임없이 백성을 축복하시려 하시고, 백성은 그 축복을 받기 위해 거룩한 공동체의 정체성을 지켜야 한다"라는 것입니다. 이 주제는 광야 세대의 이야기이면서 동시에, 오늘날 신앙 공동체에게도 여전히 유효한 순종과 거룩의 부르심으로 이어집니다.

민수기에 대해 자주 제기되는 질문들

민수기 역시 여러 가지 질문을 가져옵니다.

① 성막과 공동체의 중심성

- 왜 이렇게 성막을 중심으로 한 진영을 강조하나?

② 불순종과 하나님의 징계

- 하나님은 왜 "불평"에 이렇게 엄격하게 반응하시는가?
- 하나님은 여호수아와 갈렙을 제외하고 1세대 전체를 가나안에 들이지 않으셨나?
- 모세는 왜 단 한 번의 실수로 가나안에 들어가지 못했는가?

③ 광야 세대의 여정과 의미

- 광야 40년은 실제 역사인가 상징인가?

- 르우벤과 갓 지파의 요단 동쪽 정착은 문제인가 허용인가?

④ 인물과 영적분별

- 발람은 왜 악인으로 간주되는가?

⑤ 민수기의 신학적 핵심

- 민수기 전체를 관통하는 핵심메시지는 무엇인가?

이 질문들은 광야 시대의 영적 의미를 깊이 탐구하게 하는 주제들입니다.

1. 왜 민수기는 '성막을 중심으로 한 진영 질서'를 이렇게 강조하나요?

광야 여정은 무질서한 이동이 아니라, 하나님이 백성의 중심에 계시는 공동체 질서를 상징합니다. 진영 편성과 이동 규례(1~10장)는 하나님 임재의 중심성, 공동체의 질서, 거룩의 공간적 표현을 보여 줍니다.

2. 하나님은 왜 '불평'에 이렇게 엄격하게 반응하시나요?

불평은 단순한 감정 표현이 아니라, 하나님의 약속과 인도에 대한 근본적 불신을 의미했습니다. 광야에서의 불평은 하나님을 시험하는 행위였고, 심판은 공동체의 정체성과 거룩을 지키기 위한 하나님의 응답이었습니다.

3. 왜 하나님은 여호수아와 갈렙을 제외하고 1세대 전체를 가나안에 들이지 않으셨나요?

정탐 사건에서 드러난 불신앙은 단순한 실수가 아니라 약속의 하나님을 거부한 선택이었습니다. 다만 여호수아와 갈렙은 믿음으로 하나님의 약속을 신뢰한 사람들이었기에, 하나님의 심판 가운데서도 구별된 은혜를 받았습니다. 광야 40년은 심판이자 새로운 세대를 준비하는 정화와 재편성의 시간이었습니다.

4. 모세는 왜 단 한 번의 실수로 가나안에 들어가지 못했나요?

므리바 사건[1]에서 모세는 분노로 인해 하나님의 뜻을 왜곡했습니다. 지도자의

---

1) 이스라엘 백성이 물이 없다고 불평하며 모세와 하나님을 시험한 두 번의 사건. 두 번째 사건에서 모세가 화를 이기지 못하고, 하나님이 '말하라'고 하신 명령 대신 반석을 지팡이로 두 번 치며 불순종

실수는 개인적 실수 이상의 의미를 지니며, 하나님은 지도자의 거룩한 책임과 순종의 무게를 보여 주셨습니다.

5. 광야 40년은 실제 역사인가, 상징인가?

역사적 사건이면서 동시에 신앙적 상징성을 지닌 기간입니다. 40이라는 수는 시험·훈련·전환을 의미하며, 하나님은 이 시간을 통해 새로운 백성을 빚어내셨습니다.

6. 르우벤과 갓 지파의 요단 동쪽 정착은 문제인가, 허용인가?

두 지파의 요청은 공동체 분열 위험이 있었지만, 모세는 조건부 허용을 통해 "공동체 책임을 다할 것"을 요구했습니다. 이는 정착보다 순종과 공동체성이 더 중요함을 보여 줍니다.

7. 발람은 왜 악인으로 간주되는가?

발람은 겉으로는 하나님의 말씀을 들었지만, 결국 우상숭배와 음행을 부추기는 데 관여했습니다(민 25장, 31장). 그는 자기 이익을 위해 하나님의 뜻을 이용한 자로, 성경 전체에서 경고적 인물로 제시됩니다.

8. 민수기를 관통하는 핵심 메시지는 무엇인가?

하나님은 끊임없이 백성을 축복하고 인도하시려는 분이며, 백성은 그 축복을 누리기 위해 거룩한 공동체의 정체성을 유지해야 합니다. 민수기는 "순종은 생명이고, 불순종은 죽음"이라는 진리를 광야 삶 속에 깊게 새기게 합니다.

6.
신명기

신명기는 모세가 죽음을 앞두고 백성에게 전한 세 편의 설교(1:1~4:43, 4:44~28:68, 29~30장)로 구성된 책입니다.

신명기의 중심 전승은 모세의 유언적 설교, 광야 여정에 대한 회고, 율법의 재진술, 약속의 땅 입성을 앞둔 영적 경고와 격려로 이루어져 있습니다. 그래서 신명기는 단순한 법전이 아니라, '율법 + 설교 + 신학적 해석'이 결합된 독특한 형태의 문서로 이해할 수 있습니다.

문서화 과정

신명기는 오경 중 가장 '독립적 신학'을 가진 문서로 평가되며, 현대 학계는 D(신명기 전승)이 독자적 문서로 먼저 형성되었다고 봅니다.

신명기 전승은 하나님의 유일성(신 6:4), 마음 중심의 순종, 사랑('온 마음·온 뜻')의 강조, 중앙 성소 사상(여호와께서 택하신 곳), 순종/불순종에 따른 축복과 저주라는 특징을 가지고 있습니다.

많은 학자들은 신명기 전승이 요시야 개혁(기원전 7세기)과 깊이 연결되어 있다고 보지만, 신명기는 단순히 그 시대에 만들어진 책이 아니라 모세 시대의 전승이 후대의 신학적 해석과 결합되어 형성된 문서로 이해하는 것이 일반적인 견해입니다.

편집과 최종 정리 과정

신명기는 포로기-귀환기 동안 광야 설교 전승이 정리되었습니다.

① 요시야 시대(기원전 7세기)

"율법책 발견 사건"(왕하 22장)에서 신명기 초기 형태(핵심 법전)가 사용되었을 가능성이 높습니다. 이 시기 편집에서는 우상 제거, 성전 중심 예배, 사회 정의가 강조되었습니다.

② 포로기-귀환기(기원전 6~5세기)

광야 설교 전승이 정리되었고, 신명기는 오경 전체를 마무리하는 신학적 결론 역할을 하게 됩니다.

③ 70인역(기원전 3~2세기)

지금의 본문 전통이 확립됩니다.

신명기의 전체 구조

신명기는 고대 근동의 언약 문서 형식과 유사한 구조[1]를 가지고 있습니다.

① 1차 설교(1:1~4:43): 광야 여정 회고

'하나님은 광야에서도 신실하셨다'라는 주제로 출애굽-가데스-모압까지의 과정이 요약되며, 불순종의 결과와 하나님의 인내가 강조됩니다.

② 2차 설교(4:44~28:68): 율법의 재해석

신명기의 핵심부분으로 "거룩한 삶은 마음에서 시작된다"라는 교훈을 주고 있습니다.

- 5장: 십계명 재선포
- 6:4~5(쉐마[2]): 마음을 다해 여호와를 사랑하라
- 12장: 우상 금지, 공의·정의·이웃 사랑, 중앙 성소
- 지도자 규범(왕·제사장·선지자), 정결 규례, 절기, 사회 정의(약자 보호, 공정한 재판)
- 28장: 축복과 저주

신명기는 율법을 외적 규례가 아닌 '관계'의 언어로 재해석합니다.

---

1) 머리말-역사-규례-축복/저주-증인
2) 히브리어 동사 shema(שמע, 들으라, 경청하라)에서 나온 말로 이스라엘 신앙의 핵심 고백

③ 3차 설교(29~30장): 언약 갱신

"생명과 복을 택하라"라는 주제로 이스라엘은 약속의 땅에 들어가기 전에 다시 언약을 확증해야 합니다. 특히 30장은 신명기 전체의 결론이자 요약입니다.

④ 모세의 마지막(31~34장)

신명기는 오경 전체의 결론으로, '언약-순종-삶-사랑-복'이라는 주제를 종합적으로 정리하며 마무리됩니다.

- 모세의 지도력 이양(→ 여호수아)
- 율법의 보관
- 모세의 노래와 축복
- 느보산에서의 죽음

신명기가 주는 신학적 의미

신명기는 율법을 단순한 규정집으로 제시하는 것이 아니라, '언약 관계 속에서 하나님을 사랑으로 섬기는 삶이 무엇인가'를 설명하는 책입니다.

① 율법은 '의무'가 아니라 '사랑의 응답'이다

하나님이 먼저 베푸신 은혜에 대한 사랑의 응답입니다. 하나님이 사랑하셨기 때문에, 사람들은 사랑으로 순종해야 합니다.

② 순종은 생명, 불순종은 죽음이다

단순한 보상-처벌 구조가 아니라, 하나님과의 관계가 생명을 낳는다는 신학적 선언입니다.

- 하나님과 함께하는 길 = 생명, 번성, 안전
- 하나님을 떠나는 길 = 죽음, 황폐, 파멸

③ 하나님은 유일하신 하나님이다

쉐마는 이스라엘 신앙의 중심 고백입니다. "… 우리 하나님 여호와는 오직 유일한 여호와시니"(6:4)라며 오직 한 분 하나님을 신뢰하는 믿음의 정점을 형성합니다.

④ 중앙 성소 사상: 하나님께 대한 순수한 예배

예배는 인간의 취향이 아니라 하나님이 정하신 방식으로, 하나님 중심으로 드려져야 한다는 선언입니다.

⑤ 정의와 공의: 약자를 보호하는 사회 윤리

신명기는 오경 가운데 사회 정의를 가장 강하게 강조하고 있으며, 하나님의 백성은 하나님의 성품을 따라 정의와 공의를 실천해야 합니다. 특히 고아, 과부, 레위인, 객(이방인)과 같은 사회적 약자를 하나님의 방식으로 보호하라고 명령합니다.

신명기의 윤리는 "하나님이 너희를 사랑하셨듯이, 너희도 약자를 사랑하라"는 언약적 윤리입니다.

⑥ 기억의 신학: 기억할 때 신앙이 유지된다

신명기는 반복해서 "기억하라"는 명령을 강조합니다. 과거에 하나님이 행하신 구원을 기억하는 것이 신앙을 유지하는 방법이기 때문입니다.

- 애굽에서 구원하신 하나님
- 광야에서 먹이시고 보호하신 하나님
- 실패 속에서도 인내하신 하나님

이 기억이 끊어지면 신앙은 무너집니다.

신명기는 '기억 → 감사 → 순종 → 생명'이라는 순환 구조를 가르치고 있습니다.

신명기의 신학은 '관계'의 신학으로, '사랑하시는 하나님과 그 사랑에 응답하는 백성'이라는 관계가 신명기 전체를 관통합니다.

"하나님을 사랑하라. 그리고 그 사랑으로 살아가라!" 이것이 신명기의 율법, 예배, 윤리, 사회, 공동체, 기억의 모든 내용을 하나로 묶는 중심 메시지입니다.

신명기는 단순한 반복이 아니라, 율법의 신학적 해석과 실천적 영성을 담은 책으로 이해해야 하지만, 신명기 역시 여러 가지 질문을 하게 됩니다.

① 예배와 율법의 중심성

- "한곳에 제사드리라"는 명령은 어떤 배경인가?
- 신명기와 출애굽기의 율법은 왜 차이가 있는가?

② 순종과 사랑의 신학

- 왜 사랑과 순종이 동일선상에서 강조되는가?
- 쉐마(6:4~5)는 왜 이스라엘 신앙의 핵심 고백인가?
- 왜 신명기는 "기억하라"를 반복해서 강조하나?

③ 하나님의 심판과 언약의 구조

- '축복/저주' 방식은 오늘날 어떻게 이해해야 하는가?
- 신명기 20장의 전쟁 규례는 폭력인가, 신학적 장치인가?
- 왜 모세는 가나안에 들어가지 못했는가?

④ 신명기의 역사적 연속성

- 신명기가 역사서(여호수아~열왕기)와 어떤 연결을 가지는가?

이 질문들을 통해 우리는 신명기가 단순한 법전이 아니라 '언약의 신학'이며, 율법이 사랑과 순종의 관계적 표현이라는 사실을 배울 수 있습니다. 나아가 신앙은 기억과 해석의 반복 속에서 유지되며, 하나님 중심의 예배와 윤리, 역사 이해가 하나로 엮여 있음을 깨닫게 됩니다.

1. "한곳에 제사드리라(중앙 성소)"는 어떤 배경을 가진 명령인가요?

신명기 12장은 당시 가나안의 산당·지역 제단에 스며든 우상 숭배를 끊기 위해, 예배를 "여호와께서 택하신 곳"으로 모으도록 명령합니다. 이는 '장소 제한'이 목적이 아니라, 예배를 우상으로부터 보호하고 하나님 중심·언약 중심의 순수한 예배로 회복하려는 신학적 장치입니다. 오늘날로 적용하면 "예배는 특정 장소에서만 가능하다"는 의미가 아니라, "예배가 하나님 중심의 공동체적 신앙 속에서 드려져야 한다"는 원리를 강조하는 것입니다.

2. 왜 신명기의 율법은 출애굽기와 차이가 나나요?

신명기는 출애굽기의 법을 단순 반복하지 않고 해석하고 적용하는 설교적 법전입니다. 시대·상황·공동체의 변화를 반영해 율법을 관계 중심·사랑 중심으로 재해석한 것입니다.

3. 왜 사랑과 순종이 동일선상에서 강조되나요?

신명기에서 율법 준수는 강제된 의무가 아니라 하나님이 먼저 주신 사랑에 대한 응답입니다. 사랑(언약)과 순종(실천)은 분리될 수 없으며, 관계로부터 나오는 삶의 열매입니다.

4. 쉐마(신 6:4~5)는 왜 이스라엘 신앙의 핵심 고백인가요?

쉐마는 "여호와는 한 분이시다"는 유일신 신앙의 정점이자, 마음·뜻·힘을 다해 하나님을 사랑하라는 신앙의 중심입니다. 신명기 전체는 이 고백이 삶 속에서 어떻게 구현되는지를 보여 줍니다.

5. 왜 신명기는 "기억하라"를 반복해서 강조하나요?

신명기는 구원과 인도하심을 "기억할 때 순종이 가능하다"고 가르칩니다. 애굽에서 구원받은 은혜를 잊으면 타락이 시작되며, 기억의 신학은 '감사 → 순종 → 생명'의 영적 구조를 형성합니다.

6. '축복과 저주'는 오늘날 어떻게 이해해야 하나요?

축복·저주는 단순한 보상이나 처벌이 아닙니다. 하나님과의 관계 안에서 순종은 생명으로, 불순종은 파멸로 이어진다는 신명기의 신학적 원리입니다. 이는 지금도 하나님 중심의 삶이 생명임을 보여 줍니다.

7. 신명기 20장의 전쟁 규례는 폭력인가요, 신학적 장치인가요?

고대 근동의 전쟁과 달리, 신명기의 전쟁 규례는 하나님의 주권, 우상 제거, 공동체 보호라는 신학적 목적을 갖습니다. 이는 폭력의 찬양이 아니라, 약속의 땅을 지키기 위한 영적·언약적 장치로 이해해야 합니다.

8. 왜 모세는 가나안에 들어가지 못했나요?

민수기 20장의 므리바 사건에서 모세는 하나님의 거룩을 드러내지 못하고 감정적으로 행동했습니다. 신명기는 이를 상기시키며, 지도자의 순종과 거룩성의 무게를 강조합니다.

9. 신명기는 역사서(여호수아~열왕기)와 어떤 연결을 가지나요?

신명기는 이스라엘 역사 전체를 해석하는 신명기적 역사관(DtrH[1])의 기초입니

---

1)　Deuteronomistic History: 신명기계 역사

다. 여호수아~열왕기는 신명기에서 제시된 원리—유일신 신앙, 순종/불순종, 정

의—로 이스라엘의 역사를 평가합니다.

3부

역사서 I
- 신명기 역사서와 룻기 -

1.

신명기 역사서

전통적으로는 여호수아서는 여호수아가, 사사기와 사무엘서는 사무엘이, 열왕기서는 예레미야가 기록했다고 보아 왔습니다. 룻기도 사무엘 저작으로 전승되기도 하지만 근거는 부족합니다.

한편 현대 구약학자들은 신명기에서 열왕기서에 이르는 역사서 전체가 다수의 신명기계 편집자들에 의해 여러 단계에 걸쳐 편집·정리된 것으로 이해합니다. 이에 따라 여호수아서~열왕기하[1] 전체를 하나의 신학적 작품[2]으로 보며 이를 '신명기 역사서(Deuteronomistic History, DtrH)'라고 부릅니다.

이러한 관점에서 여호수아서~열왕기하는 단순한 연대기적 기록이 아니라, 신명기(특히 28~30장)의 신학적 틀을 기준으로 이스라엘 역사를 해석한 신학적 역사서로 이해됩니다.

이 기록의 목적은 단순히 사건을 나열하는 것이 아니라, 역사를 통해 하나님을 설명하는 것입니다.

---

1) 룻기는 신명기 역사서의 구성에는 포함되지 않지만, 사사기 말기의 혼란과 사무엘서의 왕정 수립 사이에서 '언약의 희망'을 보여 주는 문맥적·신학적 연결고리로서 함께 언급하였습니다.
2) 인간의 산물이 아닌, 하나님의 계시가 역사 속에서 형성되어 온 과정을 의미

신학적 역사서로 구분되는 이유

여호수아서~열왕기하에 흐르는 공통 메시지는 신명기적 신학에 기반을
둔, '순종하면 복, 불순종하면 심판'(신 28장)이라는 원리입니다.

　- 여호수아 시대 순종: 정복 성공, 땅의 안식

　- 사사 시대: 불순종 → 징계, 회개 → 구원 반복

　- 사울 왕조: 부분적 순종 → 버림받음

　- 다윗 왕조: 언약 충성 → 통치 안정, 다윗 언약 성립

　- 열왕기 시대: 왕들의 언약 불순종 → 북왕국 멸망(기원전 722년) →

　　남왕국 멸망(기원전 586년)

이처럼 하나의 신학적 렌즈가 전체 이야기를 일관되게 이끕니다.

그리고 편집 구조가 하나의 장편 역사서처럼 '정복 → 정착 → 사사 시대
혼란 → 왕정 수립 → 다윗 왕조 확립 → 분열왕국 → 멸망 → 포로기'로 이
어진 흐름을 보입니다. 이러한 이유로 학계에서는 이 묶음을 하나의 신학
적 작품으로 이해합니다.

역사적 범위

① 가나안 정복(여호수아)

모세 이후 지도자 여호수아가 등장하여, 하나님이 주신 땅을 '차지하는 과정'이 신학적으로 재해석되어 있습니다.

② 사사 시대(사사기)

가나안 정복 후 신정질서가 무너지고 '타락-징계-회개-구원'이라는 구조가 반복되고 있습니다. 신명기적 관점에서 '불순종의 결과'를 보여 주는 시대로 기록되고 있습니다.

③ 룻기-사사 시대 속의 '언약의 희망'

사사기의 혼란 속에서 어떻게 경건한 한 가정이 다윗 왕조의 뿌리가 되었는가를 설명하며, 신명기적 관점에서 언약의 신실함을 이어 주는 작은 빛을 제공합니다. 룻기는 역사 전체의 '희망의 연결고리'로서의 역할을 하고 있습니다.

다만, 학계에서는 룻기가 전승·문체·관점이 달라 신명기 역사서에 포함하지 않는다는 견해가 일반적입니다.

④ 왕정 수립과 사울 왕의 실패(사무엘상)

'사무엘 → 사울 → 다윗 준비'라는 역사를 설명하며, 왕의 성공 기준이 단순한 능력이 아니라 언약에 대한 순종임을 보여 주고 있습니다. 사울은 불순종으로 인해 버림받고, 다윗은 '하나님 마음에 합한 사람'으로 선택받게 됩니다.

⑤ 다윗 왕조의 확립(사무엘하)

다윗은 언약에 충성함으로 복을 누린 왕의 모델로 신명기적 역사관에 반영되어 있습니다. "네 왕위가 영원히 견고하리라"(삼하 7장)는 다윗과의 언약이 통일 왕국의 안정과 확장이 중심이 되어 기록되어 있습니다.

⑥ 솔로몬 통치와 왕국 분열(열왕기상 1~11장)

열왕기상은 다윗의 죽음 이후 솔로몬의 즉위-성전 건축-지혜의 통치를 기록합니다. 그러나 솔로몬이 말년에 다른 신들을 섬기자, 신명기적 평가에 따라 왕국 분열이 심판으로 선포됩니다.

- 솔로몬의 미덕: 지혜, 성전 건축
- 솔로몬의 쇠락: 우상숭배 → 분열왕국 심판

이 부분은 신명기 17장의 "왕의 규례"가 적용된 대표적 예입니다.

⑦ 분열왕국과 왕들의 평가(열왕기상 12장 ~ 열왕기하 17장)

열왕기서는 북왕국과 남왕국 왕들을 신명기적 기준으로 평가합니다. "여호와 보시기에 정직했는가? 악했는가?", 우상숭배(신 12장), 중앙성소 일원화(예루살렘 성전) 등에 대해 북왕국 왕들은 전원 부정적 평가를 받으며, 그 결과 북이스라엘은 기원전 722년에 아시리아에 멸망합니다(왕하

17장).

이 사건은 신명기적 심판의 절정으로 묘사됩니다.

⑧ 남왕국의 쇠락과 포로기(열왕기하 18-25장)

남유다도 히스기야·요시야와 같은 모범적인 왕을 잠시 거쳤으나 대체로 우상숭배와 언약 불순종을 반복했고, 결국 예루살렘 성전 파괴(기원전 586)와 바벨론 포로기로 끝납니다.

열왕기 마지막 장은 국가 멸망과 다윗 왕조의 후손(여호야긴)이 바벨론에서 풀려나는 희망의 흔적을 함께 두어, 심판 속에서도 언약의 희망이 남아 있다는 신학적 메시지를 전합니다.

신명기 역사서의 신학적 특징

① 언약 중심

전체 메시지는 신명기가 제시한 원리—언약에 대한 순종/불순종—로 수렴되며, 역사가 하나님의 언약을 중심으로 해석됨을 보여 줍니다.

이는 개인 윤리의 즉각적 보응을 말하기보다, 이스라엘 공동체의 역사 속에서 누적되어 드러나는 언약적 책임을 강조하는 신학으로 이해하는 것이 타당합니다.

② 지도자를 통한 신정정치의 흐름

각 지도자는 '정치적 영웅'이 아니라, 하나님이 역사하시기 위한 도구라는 것이 강조됩니다.

- 여호수아: 모세의 계승자, 약속 성취의 도구

- 사사들: 회개의 열매로 주신 구원자

- 사무엘: 신정정치에서 왕정정치로 넘어가는 연결자

- 사울: 불순종의 경고

- 다윗: 하나님의 주권적 통치가 왕정 속에서도 유지될 수 있음을 보여 주는 모델

- 열왕기 속의 여러 왕들: 신명기적 평가기준에 따라 성공과 실패가 결정

이렇게 역사는 하나님이 주도하고 지도자는 그릇이라는 관점으로 해석됩니다.

③ 신학적 설교의 성격이 강한 역사

단순 사건 기록이 아니라, 각 사건을 "왜 이런 일이 일어났는가?"라는 신학적 논리로 재해석하고 있습니다.

- 아간의 범죄: 부분적 불순종이 공동체 전체의 패배를 초래

- 사울의 실수: 단순 전략 실패가 아니라 '언약 불순종'

- 다윗의 죄: 그의 집안에 미친 신학적 결과

- 왕들의 멸망: 우상숭배와 언약파기의 결과

즉, 이야기 속에 설교가 들어 있는 역사서입니다.

따라서 여호수아서에서 열왕기하에 이르는 본문은 신명기 신학(Dtr Theology)의 관점에서 이스라엘의 정복과 정착, 왕정의 수립과 분열, 멸망의 과정을 해석한 장편 역사신학 작품으로 평가됩니다. 그리고 이 역사서의 목적은 단순한 사건의 기록이 아니라, 언약 안에서 하나님을 더 깊이 이해하도록 이끄는 데 있습니다.

2.
여호수아서

여호수아서는 신명기에서 이어지는 가나안 정복과 땅 분배, 언약 갱신을 기록한 책으로, 신명기적 세계관을 배경으로 한 "언약 성취의 역사"로 이해됩니다.

핵심 내용은 "하나님이 약속하신 땅을 주신다"는 아브라함 언약(창 12장)의 성취이며, 이스라엘이 그 약속에 순종으로 응답할 때 생명·안정·평화가 주어진다는 신명기적 관점이 책 전체를 관통합니다.

문서화 과정

여호수아서는 역사적 기록이지만, 단순한 전쟁 연대기가 아니라 신명기적 신학에 따라 재해석된 역사적 서술이라는 점이 학계의 주류 견해 중 하나입니다.

① 여호수아서 전승의 특징

하나님의 임재가 전쟁의 승패를 결정한다는 신명기적 전승을 가지고 있습니다.

- "강하고 담대하라"는 언약적 순종 강조
- 하나님의 주권적인 땅 분배(land-grant theology)
- 제의적 순종(할례, 유월절) → 전투 승리의 전제
- 우상·가나안 문화와의 철저한 구별 요구

② 학계의 주류 견해

정복 이야기, 정탐, 땅 분배 목록 등 여호수아서 본래의 전승이 먼저 존재하였고, 포로기-귀환기에 신명기적 편집자가 사무엘·열왕기와 함께 역사 전체를 '언약의 관점'으로 편집했다는 것이 여러 학자들의 견해입니다.

즉, 여호수아서는 신명기-열왕기 역사서의 첫 번째 책이며, '하나님과의 관계가 역사의 해석 기준'이라는 동일한 신학을 공유합니다.

편집과 최종 정리 과정

① 초기 전승(기원전 13~11세기)

여리고, 아이성, 기브온과 같은 여호수아의 전투 이야기, 땅 분배 관련 내용들(지명·경계 목록), 세겜의 언약(24장)과 같은 전승들이 먼저 존재했던 것으로 보여집니다.

② 왕정기-남북왕국 시대의 편집

신명기적 요소가 뚜렷해지면서, 순종과 불순종의 패턴이 강화되었고, 예배의 정결성, 가나안 종교와의 대조가 강조된 것으로 추정됩니다.

③ 포로기-귀환기 최종 편집

신명기 역사서가 하나의 역사 흐름으로 정리되면서, 언약을 기준으로 이스라엘의 흥망을 해석하였습니다. 그 안에서 여호수아서는 '약속 성취의 시작'이라는 구조적 위치를 갖게 됩니다.

여호수아서의 전체 구조

여호수아서는 '정복-분배-언약 갱신'이라는 분명한 3부 구조를 가지고 있습니다.

① 가나안 정복(1~12장)

정복의 핵심은 군사력이 아니라 '언약적 순종'이며, 전투는 하나님이 이루시는 일이라는, 즉 '하나님이 주시는 승리'가 신학적으로 강조됩니다.

- 1장: 지도력 이양(모세 → 여호수아), "강하고 담대하라"는 언약적 명령
- 2장: 여리고 정탐, 라합의 신앙 고백(언약은 혈통이 아니라 하나님을 향한 신뢰 위에 세워짐을 보여주는 사례)
- 3~4장: 요단강 기적적 도하(출애굽의 '홍해' 재현 → 새로운 시대의 시작)
- 5장: 길갈에서 할례·유월절 → 언약 백성의 정체성 회복
- 6장: 여리고 성 함락(예배적 행진 → 전투 승리)

- 7~8장: 아이성 실패와 회복(아간의 범죄 → 공동체 연대 책임)

- 9장: 기브온의 속임 → 잘못된 언약의 위험

- 10~12장: 남부·북부 연합군 격파, 정복 목록 정리

② 땅의 분배(13~21장)

땅 분배는 단순한 행정 기록이 아니라, '언약의 실현'을 구체화한 신학적 사건으로, '약속의 땅이 실제로 백성의 몫이 되는 과정'을 기록하고 있습니다.

- 13장: 남은 땅 목록

- 14~19장: 각 지파의 기업 분배(유다-요셉-소지파들 순)

- 20장: 도피성[1] 설치(정의·보호의 제도)

- 21장: 레위인 거주지 배분(예배와 율법 교육의 중심 역할)

③ 언약 갱신(22~24장)

신명기 29~30장의 언약 갱신과 병행 구조를 가지며, "이후에도 하나님을 섬기겠다"는 언약을 확인하고 갱신하는 내용을 담고 있습니다.

- 22장: 요단 동편 지파의 제단 사건(예배 순수성 논쟁)

- 23장: 여호수아의 마지막 권면(우상·혼합주의 경고)

- 24장: 세겜 언약 갱신

---

1) 실수로 사람을 죽인 이들을 보호하여 정의와 자비의 균형을 이루려는 제도(민 35:13)

여호수아가 모세처럼 언약을 '마지막 설교'로 종합하며 책이 끝납니다.

여호수아서의 신학적 의미

여호수아서의 신학은 신명기의 신학을 현실 역사에 '구체적으로 실행'한 형태입니다.

① 하나님은 약속을 성취하시는 분

아브라함에게 약속한 땅을 실제로 주심으로써 "하나님의 언약은 역사 속에서 실현된다"는 것을 보여 줍니다.

- 약속의 성취 = 출애굽의 완성

- 출애굽기 → 광야 → 신명기 → 여호수아로 이어지는 구원 역사 완결

② 승리의 핵심은 '순종'이지 군사력이나 전략이 아니다

여호수아는 역사적 사건을 신명기적 신학(순종/불순종)에 따라 해석합니다.

- 여리고: 순종 → 승리

- 아이성: 불순종 → 패배

- 기브온: 기도하지 않은 결정 → 문제 발생

③ 하나님이 전쟁을 주도하신다(Holy War Theology)

소위 '여호와의 전쟁' 사상이 나타납니다. 이는 근대적 의미의 성전(聖戰) 이데올로기가 아니라, 고대 이스라엘 신앙 안에서 전쟁의 주권을 하나님께 귀속시키는 신학적 서술 방식을 의미합니다.

④ 땅은 하나님의 소유이며, 이스라엘은 '관리자'이다

분배 과정에서 땅은 '기업'으로 표현되며, 이는 상속이지만 동시에 하나님이 허락하신 선물이라는 의미입니다.

⑤ 우상과 혼합주의는 가장 큰 위험 요소

정복 이후에도 가나안 종교·문화의 영향력은 지속적으로 이스라엘의 신앙을 위협하고 있어, "너희가 여호와를 떠나면 반드시 멸망하리라"는 여호수아의 마지막 권면(23장)은 모든 역사서의 주제가 됩니다.

⑥ 언약은 '선택'이 아니라 '삶의 방식'

24장의 세겜 언약은 신명기의 결론(30장), "생명과 복의 길, 죽음과 저주의 길, 지금 선택하라"는 메시지를 반복하고 있습니다.

여호수아서에 대해 자주 제기되는 질문들

여호수아서는 정복 서술의 관점에서 기록되었습니다. 그러다 보니 하나님의 공의와 사랑, 자비와는 거리가 있는 것처럼 오인될 수 있어 여러 질문들이 제기되고는 합니다.

① 여호수아의 정복과 역사성

  - 여리고 정복은 실제 역사인가, 신학적 해석인가?

  - 여호수아와 사사기에 '정복 완성/미완성'이 서로 다른 이유는 무엇인
    가?

  - 왜 땅 분배가 그렇게 자세히 기록되어 있나?

② 헤렘과 하나님의 심판

  - '헤렘(진멸)'은 실제 학살이었나? 아니면 신학적 장치인가?

  - 가나안 백성이 심판받은 이유는 무엇인가?(인종적 차별인가?)

③ 언약과 신앙적 순종

  - 라합의 구원은 어떤 의미인가?

  - 기브온과의 언약은 왜 문제였으며, 왜 파기하지 않았나?

  - 왜 여호수아에게 '강하고 담대하라'가 반복되나?

  - 여호수아서는 왜 마지막에 언약 갱신(24장)으로 끝나나?

④ 정복신앙의 현대적 적용

  - 여호수아의 전쟁이 십자군·식민지 정복에 사용된 것은 정당한가?

  - 여호수아의 전쟁·진멸을 오늘 우리 시대에 적용한다면 어떻게 해야
    하나?(폭력 조장 위험?)

  - 오늘날 그리스도인은 정복 신학을 어떻게 이해해야 하나?

여호수아서를 둘러싼 이런 질문들은 단순히 과거의 전쟁을 해석하는 데서 그치지 않습니다. 오히려 하나님이 어떤 분이시며, 그분의 백성이 어떻게 믿음과 순종으로 살아가야 하는지를 깊이 묻게 합니다. 이러한 질문들을 통해 우리는 하나님의 사랑과 정의가 역사 속에서 어떻게 드러나는지, 오늘날 그리스도인은 어떤 싸움을 싸워야 하는지를 다시 성찰하게 됩니다.

1. 여리고 정복은 실제 역사인가요, 신학적 해석인가요?

여호수아서의 정복 이야기는 단순한 군사 기록이 아니라 언약 성취를 신학적으로 증언한 역사(theological history)입니다. 고고학적 자료는 성경의 문자적 전투 묘사와 완전히 일치하지는 않지만, 이러한 차이는 본문이 신학적 목적을 가진 서사임을 보여 줍니다.

따라서 여호수아서의 서술은 전쟁 기술이 아니라 "승리는 하나님께 속한다"는 신학의 고백을 전하기 위해 기록된 것입니다. 이 이야기를 현대의 전쟁이나 민족 갈등, 국가주의에 적용하는 것은 성경의 본래 의도와는 무관한 해석입니다.

2. 여호수아서와 사사기에 '정복 완성/미완성'이 서로 다른 이유는 무엇인가요?

여호수아서는 하나님이 약속을 이루셨다는 관점에서 '큰 틀의 정복'을 기록합니다. 사사기는 현실적으로 이스라엘이 순종하지 않아 남아 있는 미정복 영역들을 보여 줍니다. 두 기록은 충돌이 아니라 다음과 같이 서로를 보완합니다.

- 여호수아서: "하나님은 약속을 이루셨다."
- 사사기: 땅은 차지했지만, 가나안의 우상숭배와 왜곡된 신앙질서는 정복하지 못했음을 드러냄

3. 왜 땅 분배가 그렇게 자세히 기록되어 있나요?

땅 분배는 행정 기록이 아니라 언약의 실현을 문서로 증명하는 신학적 사건입니다. 각 지파의 경계·레위인의 성읍·도피성까지 꼼꼼한 기록은 "하나님께서

아브라함에게 약속하신 땅을 실제로 주셨다"는 하나님의 신실함을 시각화하는 증언입니다.

4. '헤렘(진멸)'은 실제 학살이었나요? 아니면 신학적 장치인가요?

'헤렘(ḥērem)'은 고대 전쟁의 현실을 배경으로, 신학적 의미가 덧입혀진 언어로 이해할 수 있습니다. 따라서 '헤렘'은 문자적 '전멸'이라기보다, 하나님께 완전히 바쳐 구별된 것을 뜻하는 제의적 개념입니다.

성경은 가나안 주민들이 완전히 사라지지 않았음을 여호수아 13장과 사사기 1장에서 분명히 보여 줍니다. 그러므로 '헤렘'은 고대 전쟁 문학의 관용적 표현이자, 우상과 악으로부터의 철저한 단절을 상징하는 신학적 언어입니다. 이는 오늘날의 '집단학살' 개념과 단순 동일시하는 것은 신중해야 합니다.

5. 가나안 백성이 심판받은 이유는 무엇인가요?(인종적 차별인가?)

가나안 심판은 도덕적 · 종교적 타락 때문이며, 민족 차별이 아닙니다. 레위기 · 신명기는 가나안 문화가 아동 희생, 성적 제의, 폭력적 종교, 구조적 불의를 포함했다고 설명합니다(레 18장).

그리고 중요한 점은 같은 죄를 지은 이스라엘도 동일한 기준으로 심판받아 멸망했다는 것입니다. 따라서 가나안 심판은 "우월한 민족이 열등한 민족을 제거했다"는 이야기가 아니라, 하나님의 거룩하심 앞에서 모든 민족이 동일한 기준을 적용받는다는 선언입니다.

6. 라합의 구원은 어떤 의미인가요?

라합은 이방인이었지만 여호와의 능력과 주권을 믿음으로 고백하여 구원을 받습니다. 이는 언약 공동체가 혈통이 아니라 신앙으로 열린 공동체임을 보여 줍니다.

신약은 라합을 예수님의 족보에 포함시키며(마 1:5), 하나님의 구원이 이스라엘을 넘어 열방으로 확장됨을 예표합니다.

7. 기브온과의 언약은 왜 문제였으며, 왜 파기하지 않았나요?

문제의 핵심은 속임수보다 여호수아가 하나님께 묻지 않고 결정했다는 점입니다(9장).

하지만 이미 맺은 언약을 파기하지 않습니다. 이는 언약의 신중함, 공동체의 약속 책임, 선한 약속은 어려움이 있어도 지켜야 한다는 윤리를 가르칩니다. 동시에 혼합주의가 어떤 위험을 불러오는지도 보여 주는 사건입니다.

8. 왜 여호수아에게 '강하고 담대하라'가 반복되나요?

가나안 정복의 핵심은 군사 전략이 아니라 하나님의 말씀에 대한 신실한 순종입니다. 따라서 '강하고 담대하라'는 군사적 용기가 아니라 말씀에 대한 담대함, 두려움을 이기는 믿음, 하나님의 임재에 대한 확신을 뜻합니다. 이 명령은 이후 역사서 전체의 신앙 기준이 됩니다.

9. 여호수아서는 왜 마지막에 언약 갱신(24장)으로 끝나나요?

정복보다 더 중요한 것은 정복 이후 어떻게 살아갈 것인가입니다. 세겜 언약 갱신은 과거의 구원을 기억하고 현재 하나님을 선택하며 미래 순종을 서약하는 신명기적 구조를 재현합니다. 여호수아는 이스라엘에게 "… 너희가 섬길 자를 오늘 택하라…"(24:15)라고 말합니다. 이는 단순한 역사적 마무리가 아니라 언약적 삶의 시작 선언입니다.

10. 여호수아의 전쟁이 십자군·식민지 정복에 사용된 것은 정당한가요?

역사적으로 서구 교회·제국주의가 여호수아를 십자군 전쟁, 북미 원주민 정복, 아프리카·아시아 식민지화 등의 근거로 악용했습니다. 그러나 이것은 성경 전체의 흐름과 신학적 방향에 어긋나는 오용입니다.

왜냐하면:

1) 여호수아의 전쟁은 특정 시대·특정 사건에 제한된 한시적 명령이기 때문입니다.

2) 목적은 이스라엘의 세력 확장이 아니라 하나님이 주신 언약의 성취입니다.

3) 신약은 육신에 따라 싸우는 방식의 전쟁을 거부하도록 가르칩니다(고후 10:3~4).

4) 예수님은 "칼을 거두라"라고 명령하셨으며(마 26:52),

5) 신약 교회는 군사적 폭력이 아닌 복음·사랑·증언으로 성장했습니다.

따라서 오늘날 여호수아를 근거로 폭력을 정당화하는 것은 성경 전체의 증언, 특히 신약의 전쟁 이해와 정면으로 배치되는 반성경적 해석입니다.

11. 여호수아의 전쟁·진멸을 오늘 우리 시대에 적용한다면 어떻게 해야 하나요?(폭력 조장 위험?)

현대 적용은 반드시 영적·윤리적이어야지 군사적·민족적이어서는 안 됩니다. 싸워야 할 대상은 사람·민족이 아니라 우리 안의 죄, 우상, 불의, 교만입니다. 어떤 민족·국가·종교 집단을 '가나안'으로 설정하는 것은 성경적 의도와 정면으로 배치되는 위험한 적용입니다. 여호수아의 전쟁은 폭력을 위한 모델이 아니라, 하나님 중심의 삶을 지키기 위한 영적 교훈으로 재해석되어야 합니다.

12. 오늘날 그리스도인은 정복 신학을 어떻게 이해해야 하나요?

정복의 중심은 '영토 확장'이 아니라 하나님이 주시는 생명·평화·거룩입니다. 신약은 정복을 '혈과 육'의 싸움이 아니라 '악한 영들'과의 싸움(엡 6장)이라고 전하며, 승리는 칼이 아니라 십자가의 사랑으로 이루어진다고 가르치고 있습니다. 그리고 하나님의 나라는 땅이 아니라 사람의 마음과 공동체 가운데 임한다고 기록하고 있습니다. 따라서 여호수아의 정복을 오늘에 적용한다면 "하나님을 사랑하고 우상을 제거하며 불의와 싸우는 공동체가 되라"는 의미가 됩니다.

3.

사사기

사사기는 여호수아 사후부터 왕정 수립 이전(기원전 약 1200~1050)[1]까지의 이스라엘 역사를 다룹니다. 이 시기는 '지파 연맹체'가 유지되던 시대이며, 부족 단계에서 중앙집권 왕정으로 넘어가는 과도기적 단계로 볼 수 있습니다.

사사(士師)는 히브리어 쇼페트(Shophet)에서 온 말로, 본래 '판결하다, 재판하다'라는 뜻입니다. 그러나 사사기에서 사사들은 단순한 재판관을 넘어 군사 지도자, 구원자, 지역 통치자, 영적 지도자의 역할을 복합적으로 수행한, 하나님이 일시적으로 세우신 지도자를 의미합니다. 다만 이들은 전 이스라엘을 통치한 중앙 권력이라기보다, 자신이 속한 지파와 지역 중심으로 활동한 지도자였습니다.

사사기는 이런 여러 사사들의 행적을 기록한 책입니다. 사사기에 등장하는 사사들은 대사사 6명[2], 소사사 6명[3] 등 모두 12명입니다. 대사사와 소사사의 구분 기준은 성경 본문이 아니라 후대 학자들의 분류이며, 주된 기준은 서술 분량과 신학적 비중입니다. 대사사는 중요한 구원 사건을 중심

---

1) 어떤 학자는 기원전 1230~1013년 보기도하며 다양한 견해가 존재

2) 오드니엘, 에훗, 드보라·바락, 기드온, 입다, 삼손

3) 삼갈, 돌라, 야일, 입산, 엘론, 압돈

으로 긴 서사가 기록되고, 소사사는 짧게 소개된 지역적 지도자들입니다.

전통적으로 사무엘이 저자라고 여겨졌으나, 대부분의 현대 성서학자들은
사사기를 신명기적 역사의 일부로 보고 있습니다.

전승과 기록 시기

다른 구약들처럼 사사기 역시 기록 시점과 완성 시점은 구분할 수 있습니다.

① 초기 전승 자료

사사들에 관한 이야기 자체는 사사시대(기원전 1200~1050년)의 실제 사
건에서 비롯된 구전 전승입니다.

② 최종 편집

학자들은 "이스라엘에 왕이 없었으므로"(삿 17:6)라는 구절 등 후대 관점
에서의 평가가 나타나는 점을 근거로, 사사기가 요시야 시대에서 바벨론
포로 초기(기원전 640~550) 사이에 현재의 구조로 정리되었다고 봅니다.
일부는 포로기 이후의 편집 흔적이 존재한다고 보아 최종적인 형태는 기
원전 5세기경으로 보기도 합니다.

사사기의 구성

사사기는 서론, 본론, 결론의 3부 구조로 구성되어 있습니다.

① 서론(1장~ 3:6절)

사사시대 전체를 해석하는 신학적 틀을 제시하며, 사사시대의 타락이 왜 생기는지에 대한 배경을 설명하고 있습니다.

- 1장: 완전하지 못한 가나안 정복으로 남아 있던 가나안 족속과 그들의 우상 문화가 이스라엘 타락의 배경이 됨
- 2:1~5: 여호와의 사자가 이스라엘의 불순종을 책망, 언약을 지키지 않은 것에 대한 하나님의 경고
- 2:6~3:6: '죄 → 징계 → 부르짖음 → 구원 → 재타락'이라는 사사기의 반복 패턴을 제시하며, "이스라엘이 여호와 보시기에 악을 행하여"라는 반복된 구조를 소개

② 본론(3:7절~16장)

12명의 사사들의 이야기를 통해 불완전한 구원자들과 타락해 가는 이스라엘의 모습이 전개됩니다. 사사가 진행될수록 영적·윤리적 수준이 하락하는 구조를 보입니다.

- 3:7~11: 첫 번째 사사 오드니엘, 사사기의 '부르짖음과 구원'이라는 패턴이 가장 모범적으로 나타나는 사례

- 3:12~30: 에훗, 모압왕 에글론을 죽이고 평화를 회복

- 3:31: 삼갈. 블레셋 사람 600명을 소모는 막대기로 죽임

- 4~5장: 드보라와 바락, 가나안 왕 야빈과 시스라를 물리침

  (※ 5장: 드보라의 노래, 고대 히브리시)

- 6~8장: 기드온, 300 용사와 함께 미디안의 억압에서 이스라엘을 구원. 말기에 금 에봇 사건으로 우상화 위험

- 9장: 아비멜렉, 사사는 아니지만 잘못된 왕정시도와 폭정, 지도자 타락의 극단적 사례를 제시

- 10:1~5: 소사사 돌라와 야일, 지역적 안정 유지

- 10:6~12:7: 입다, 암몬과의 전쟁, '서원 사건'으로 인한 비극적 결말

- 12:8~15절: 소사사 입산, 엘론, 압돈. 짧은 통치기간

- 13~16장: 마지막 사사 삼손, 블레셋과의 전쟁에서 영웅으로 묘사되고, 나실인[1]으로 부름받았지만 반복된 영적 실패를 경험. 죽음으로 마지막 승리

③ 결론(17~21장)

사사가 등장하지 않는 타락의 절정을 기록합니다. 우상 사건, 내전, 사회 붕괴 등을 통해 하나님의 왕권이 부재하고 있음을 설명하며, 사사 시대의 타락이 개인 → 가정 → 지파 → 국가 전체로 확산되는 과정을 기록하고 있습니다. 이는 사사 시대의 문제가 단순히 '왕이 없다'는 정치적 문제가 아니라 영적 왕(하나님)을 버린 데서 비롯된 것임을 강조하고 있습니다.

---

1) '거룩한 자', '분리된 자'라는 뜻으로 하나님께 서원한 자를 의미

- 17~18장: 미가[1]의 개인적인 우상 숭배가 단 지파 전체의 우상 숭배로
  확대. 사사시대의 영적혼란을 상징
- 19~21장: 극단적 성적·윤리적 타락, 지파 간 내전으로 베냐민 지파가
  멸절 위기. 이스라엘이 베냐민을 보존하려고 조치하여 지파가 완전
  히 사라지지 않도록 함

사사 시대의 문제는 단순한 정치적 문제가 아니라, 하나님 왕권 부재(영
적 불순종)에서 비롯된 것임을 강조하며 "각기 자기의 소견에 옳은 대로
행하였더라"(21:25)는 말로 마무리됩니다.

사사들의 활동 시기

사사별 활동 지역과 대적을 정리하면 아래와 같습니다. 시기 구분은 사사
기의 서술 흐름에 따른 상대적 구분이며, 사사들의 활동은 지역적으로 겹
쳤을 가능성이 있어 절대연대로 확정하기 어렵습니다.

활동 시기[2]	사사	활동 지역	대적
사사시대 초기	오드니엘	유다 남부	메소포타미아
	에훗	베냐민	모압
	삼갈	블레셋 접경	블레셋

---

1) 사사기의 미가와 선지자 미가는 동명이인임
2) '초기·중기·후기'는 연대 구분이 아니라 사사기의 서술 전개에 따른 상대적 구분

	드보라·바락	에브라임·납달리	가나안(야빈)
사사시대 중기	기드온	므낫세	미디안
	돌라	에브라임	내부 안정
	야일	길르앗	내부 안정
사사시대 후기	입다	길르앗	암몬
	입산	베들레헴	내부 안정
	엘론	스불론	내부 안정
	압돈	에브라임	내부 안정
	삼손	단·블레셋 접경	블레셋

사사기의 반복패턴

사사기는 '죄-징계-부르짖음-구원(the Judges cycle)'이라는 패턴을 반복하고 있습니다. 학자들에 따라 분류 차이가 있어, 어떤 학자는 이 패턴이 7회 이상 반복된다고 보기도 합니다. 다만, 전형적인 네 단계(죄-징계-부르짖음-구원)가 모두 뚜렷하게 드러나는 경우는 6차례라고 보는 견해가 일반적입니다.

① 오드니엘(3:7~11)

- 바알과 아세라 숭배
- 이스라엘을 메소포타미아 왕 구산 리사다임에게 넘기심
- 이스라엘이 여호와께 부르짖음
- 하나님이 오드니엘을 세우시고 전쟁에서 승리, 40년 평안

② 에훗(3:12~30)

- 이스라엘이 다시 악을 행함

- 모압 왕 에글론에게 18년 압제

- 여호와께 부르짖음

- 하나님이 에훗을 세우셔서 에글론을 제거하여 모압이 패배. 80년 평화

③ 드보라와 바락(4~5장)

- 이스라엘이 악을 행함

- 여호와가 가나안 왕 야빈에게 그들을 넘기심

- 이스라엘이 여호와께 부르짖음

- 하나님이 드보라와 바락을 사용하여 시스라 군대를 패배시킴. 40년
  평화

④ 기드온(6~8장)

- 이스라엘이 다시 여호와 앞에 악을 행함

- 미디안에게 7년 동안 압제

- 이스라엘이 여호와께 부르짖음

- 하나님이 기드온을 세우셔서 300 용사로 미디안 진영을 붕괴. 40년
  평화

⑤ 입다(10:6~12:7)

- 바알, 아스다롯, 아람 신, 시돈 신, 모압 신, 암몬 신, 블레셋 신 등 이
  방 신을 섬기며 심각하게 타락

- 여호와가 블레셋과 암몬에게 그들을 18년간 넘기심

- 이스라엘이 부르짖으며 죄를 인정

- 하나님이 입다를 사용하여 암몬을 패배시킴

⑥ 삼손(13~16장)

- 이스라엘이 다시 악을 행함

- 여호와가 블레셋에게 그들을 40년간 넘기심

- 이스라엘의 부르짖음이 없을 정도로 심하게 타락

- 하나님이 삼손을 나실인으로 세우시고, 블레셋을 치기 시작

→ 이스라엘의 집단적 구원은 완성하지 못했고, 삼손 자신의 죽음을 통해 블레셋에 결정적 타격을 줌

패턴이 반복될수록 이스라엘의 죄는 더 심각해집니다. 부르짖음이 진정한 회개가 아니라, 점점 단순한 구원요청으로 변해갑니다. 그리고, 삼손 시대에는 부르짖음 자체가 사라지는 타락의 절정을 보여 줍니다. 심지어 사사기의 결론부(17~21장)에서는 사이클 자체가 무너진 상태가 되며, "각기 자기의 소견에 옳은 대로 행하였더라"(21:25)라며 마무리됩니다.

사사기의 신학적 의미

사사기는 여호수아 이후 왕정 수립 이전의 영적 무정부 시대 속에서 이스라엘이 하나님을 떠날 때 어떤 결과가 나타나는지를 보여 주며, 반복되는

죄와 구원 속에서도 변치 않는 하나님의 은혜와 신실함을 드러내는 책입니다.

① 하나님을 떠난 자기중심성은 개인과 공동체를 파괴한다

사사기의 우상 숭배, 신앙적 타락, 윤리적 붕괴, 사회적 혼란, 지파 간 갈등, 내전과 종족 멸절 위기 등은 "이스라엘이 여호와 보시기에 악을 행하였다"라는 표현 아래 총체적 붕괴로 이어집니다. 이는 "죄는 필연적으로 사회를 무너뜨린다"는 신학적 진리를 보여 주고 있습니다.

② 반복될수록 죄는 더 깊어지고 사이클은 악화된다

'죄 → 징계 → 부르짖음 → 구원'은 반복되지만, 그 반복은 회복이 아니라 타락의 심화로 이어집니다. 오드니엘은 거의 모범적 사이클을 보인 반면, 기드온은 복종과 불순종이 혼재되었고, 입다는 비극적 서원을 하였습니다. 그리고 삼손 시대에는 부르짖음 자체가 사라졌습니다. 뿐만 아니라 결론부(17~21장)에서는 이 사이클조차 존재하지 않게 됩니다.

사사기는 죄가 반복되면 영적 감각마저 마비된다는 사실을 경고하고 있습니다.

③ 참된 문제는 '왕 없음'이 아니라 '하나님 왕권 부재'이다

"그때에 이스라엘에 왕이 없으므로 사람이 각기 자기의 소견에 옳은 대로 행하였더라"(21:25)라는 말은, 단순히 인간 왕의 부재가 아니라, 하나님을 왕으로 인정하지 않는 영적 반역을 지적합니다.

사사 시대의 문제는 정치 이전에 신앙과 언약의 문제였다는 점을 강조하는 것입니다.

④ 사사는 불완전한 구원자이고, 참된 왕이 필요함을 드러낸다

사사들은 하나님께서 세우신 사람들이지만 모두 한계를 가지고 있었습니다.

- 기드온: 두려움과 금 에봇
- 입다: 서원으로 인한 비극
- 삼손: 지속적인 도덕적 실패

이들은 일시적이고 부분적인 구원자에 불과하며, 참된 구원과 통치는 오직 하나님께만 있음을 드러냅니다. 사사기는 이러한 사사들의 불완전함을 통해, 인간 왕이 아니라 하나님께서 세우실 바른 통치와 참된 왕권을 갈망하게 하는 신학적 길을 제시합니다.

⑤ 하나님의 징계는 심판이 아니라 회복을 위한 은혜이다

외적 압제(징계)는 파멸이 목적이 아니라 돌아오게 하려는 하나님의 사랑의 수단입니다. 부르짖음이 온전한 회개가 아니라도 하나님은 사사를 세우셔서 구원을 베푸십니다. 이는 하나님의 오래 참으심과 언약적 신실함을 드러냅니다.

⑥ 하나님은 부족한 사람을 통해서도 일하신다

사사들은 모두 약점과 결함을 가진 인물들이었습니다. 오드니엘, 에훗, 기드온, 입다, 삼손 등은 모두 완전하지 않았으나 하나님은 연약함 속에서도 일하셨습니다. 이는 구원의 능력은 인간이 아니라 하나님께 있다는 사실을 보여 줍니다.

⑦ 하나님의 백성은 주변 문화와 타협할 때 빠르게 무너진다

사사기의 타락은 가나안 족속과의 신앙적 타협에서 시작됩니다. 그 결과 우상 숭배와 혼합주의(Syncretism), 언약 정체성 상실로 이어졌습니다. 사사기는 혼합주의가 영적 붕괴의 가장 큰 원인임을 경고합니다.

사사기는 반복되는 불순종 속에서 인간의 타락과 한계를 보여줄 뿐 아니라, 그럼에도 불구하고 인간을 포기하지 않으시는 하나님의 신실하심을 드러내며, 참된 왕이신 하나님과 메시아의 필요성을 가르치는 신학적 거울입니다.

사사기에 대한 의문과 질문들

사사기는 여러 사사들의 이야기와 반복적 구조로 이루어져 있어 자연스럽게 많은 질문을 불러일으킵니다. 그 질문들은 사사기의 역사적 배경, 인물 이해, 구조 분석, 윤리적 난제, 신학적 메시지와 깊이 연결되어 있습니다.

① 사사시대의 역사와 구조

  - 사사와 선지자는 어떻게 다른가?

  - 사사 시대의 기간은 얼마나 되는가? 압제와 평화 시기는 각각 어느
    정도인가?

  - 사사기 결론부(17~21장)에 왜 사사가 전혀 등장하지 않는가?

  - 사사기는 역사적 신빙성이 있는가?

  - 사사 시대의 사회 구조는 어떠했는가?

  - 사사들의 활동은 겹치는가? 여러 사사가 동시에 존재했는가?

② 타락과 하나님의 은혜

  - 입다의 서원과 하나님의 자비는 어떻게 조화를 이루는가?

  - 삼손은 반복된 도덕적 타락에도 어떻게 나실인으로 사용될 수 있었
    는가?

  - 전지전능하신 하나님은 왜 인간의 타락을 근본적으로 막지 않으시는가?

③ 도덕적 혼란과 공동체의 붕괴

  - 레위인의 첩의 시신을 조각내 각 지파에 보낸 이유는?

  - 베냐민 지파의 아내 취득 방식은 윤리적으로 문제가 없었는가? 하나
    님은 왜 이 상황을 허용하셨는가?

④ 왕권과 신정의 문제

  - '왕이 없었다'는 말은 하나님의 왕권 부재를 의미하는가? 그렇다면 왜
    하나님은 사울을 왕으로 세우셨는가?

- 사사기의 사이클(죄 → 징계 → 부르짖음 → 구원)은 오늘날에도 반
 복되는가?

이러한 질문들은 사사기의 메시지를 더 깊이 이해하도록 도와주며, '죄 →
징계 → 부르짖음 → 구원'이라는 반복 사이클을 넘어 참된 왕이신 하나님
안에서의 진정한 구원의 의미가 무엇인지 깨닫게 합니다.

1. 사사와 선지자는 어떻게 다른가?

사사는 지역적 군사 지도자·분쟁 해결자(행동 중심)인 반면, 선지자는 하나님의 말씀을 선포하고 회개를 촉구하는 영적 지도자(말씀 중심)를 말합니다. 즉, 사사는 '구원을 위한 행동', 선지자는 '언약의 말씀'을 담당합니다.

2. 사사시대의 기간은 얼마나 되는가? 압제와 평화 시기는 어느 정도인가?

사사시대의 정확한 기간에 대해서는 학자들 사이에 다양한 견해가 있으나, 대체로 기원전 1200년경부터 1050년경까지, 약 150년 안팎으로 이해됩니다.

사사기 본문에 제시된 연대를 기준으로 계산하면, 압제의 기간은 약 111년으로 나타나는 반면, 평화와 사사의 치리 기간은 약 150~180년으로 제시됩니다. 이는 사사기가 하나님의 징계보다 회복과 평화의 시간이 더 길게 주어졌음을 강조하고 있음을 보여 줍니다.

이러한 두 기간의 합이 실제 사사시대 전체 기간보다 길게 나타나는 이유는, 사사들의 사역이 모든 이스라엘을 포괄한 것이 아니라 지역적으로 제한되어 있었고, 서로 다른 지역에서의 압제와 평화의 시기가 서로 중복되었기 때문으로 이해할 수 있습니다.

3. 사사기 결론부(17~21장)에 왜 사사가 전혀 등장하지 않는가?

"이스라엘에 왕이 없으므로"라는 말씀처럼 하나님의 왕권이 부재하여, 사사조차 등장하지 않을 만큼 최악의 영적·도덕적 붕괴 상태가 되었다는 것을 보여 주기 위한 것입니다.

4. 사사기는 역사적 신빙성이 있는가?

신화가 아니라 역사적 사건을 바탕으로 한 신학적 역사입니다. 개별 사건의 세부는 신학적 목적에 따라 선택·강조·배치되었을 가능성도 있지만, 고고학적 자료와 사회구조 연구도 사사기 시대가 실제로 존재했음을 뒷받침하고 있습니다. 다만 세부 사건들은 일부 신학적 의도를 가진 서술도 존재합니다.

5. 사사시대의 사회 구조는 어떠했는가?

중앙정부나 왕정이 없고, 중앙 성소 기능도 약화된 상태에서 각 지파가 느슨하게 연합한 '지파 연맹체(tribal confederacy)' 구조였습니다. 위기가 발생했을 때 사사가 등장하여 지역 단위로 이끌었던 것으로 보여집니다.

6. 사사들의 활동이 겹치는가? 사사들이 한 시대에 여러 명이었는가?

사사기 연대는 중첩될 수 있고, 지역 중심이기 때문에 한 시대에 여러 사사가 동시에 다른 지역에서 활동했을 가능성이 있습니다.

7. 입다의 번제(서원)와 하나님의 자비는 어떻게 이해해야 하나?

입다의 서원은 비성경적이며 충동적이고 율법에 반하는 잘못된 서원이었습니다. 성경은 분명히 하나님께서 인신 제사를 원하지 않으신다[1]고 말씀합니다. 하나님은 입다를 이스라엘의 구원을 위해 사용하셨지만, 그의 서원이나 행동 자체를 승인하거나 기뻐하신 것은 아닙니다. 입다의 서원 사건은 잘못된 신앙 열

---

1) 창 9:6, 레 18:21, 레 20:2~5, 신 12:31 등

심과 무지한 서원이 가져오는 비극, 사사시대의 영적 혼합주의와 타락을 적나라하게 보여 주고 있습니다.

8. 삼손은 도덕적으로 타락하는데 어떻게 나실인이 되었는가?

나실인은 도덕적 완전함이 아니라 언약적 역할과 사명 때문에 하나님이 주권적으로 선택하여 구별된 것입니다. 삼손의 실패는 사사시대의 타락을 보여 주는 상징이며, 그럼에도 하나님은 부족한 사람을 사용하신다는 메시지를 주고 있습니다.

9. 전지전능하신 하나님은 왜 타락을 근본적으로 방지하지 않으셨나?

하나님은 인간을 자유의지와 책임을 가진 존재로 창조하셨습니다. 강제적 순종보다 사랑·관계·언약 속의 순종을 원하십니다. 타락을 완전히 제거하지 않으신 이유 역시 더 큰 구속사적 구원을 위한 계획 속에서 이루어지고 있는 것입니다.

10. 레위인의 첩의 시신을 조각내 각 지파에 보낸 이유는?

사사기 결론부(17~21장)는 사사 시대의 타락이 '개인 → 가정 → 지파 → 국가'로 확산되는 과정을 보여 줍니다.

고대 근동 일부에서는 동물의 사체 일부를 각 지파에 보내는 것이 전쟁 소집, 위기 선언, 공동체적 행동 촉구의 신호였습니다. 사울 역시 긴급 상황에서 소 두 마리를 해체하여 지파로 보낸 적이 있습니다(삼상 11장).

레위인은 기브아에서 일어난 집단 강간·살인 사건이 단순한 범죄가 아니라 이스라엘 공동체 전체를 위협하는 언약 파괴임을 알리고자 했습니다. 사건의 심각성을 극대화하고 '이 일은 국가적 재앙'이라는 메시지를 전달하기 위해 동물 대신 첩의 시신을 보내는 극단적 행동을 선택했습니다. 그러나 이는 레위인조차 하나님의 법을 분별하지 못한 시대였음을 드러냅니다.

시신 접촉 금지 율법을 어기고 이를 정치적 신호로 사용하는 모습은 이 시대가 이미 율법·질서·도덕이 무너진 무정부적 상태였다는 사실을 보여 줍니다. 이러한 영적 붕괴는 곧 이어지는 내전에서 하나님께서 첫째 날과 둘째 날 이스라엘 자체를 패배시키신 이유와도 연결됩니다.

사사기 전체가 보여 주고자 하는 영적·사회적 무정부 상태를 상징하는 대표적 장면입니다.

11. 베냐민 지파의 아내 취득 방식(실로 여자 사건)은 납치 아닌가? 하나님은 왜 허용했나?

하나님은 베냐민 지파의 큰 죄악과 전쟁의 비극 속에서도 지파가 완전히 사라지지 않도록 섭리하셨습니다. 그러나 그들이 아내를 얻기 위해 사용한 방식은 오늘날의 기준뿐 아니라 성경적 기준에서도 명백히 잘못된 행동이며, 하나님께서 명령하거나 승인하신 적이 없습니다.

이 사건은 사사 시대의 영적·도덕적 붕괴를 드러내는 본문이며, "각기 자기 소견에 옳은 대로 행하였더라"(삿 21:25)는 말이 그 시대의 혼란과 비정상성을 설명해 주는 결론입니다.

12. "왕이 없어서"의 뜻은 하나님의 왕권 부재인가? 그런데 왜 하나님은 사울을

왕으로 세우셨나?

성경은 신명기에서 이미 "여호와께서 택하신 자를 왕으로 세울 것"(신 17:15)이라고 말씀하심으로, 하나님께서는 이스라엘에 왕을 세우실 계획을 가지고 계셨습니다. 따라서 성경은 왕정 자체를 반대하지 않습니다.

사사기에서 말하는 "왕이 없었다"는 표현은 정치적 왕정의 부재를 말하기보다 하나님의 주권과 언약의 통치를 인정하지 않은 영적 상태를 지적하는 말로 보는 것이 타당합니다. 즉, 문제는 정치 제도가 아니라 이스라엘이 하나님을 왕으로 모시는 대신 자기 생각과 주변 민족의 방식을 따랐다는 데 있었습니다.

사울 왕정은 이러한 배경 속에서 백성의 불신앙적 요구로 시작되었지만, 하나님은 그럼에도 사울에게 기름을 부어 왕으로 세우시고 왕정을 통해 하나님의 계획을 계속 이어가셨습니다. 결국 성경이 말하는 핵심은 "왕정이냐 사사냐"가 아니라, 누가 왕인가? 하나님이 왕이신가, 인간의 생각이 왕인가?라는 신학적 질문입니다.

13. 사사기 사이클(죄 → 징계 → 부르짖음 → 구원)은 오늘날에도 반복되는가?

형태는 다르지만 영적 원리는 지금도 동일하게 나타나고 있습니다. 인간의 '죄 → 고통 → 하나님께 도움 요청 → 회복 → 다시 죄' 이 흐름은 개인·사회·교회 역사 속에서 계속 반복되고 있습니다. 사사기는 우리에게 참된 왕이신 하나님께 돌아갈 것을 촉구하고 있습니다.

4.
룻기

룻기는 신명기 역사서에 속하지 않지만, 사사기의 어둠에서 다윗 왕조의 빛으로 이어지는 중요한 다리입니다. 사사기 말기의 혼란과 무질서 속에서, 룻기는 헤세드[1]와 하나님의 조용한 섭리를 통해 가문을 회복시키며 사무엘상에서 왕정이 시작될 준비를 신학적·정서적으로 만들어 줍니다. 이 때문에 히브리 성경에서는 룻기가 성문서(Ketuvim)에 속하지만, 기독교 정경에서는 '사사기-룻기-사무엘서'가 자연스럽게 연결되도록 이 위치에 배치하고 있습니다.

룻기의 전승 및 편집과정

룻기에는 베들레헴을 무대로 실제 지명과 인물들이 등장하고, 추수·기업무름·고엘과 같은 고대 이스라엘의 구체적 풍습이 자연스럽게 나타납니다. 이러한 점은 룻기가 단순한 문학 창작이 아니라, 베들레헴 지역에서 오래전부터 전해 내려온 가족사적 전승에 기원을 두고 있음을 시사합니다.

---

1) 헤세드: 인애, 언약적 충실, 책임을 지는 행동, 희생적 헌신 등을 의미

그러나 룻기에는 상징적 언어[1], 치아즘[2] 구조, 대조적 사건 배열 등 정교한 문학적 장치가 돋보이므로 단순 구전이 아니라 후대 편집자에 의해 문학적으로 재구성된 전승으로 보입니다.

이에 따라 저자도 전통적으로 사무엘로 추정되지만, 문체·어휘·시대 문제 때문에 현대 학계에서는 익명의 저작자가 후대에 문학적으로 정리한 것으로 판단합니다.

기록 시기는 크게 두 견해가 있습니다.

① 고대 기록설

책이 다윗 족보(4:17~22)로 끝나는 점과 사사기 시대 풍습 묘사가 자연스럽다는 점에서 다윗 혹은 솔로몬 초기(기원전 1000 전후)에 기록되었다는 견해가 있습니다.

② 후대 기록설

외국인과의 결혼 문제가 논쟁이 되었던 포로기 이후(특히 에스라·느헤미야 시대, 기원전 500경)의 상황과 룻기의 신학적 메시지가 잘 부합한다고 보아 이 시기에 편집된 것으로 보는 견해도 있습니다.

---

1) 예) 돌아오다(회개·회복·새 출발 상징, 룻 1장에만 12번 등장), 추수(희망, 섭리), 이름의 상징성(나오미: 기쁨, 보아스: 힘이 그안에 있음 등), 베들레헴('떡집'이란 의미), 날개 아래 보호(신적 보호)

2) Chiasm: A-B-C-B'-A'처럼 이야기의 구조가 좌우 대칭을 이루는 문학 기법을 의미

롯기의 구성

롯기는 4장으로 이루어진 완벽한 대칭 구조[1]를 갖는 짧은 이야기입니다.

① 1장: 비움과 귀환(나오미의 공허해 짐과 룻의 충성 서약)

  - 베들레헴 흉년, 엘리멜렉 가족이 모압으로 이주

  - 남편과 두 아들 죽음, 나오미는 빈손으로 귀환 결심

  - 룻, "어머니의 하나님이 나의 하나님"(1:16)이라 고백

  - 베들레헴 도착, 보리 추수 시작

  → 희망 암시

② 2장: 룻과 보아스의 만남(은혜와 보호)

  - 룻이 우연히 보아스의 밭에서 이삭줍기를 함

  - 보아스는 땅의 주인, 또한 친족

  - 룻의 헌신과 인애

  → 하나님의 섭리가 조용히 깔림

③ 3장: 타작마당에서의 요청(기업 무르기의 제안)

  - 나오미의 제안으로 룻이 보아스에게 기업무르기 요청

  - 보아스의 긍정적 의사, 다만 더 가까운 친족이 있음을 언급

  → 긴장감 형성

---

1) A-B-C-B'-A' 구조

④ 4장: 기업 무르기 해결과 결혼, 오벳의 출생

   - 보아스의 적극적 행보와 더 가까운 친족의 권리 포기

   - 보아스가 룻을 아내로 맞음

   - 아들 오벳 출생

   - 오벳 → 이새 → 다윗의 족보로 마무리

   → 사사기의 암흑이 다윗 왕조라는 희망으로 전환됨

룻기의 주제

룻, 보아스, 나오미 모두 헤세드의 인물로 기록되며, 룻기 전체가 "하나님은 사람의 선한 행위를 통해 구속사를 이끌어 가신다"라는 메시지를 드러냅니다. 특히 모압 여인 룻이 다윗의 증조모가 되며, 메시아 계보에 포함되게 됩니다.

기적이나 초자연적 사건 없이, '우연처럼 보이는 일들' 속에서 조용히 일하시는 하나님의 섭리를 기록하고 있으며, '각기 자기 소견에 옳은 대로 행하던 시대'였던 사사기의 혼란 속에서, 룻기는 충성과 인애를 실천한 한 가정의 이야기를 통해 하나님의 구원 역사가 어두움 속에서도 끊어지지 않음을 보여 주고 있습니다.

룻기에서 생기는 의문과 질문들

이방여인이었던 룻이 이스라엘 사람과 결혼하고 다윗과 메시아의 계보에 포함되게 된 룻기의 이야기는 여러 의문과 질문을 불러옵니다.

- 이방인과 결혼하지 마라는 하나님의 명령이 있지 않았나?
- 레위라트 결혼과 고엘제도가 무엇인가?
- 보아스가 말한 기업 무를 자로서 나보다 더 가까운 사람이 있다는 말은 무슨 뜻인가?
- 오벳은 법적으로 나오미의 아들이 된 것인가?

이러한 질문들은 룻기가 단순한 가족사가 아니라, 하나님께서 이스라엘의 역사와 왕의 계보를 어떻게 준비하시고 이끄시는지를 더 깊이 이해하게 합니다.

1. 이방인과 결혼하지 마라는 하나님의 명령이 있지 않았나요?

성경의 혼인 금지 규정은 특정 민족[1]들을 대상으로 합니다(신 7:1~4). 이는 혈통이 아니라 '종교적 동화(우상 숭배)' 때문입니다. 즉, '민족적 순수성'이 아니라 '신앙적 순수성'에 근거를 둔 것입니다. 그리고 모압·암몬의 회중 참여 금지 규정(신 23장)은 모압 남자의 적대적 행동을 배경으로 하며, '모압 여성과의 혼인 금지' 규정은 아닙니다.

이처럼 룻은 모압 여성으로 혼인을 금지한 민족에도 해당되지 않을 뿐 아니라, "… 어머니의 하나님이 나의 하나님이 되시리니"(룻 1:16~17)라는 룻의 고백은 이스라엘 신앙 공동체로 편입되었다는 '신앙 고백'으로 이해할 수 있습니다.

이러한 점에서 나오미의 아들(말론)과 룻의 결혼 역시 하나님의 혼인 규정을 단순히 어긴 사례로 보기는 어렵습니다. 더 나아가, 룻이 여호와 신앙을 고백한 이후 이루어진 보아스와의 결혼은 율법을 무너뜨린 사건이 아니라, 율법의 정신이 어떻게 구현되는지를 보여 주는 사례로 이해할 수 있습니다.

2. 레위라트 결혼과 고엘제도가 무엇인가요?

레위라트 결혼의 목적은 형이 죽어 아들이 없으면 동생이 형수와 결혼하고 그 아들을 '죽은 형의 아들'로 인정하여 죽은 자의 이름과 기업(땅)을 보존하는 제도입니다(신 25:5~10). 룻기에서의 기업 무르기(고엘) 관습은 이 레위라트와 결

---

1) 헷, 기르가스, 아모리, 가나안, 브리스, 히위, 여부스

합된 형태로 볼 수 있습니다.

고엘(go'el)은 '되찾다, 되사다, 구속하다, 회복시키다, 보호하다'라는 뜻을 가진 히브리어 동사 ga'al(גאל)에서 유래된 명사로, 기본적으로 가족의 잃어버린 기업이나 신분을 대신 회복시켜 주는 친족 구속자를 가리킵니다. 생활이 어려워 기업(땅)을 팔았을 경우, 고엘이 값을 치르고 이를 무를 수 있다는 레위기 25:25절을 근거로 개역개정은 '기업 무를 자'로 번역하고 있습니다.

룻기에서 보아스는 가문의 이름이 끊어지지 않게 하고, 기업이 다른 집안으로 넘어가지 않도록 하여(룻 4:5, 4:10) 이 책무를 다하였습니다.

3. 보아스가 말한 기업 무를 자로서 나보다 더 가까운 사람이 있다는 말은 무슨 뜻인가요?

고엘은 친족의 '가까운 순서'에 따라 기업 무를 책임을 지게 됩니다. 민수기와 레위기에서 고엘은 '형제 → 삼촌 → 사촌 → 그 외 친족'의 순서로 우선순위가 결정됩니다.

따라서 보아스는 친족이기는 하지만 우선순위가 높은 다른 사람이 있었음을 알고 있었습니다. 그래서 장터(성문)에서 공식적으로 '먼저 포기할 기회'를 줍니다(룻 4장). 더 가까운 친족은 나오미의 땅은 사고 싶었지만 룻과 결혼하여 말론의 후손을 세우는 의무까지는 감당할 수 없었기에 고엘 책임을 포기하게 됩니다.

고엘 제도는 '권리와 의무'가 동시에 따라오기 때문에, 땅만 사고 책임은 회피할 수 없기 때문입니다. 결국, 보아스는 법적으로 정당하게 고엘 책임을 이어받아

롯을 아내로 맞게 되는 것입니다.

4. 오벳은 법적으로 나오미의 아들이 된 것인가요?

고대 이스라엘의 계보는 부계(아버지의 집안) 중심입니다. 그러나 고엘과 레위라트 제도는 '죽은 자의 집안'이 계보에서 지워지지 않도록 하기 위한 예외적 장치였습니다.

즉, 보아스는 자신의 씨로 아이를 낳았지만, 그 아이는 자기 친아들이 아니라 죽은 말론의 아들로 법적으로 편입됩니다. 오벳은 유전적으로 보아스의 아들이지만, 법적·사회적·계보적 신분은 말론(엘리멜렉 가문)의 아들로 귀속되고(4:17), 이로써 엘리멜렉 가문은 사회적·경제적·계보적으로 완전히 회복되게 됩니다.

이렇게 회복된 계보는 오벳에서 이새와 다윗으로 이어지며, 결국 예수 그리스도에게까지 연결됩니다(룻 4:17, 마 1:5~6). 이는 메시아의 계보가 혈통의 순수성이나 인간의 공로가 아니라, 하나님의 구속적 개입과 회복의 은혜를 통해 이어졌음을 보여 줍니다.

5.
사무엘서(사무엘상 · 하)

사무엘서는 사무엘의 탄생과 관련된 전승으로 시작하여, 사울과 다윗의 이야기로 구성된 책으로, 사사 시대에서 왕정 시대로 넘어가는 이스라엘 역사 · 신학의 전환기를 담고 있습니다.

전통적으로 사무엘서의 저자는 사무엘, 나단, 갓 선지자[1]라고 여겨지기도 했습니다. 그러나 현대 연구에서는 사무엘서를 서로 다른 시대 · 지역에서 유래한 여러 전승들을 모아 편집한 복합 문헌으로 봅니다.

사울의 부상과 몰락 이야기는 '친사울 전승'과 '반사울/친다윗 전승' 등 둘 이상의 출처를 반영하고 있는 것으로 보이며, 골리앗 이야기, 다윗의 도망기, 엔게디 사건[2] 등도 독립된 구전 · 문서 전승에서 유래한 이야기로 이해됩니다. 특히 밧세바 사건, 압살롬 반란 등 다윗 왕궁 내부 전승(궁정사, Court History, 삼하 9~20장)은 사무엘서 전체에서 가장 역사적 생생함을 가진 별도 전승으로 평가됩니다.

사무엘상 중반에 사무엘이 죽고(삼상 25:1), 이후의 사울과 다윗 관련 사

---

1) "다윗 왕의 행적은 처음부터 끝까지 선견자 사무엘의 글과 선지자 나단의 글과 선견자 갓의 글에 다 기록되고"(대상 29:29)
2) 다윗이 사울을 죽일 수 있는 기회를 얻었지만, 죽이지 않고 살려 보낸 사건(삼상 24장)

건은 모두 그의 사후 이야기이므로, 사무엘이 이 책 전체를 기록했다고 보기는 어렵습니다.

이에 따라 다수의 학자들은 사무엘서를 사무엘·사울·다윗에 관한 다양한 전승들이 여러 시대에 걸쳐 형성되었으며, 포로기 전후의 신명기적 편집자들에 의해 하나의 역사·신학적 흐름으로 정리·편집된 책으로 보기도 합니다.

사무엘서의 전승과 편집

사무엘서는 '전승 형성 → 수집 → 편집 → 최종 정리'의 긴 과정을 거쳐 오늘의 형태에 이른 것으로 보입니다.

① 전승 형성 시기(기원전 11~10세기)

사울과 다윗 시대에 있었던 사건들이 당시 사람들의 기억과 구전 전통으로 전승되기 시작한 시기입니다. 특히 다윗 왕궁 내부 사건들은 이 시기에 비교적 이른 시기부터 보존된 것으로 추정됩니다.

② 수집·문서화 시기(기원전 9~8세기)

베냐민 지역(사울 전승)과 유다 지역(다윗 전승) 등에서 전승이 문서 형태로 기록되기 시작했습니다. 사울에 대한 긍정·부정의 시각이 함께 존재하는 것으로 보아 북이스라엘과 남유다의 관점이 혼재합니다.

③ 본격 편집 시기(기원전 7~6세기, 요시야 개혁기 전후)

신명기적 신학을 가진 편집자들이 왕정의 의미, 사울의 폐위, 다윗 왕조의 정당성 등을 강조하며, '사무엘상: 사울 이야기', '사무엘하: 다윗 왕조 이야기'라는 전체 서사적 흐름을 형성한 시기입니다.

④ 최종 정리(포로기~포로기 후, 기원전 6~5세기)

기존 전승들을 하나로 묶고 일부 문장을 보완하여 오늘날 사무엘상·하의 형태가 완성되었습니다. 따라서 전승과 편집 시기가 다르다고 보는 것이 학계의 대체적 견해입니다. 한편 일부 학자들은 편집의 최종단계가 에스라·느헤미야 이후까지 이어졌을 가능성도 언급하고 있습니다.

사무엘상의 구성과 내용

사무엘상은 신정에서 왕정으로의 전환을 다루며, 크게 세 부분으로 구성됩니다.

① 1~7장: 사무엘의 등장과 영적 지도력

타락한 제사장 시대에 하나님은 새로운 영적 지도자 사무엘을 세우십니다.

　- 1~3장: 한나의 기도, 엘리집안의 타락, 사무엘의 출생과 소명[1]에 대한

---

1)　… 말씀하옵소서 주의 종이 듣겠나이다…(삼상 3:10)

이야기를 기록하며, 하나님이 무너진 영적 리더십을 새 지도자로 교체하신다는 이야기를 담고 있습니다.

- 4~7장: 블레셋이 언약궤를 탈취해 가자 블레셋에서 다곤 신이 넘어지고 재앙이 발생합니다. 이로 인해 블레셋으로부터 언약궤가 돌아오고, 미스바 회개운동이 일어나며 사무엘이 사사로서 이스라엘을 인도하게 됩니다. 이 과정에서 하나님은 성막이나 의식보다 주권적 통치자이심을 드러내십니다.

② 8~15장: 사울 왕의 등장과 실패의 씨앗

사울왕의 왕정이 시작되지만, 왕조의 흥망은 언약 순종 여부에 달려 있음을 보여 줍니다.

- 8장: 이스라엘 백성들은 다른 나라와 같이 왕을 달라고 요구하고, 하나님은 "…나를 버려 자기들의 왕이 되지 못하게 함이니라"(삼상 8:7)고 하시면서도 왕정을 허용하시지만, '언약적 경고'도 함께 주시게 됩니다.

- 9~11장: 사울은 겸손한 모습으로 부름을 받고, 초기에는 훌륭한 왕의 모습을 보입니다.

- 12장: 이스라엘 백성과 왕이 모두 여호와를 따를 것을 강조하며, 불순종할 경우 심판이 있을 것이라는 경고를 담은 사무엘의 고별 설교가 기록되어 있습니다.

- 13~15장: 사울이 사무엘을 기다리지 않고 번제를 드리고, 아말렉 진멸 명령을 어긴 두 차례의 불순종이 기록되어 있습니다. 이로 인해 사

울은 하나님께 버림을 받고 몰락의 길을 걷게 됩니다.

③ 16~31장: 다윗의 부상과 사울의 몰락

하나님이 기름 부은 다윗과 하나님이 버린 사울의 대조적인 운명이 기록되어 있습니다.

- 16장: 다윗의 기름 부음과 수금 연주자로 사울 곁에 서며 입궁하는 모습이 그려집니다.
- 17장: 골리앗 사건을 통해 다윗이 영웅으로 부상됩니다.
- 18~20장: 다윗의 성장과 사울의 질투, 요나단과 다윗의 언약 등이 기록되어 있습니다.
- 21~30장: 다윗이 사울을 피해 다니는 이야기입니다. 독립전승들이 묶인 형태로 놉 제사장 사건, 아둘람 굴과 십 광야에서의 도피, 사울을 두 번 살려 주는 장면(24장, 26장) 등이 기록되며, 다윗은 '자기 힘으로 왕이 되지 않았다'라는 신학적 메시지가 부각됩니다. 특히 엔돌의 신접한 여인 사건(28장)은 사울이 영적으로 최저점에 있음을 기록합니다.
- 31장: 길보아 전투에서 사울이 전사하며 사무엘상 전체의 정치적·영적인 긴장관계가 종결됩니다.

사무엘하의 구성과 내용

사무엘하 역시 다윗 왕권의 확립, 다윗 왕조의 위기, 부록 전승 등 세 부분으로 구성되어 있습니다.

① 1~10장: 다윗의 왕권 확립

하나님이 선택하신 왕 다윗이 이스라엘을 회복시키는 과정입니다.

- 1장: 다윗은 사울과 요나단의 죽음을 진심으로 애도하며, 사울을 적으로 여기지 않았다는 그의 정당성이 강조되고 있습니다.
- 2~5장: 다윗이 헤브론에서 유다 왕으로 즉위하고, 이스보셋과의 내전이 끝난 뒤 온 이스라엘의 왕이 됩니다. 이어 시온성을 점령하여 다윗 성으로 삼게 됩니다.
- 6장: 언약궤를 예루살렘으로 옮기며, 예루살렘이 정치·종교의 중심지로 확정되게 됩니다.
- 7장: 사무엘하의 신학적 중심인 다윗 언약이 기록됩니다. "… 그의 나라 왕위를 영원히 견고하게 하리라"(삼하 7:12)는 하나님의 약속은 다윗 왕조의 영속성과 메시아 신학의 토대가 되었습니다.
- 8~10장: 블레셋·아람·에돔·모압 등 주변국을 정복하며 다윗 통치의 황금기가 펼쳐집니다. 특히 9장에서 요나단의 아들 므비보셋에게 베푼 은혜는 다윗 통치의 헤세드 모델을 보여 줍니다.

② 11~20장: 다윗 왕조의 위기

다윗 한 사람의 죄가 왕국 전체를 흔드는 모습이 기록되어 있습니다.

- 11장: 다윗이 밧세바와 간음하고, 우리아를 죽음으로 내몰며 왕조의
비극이 시작됩니다.
- 12장: 나단 선지자의 "… 칼이 네 집에서 영원토록 떠나지 아니하리
라…"(삼하 12:10)는 책망으로 다윗은 회개하지만[1], 죄의 결과는 남게
되어 밧세바와의 첫 아이는 생명을 잃습니다.
- 13~14장: 암논의 다말 강간사건과 암논을 살해한 압살롬의 복수 등
왕실 내부의 비극과 파국이 기록되어 있습니다.
- 15~18장: 압살롬 반란이 기록되어 있습니다. 압살롬의 쿠데타로 다
윗이 예루살렘을 떠나 도피합니다. 그 과정에서 아히도벨과 후새의
계략, 압살롬의 죽음과 다윗의 슬픔 등이 이어집니다. 이를 통해 비록
다윗 언약은 유지되지만, 다윗의 개인적 죄가 공동체 전체로 파급되
는 언약적 결과가 드러납니다.
- 19~20장: 다윗은 왕국을 재정비하려 하지만, 유다와 이스라엘 지파
간의 갈등, 세바의 반란 등 이 시기부터 왕국 내부 분열 조짐이 본격
화되기 시작합니다.

③ 21~24장: 사무엘하의 부록 전승들

이 부분은 다윗 왕국을 둘러싼 다양한 역사·신학적 전승의 모음형태로

---

1) 시편 51편의 배경

볼 수 있습니다. 연대순으로 배열되지 않아 부록 형태로 보는 견해가 일반적입니다.

- 21장: 삼년 기근이 사울 집안이 저지른 기브온 학살 때문임을 알고 다윗이 이를 바로 잡습니다.
- 22장: 다윗의 감사찬송[1]이 기록되어 있습니다.
- 23장: 다윗의 마지막 말과 용사 명단, 블레셋 거인들과의 전쟁기록이 기록되어 있습니다.
- 24장: 다윗의 교만으로 시작된 인구 조사와 그로 인해 발생된 전염병, 아라우나의 타작마당에서의 제단 제사 등이 기록되어 있습니다. 이 타작마당은 향후 솔로몬 성전의 터로 이어지는 역사적 의미를 가지고 있습니다.

하나님은 죄를 용서하시지만, 죄의 결과는 역사 속에서 책임지게 하십니다. 결국 사무엘하 후반의 비극은 솔로몬 이후의 분열된 왕국을 예고하고 있습니다.

결론적으로 사무엘상은 '하나님의 왕을 선택하는 과정'을, 사무엘하는 '그 왕이 세우는 나라와 그 나라의 연약함'을 보여 주고 있습니다.

---

1) 시편 18편과 평행

사무엘서의 신학적 의미

사무엘서는 사사시대에서 왕정 시대로 이어지는 이스라엘의 역사적 전환기를 배경으로 하여, 하나님 나라와 인간 왕권, 언약, 지도자, 죄와 심판, 메시아적 소망을 설명하는 구약신학의 핵심을 담고 있는 책입니다.

① 하나님은 이스라엘의 진정한 왕이시다

사무엘서는 사사기의 마지막 "… 이스라엘에 왕이 없으므로…"(삿 21:25)의 연장선에서 시작한다고 볼 수 있습니다. 하나님의 주권과 왕권이 신정시대를 넘어 왕정시대에서도 계속 이어지고 있고, 왕정시대에도 왕은 하나님의 통치를 대행할 뿐이고 진정한 왕은 하나님이라는 것을 보여 줍니다.

② 지도자의 성공·실패 기준은 '능력'이 아니라 '언약 충성'이다

사울의 실패는 전략 부족이나 군사력 부족 때문이 아니라, 정한 때를 기다리지 못하는 조급함과(삼상 13장) 하나님의 명령을 따르지 않은 선택(삼상 15장)에서 드러난 언약의 불순종 때문이었습니다. 반면에 다윗의 경우 하나님이 다윗에게 언약을 세워 주셨고, 다윗은 그 언약 앞에서 겸손히 기도했습니다(삼하 7장). 하나님의 지도자는 실력보다 순종, 경외, 신실함이 기준이 되는 것입니다.

③ 하나님은 마음을 보시고, 사람을 세우신다

사울은 준수한 외모와 건장함을 갖추고 있었고, 다윗은 막내이자 소년으로 소개됩니다. 그러나 성경은 "… 사람은 외모를 보거니와 나 여호와는 중심을 보느니라…"(삼상 16:7)라고 말씀하십니다. 따라서 하나님은 인간적 조건이 아니라 중심(마음), 곧 신앙과 순종을 보십니다.

④ 인간 왕권의 한계와 연약함

하나님이 다윗에게 언약을 세우셨지만(삼하 7장), 다윗은 간음죄를 저질러(11장) 왕국 전체를 위기로 내몰았고, 압살롬 반란으로 왕권이 불안정하게 되었습니다. 그리고 교만의 결과로 인구 조사를 실시하여(24장) 전염병을 초래하기도 하였습니다. 이는 가장 뛰어난 왕도 실패할 수 있고, 인간 왕권이 절대적인 희망이 될 수 없다는 것을 보여 줍니다.

⑤ 다윗 언약과 메시아 신학의 기초

사무엘하 7장은 사무엘서 전체의 신학적 중심축입니다. 하나님은 다윗에게 "네 왕위가 영원히 견고하리라"(삼하 7:16)라고 약속을 하심으로, 다윗 왕조의 영속성과 메시아에 대한 미래적 기대를 갖게 하십니다. 다윗의 언약은 메시아 신학의 뿌리일 뿐 아니라, 예수님이 '다윗의 자손'으로 오시게 되는 배경이 되며, 하나님 나라의 왕이 오실 것이라는 약속의 시작이라고 볼 수 있습니다.

⑥ 하나님의 은혜와 인간의 죄의 긴장 관계

사무엘서는 하나님의 은혜와 인간의 타락이 어떻게 맞물리는지를 보여 줍니다. 사울은 죄를 짓지만 진정으로 회개하지 않았고, 다윗은 죄를 짓고 회개하여 용서를 받았지만 그 죄에 대해서는 밧세바와의 첫아이의 죽음, 압살롬의 반역 등으로 책임을 지게 하셨습니다. 이처럼 사무엘서는 하나님은 회개를 들으시고 약속을 지키시지만, 죄의 결과는 역사 속에서 책임지게 하신다는 교훈을 주고 있습니다.

⑦ 하나님은 조용히, 그러나 주권적으로 역사를 이끄신다

사무엘서에서는 기적보다 '우연처럼 보이는 일' 속에서 하나님의 계획이 드러납니다. 사울이 길 잃은 암나귀를 찾다가 사무엘을 만나거나(삼상 9장), 다윗이 마침 골리앗 전장에 가게 된 것이나(삼상 17장), 광야에서 다윗이 여러 번 사울을 피한 일 들은 하나님이 역사와 사람 사이에서 보이지 않는 방식으로 왕국을 세우고 준비하신다는 것을 보여 주고 있습니다.

결국 사무엘서는 하나님의 통치 아래 세워지는 왕국의 시작과 그 왕국의 한계를 동시에 보여 주며, 미래의 참된 왕(메시아)을 기대하게 하는 메시지를 담고 있다고 볼 수 있습니다.

사무엘서에 대한 의문과 질문들

사무엘서는 왕이라도 하나님께 순종해야 되고, 죄에 대한 책임을 져야 된다는 메시지를 주지만, 여러 가지 의문과 질문을 가져오게 되는 것도 사실입니다.

① 사울의 선택과 폐위

- 사울도 하나님이 선택하고 기름을 부으신 것이 아닌가? 하나님이 잘
  못된 선택을 하셨다는 것인가?
- 사울도 회개한 기록이 있는데 왜 하나님은 사울을 용서하지 않으셨나?
- 사무엘은 왜 번제에 늦게 가서 사울을 조급하게 하였는가? 일종의 테
  스트였나? 사무엘의 게으름 때문이었나?
- 엔돌의 신접한 여인을 만나 사울이 불러낸 영혼은 사무엘이었는데
  하나님의 소리를 듣지 못한 갈증의 다른 표현으로 볼 수 있지 않나?
- 영혼을 불러내는 행위를 성경이 인정한 것인가?

② 요나단과 인간적 의로움의 한계

- 요나단은 자신의 아버지의 잘못을 알고 다윗을 도와주었는데 왜 요
  나단의 결말이 비참한가?

③ 다윗의 부상과 하나님의 섭리

- 사울전승과 다윗전승은 왜 다른 분위기와 내용을 가지고 있나?
- 왜 사울과 다윗의 평행 장면이 많이 등장할까?
- 사무엘이 다윗에게 기름을 붓는 과정은 협잡, 속임으로도 볼 수 있지
  않나? 왜 이런 방식을 택했을까?
- 다윗이 블레셋에 거주했던 것을 어떻게 이해해야 하나?

④ 다윗 언약과 죄의 신학

- 다윗의 언약은 조건적인가? 무조건적인가?

- 밧세바와의 사이에서 태어난 자녀가 어떻게 예수님의 조상이 되었는 가? 결과적으로 간음의 결과가 아닌가?
- 성경에는 한 번의 죄로 심판을 받은 경우가 많은데 다윗은 어떻게 여 러 차례의 죄를 짓고도 자리를 보전할 수 있었나?
- 다윗이 죄를 용서받았지만 죄에 대한 책임을 지었다는 이야기를 신 약의 죄를 기억하지도 않겠다는 말과 어떤 관계가 있는가? 모순된 것 이 아닌가?

이런 질문들은 사무엘서의 가르침을 훼손한다기보다는 진정한 왕은 하 나님 한 분이시고, 사무엘서가 메시아의 도래를 암시하고 있다는 것을 더 명확하게 합니다. 결국 사무엘서는 인간 왕정의 시작을 기록하지만, 궁극 적으로는 인간 왕이 아닌 하나님 나라의 왕을 기다리게 만드는 책인 것입 니다.

1. 사울도 하나님이 선택하신 것이 아닌가? 그렇다면 하나님이 잘못 선택하신 것인가?

사울은 하나님이 "이상적으로 설계하신 왕"이라기보다, 백성들이 요구한 외적 조건에 맞추어 세워진 왕이었습니다(삼상 9:2). 하나님은 이러한 요구를 경고와 함께 허용하시고(삼상 8장), 그 왕정이 하나님의 통치에서 벗어날 때 어떤 한계와 파국에 이르는지를 분명히 드러내기 위해, 사무엘을 통해 사울에게 기름을 붓게 하셨습니다. 이를 통해 하나님은 왕정의 본질과, 언약에 불순종할 때 따르는 결과를 역사 속에서 교육적으로 보여 주셨습니다.

그러므로 사울의 실패는 하나님이 잘못 선택하신 것이 아니라, 백성들의 잘못된 바람과 사울 자신의 반복된 불순종 때문입니다. 하나님은 인간의 요구를 허용하시지만, 그 허용 속에서도 훈육과 구속의 계획을 계속 이루어 가고 계십니다.

2. 사울도 회개한 기록이 있는데 왜 용서받지 못했는가?

사울의 회개는 형식적이고 피상적이었습니다. 회개를 말하면서도 "내 백성의 장로들 앞과 이스라엘 앞에서 나를 높이사"(삼상 15:30)라고 요구하며, 진정한 회개보다 사람 앞에서의 체면과 권위 유지가 중심에 있었습니다. 또한 사울은 자신의 죄를 백성 탓으로 돌리며(삼상 15:21), 죄의 본질을 정면으로 인정하는 진짜 회개를 회피했습니다. 참된 회개는 자신의 죄를 하나님 앞에서 핑계 없이 고백하는 것인데, 사울은 그 본질에 이르지 못한 것입니다.

3. 사무엘은 왜 늦게 와서 사울을 조급하게 하였는가? 테스트인가?

사무엘이 늦게 온 것이 아니라, 사울이 조급하여 일곱 날이 차기 전에 스스로 번제를 드린 것으로 보는 것이 성경 본문에 더 충실합니다(삼상 13장). 사울의 문제는 '사무엘의 지체'가 아니라 마음의 조급함, 상황을 통제하려는 자기 과신, 하나님을 신뢰하지 못한 불신이었습니다. 따라서 이것은 사무엘의 의도적 테스트라기보다, 기다림 속에서 사울의 본성이 드러난 사건이라고 보는 것이 더 타당합니다.

4. 엔돌의 신접한 여인이 불러낸 영혼은 실제 사무엘인가? 사울의 영적 갈증의 표현인가?

하나님은 사울과의 모든 정상적 소통을 닫으셨고(삼상 28:6), 사울은 금지된 신접 행위로 하나님의 뜻을 들으려 하는 최악의 선택을 합니다. 성경은 신접한 여인이 본 존재가 '사무엘'이었다고 기록하지만(28:15), 이는 초혼 행위가 성공했다는 뜻이 아니라, 하나님께서 사울에게 최종 심판을 전달하시기 위해 주권적으로 허용하신 특별한 사건으로 보는 것이 타당합니다.

5. 영혼을 불러내는 행위를 성경이 인정하는 것인가?

아닙니다. 성경은 신접·무당·초혼을 철저히 금지합니다(신 18:10~12). 엔돌 사건은 초혼의 '승인'이나 '성공'을 보여 주는 것이 아니라, 하나님의 뜻을 떠난 사울이 타락과 절망의 극단으로 치달았음을 보여 주는 경고적 사건입니다. 하나님께서 사울의 심판을 선포하시기 위해 특별히 개입하신 예외적 장면일 뿐, 성경은 초혼이나 영혼 불러냄을 절대 인정하지 않습니다.

6. 요나단은 의로웠는데 왜 비참한 결말을 맞았나?

성경은 요나단을 부정적으로 평가하지 않으며, 그는 의롭고(삼상 18장), 충성스럽고(삼하 1장), 하나님의 뜻이 다윗에게 있다는 것을 가장 먼저 깨닫고 그와 언약을 맺은 신앙적 인물로 기록되어 있습니다.

요나단의 죽음은 그의 죄 때문이 아니라, 사울 왕조 전체에 대한 하나님의 심판이라는 큰 역사 속에서, 왕가의 일원으로서 아버지를 떠나지 않은 인간적·도덕적 충성심으로 인해 그 운명을 함께 감당하게 된 결과입니다.

7. 사울 전승과 다윗 전승은 왜 분위기와 내용이 다른가?

사울의 전승은 베냐민 중심으로 긍정적인 내용과 부정적인 내용이 혼재되어 있고, 다윗의 전승은 유다 중심으로 긍정적 기록을 많이 가지고 있습니다. 그리고 사울 전승은 '왕정의 위험성'을, 다윗 전승은 '하나님이 선택한 왕조의 정당성'을 강조하는 신학적 목적도 있었습니다.

이처럼 서로 다른 지역·세대·신학적 배경에서 전승이 형성되었고, 후대 편집자가 이를 하나의 역사 흐름으로 묶어 재구성했기 때문에 서로 다른 분위기를 가진 두 이야기가 같은 책 안에 존재하게 된 것입니다. 결국 사무엘서는 다양한 전승이 하나님의 주권적 이야기 속에서 재해석된 책이라고 볼 수 있습니다.

8. 왜 사울과 다윗의 평행 장면이 그렇게 많은가?

사무엘서는 문학적으로 '대조 구조'를 사용하여 사울과 다윗의 마음·태도·신앙을 의도적으로 비교하는 책입니다. 사울의 불순종과 자기중심성, 다윗의 하나님 중심적 순종이 평행 장면을 통해 반복적으로 드러나도록 구성되어 있습니다.

이 평행 구조는 단순한 역사 기록이 아니라, 하나님이 찾으시는 왕의 기준이 무엇인가(삼상 16:7)를 보여 주는 신학적 장치입니다. 그 결과 사울과 다윗의 행동, 말, 위기 반응, 주변 사람들의 태도 등에서 두 인물이 자연스럽게 대비되며, 사무엘서 전체에 평행 장면이 많이 등장하게 된 것입니다.

9. 사무엘이 다윗에게 기름을 붓는 과정은 숨김·속임 아닌가?

사울이 여전히 왕위에 있었기 때문에, 다윗에게 공개적으로 기름을 붓는 것은 쿠데타나 내전으로 이어질 위험이 있었습니다. 삼상 16:2에서 사무엘조차 "사울이 들으면 나를 죽이리이다"라고 말했듯, 비밀스러움은 하나님의 뜻을 이루기 위한 보호 조치였습니다. 또한 하나님은 다윗을 즉시 왕위에 올리려 하신 것이 아니라, 사울의 몰락과 다윗의 등장을 겹쳐 놓는 시간 속에서 '하나님이 찾으시는 왕의 기준'을 드러내려 하셨습니다. 사울은 인간이 원하는 왕의 모델이고, 다윗은 하나님이 세우시는 왕의 모델이기 때문입니다.

따라서 다윗에게 기름을 붓는 과정은 숨김이나 속임이 아니라, 하나님이 은밀하게 일하시는 방식으로 이해하는 것이 옳습니다.

10. 다윗이 블레셋에 거주했던 시기를 어떻게 이해해야 하는가?

다윗이 블레셋에 피신한 것은 사울에게 지속적으로 쫓기면서 생긴 두려움과 인간적 약함 때문입니다. 그는 더 이상 이스라엘 안에 안전한 곳이 없다고 느껴 블레셋으로 도망하게 됩니다(삼상 27장). 블레셋 사람들이 다윗을 받아들인 이유는 그가 이미 이스라엘과 사울의 적으로 보였기 때문입니다.

이 시기는 다윗의 믿음이 흔들리고 연약함이 드러나는 시기라고 볼 수 있습니다. 아기스 왕 앞에서 미친 척을 하거나(삼상 21장), 생존을 위해 거짓 보고를 하는 모습도 보입니다(삼상 27장).

그럼에도 불구하고 하나님은 다윗을 버리지 않으시고 끝까지 보호하셨습니다. 그 이유는 다윗이 완벽했기 때문이 아니라, 연약함 속에서도 하나님을 향한 마음의 방향을 잃지 않았기 때문입니다(참조: 삼상 13:14, 행 13:22).

하나님은 그의 실수와 두려움 속에서도 그를 붙들어 하나님이 세우시는 왕의 기준—겉모습이 아니라 중심과 순종—을 보여 주고 계셨습니다. 또한 하나님은 다윗에게 주신 언약과 계획(삼하 7장)을 이루기 위해 그의 생명을 보호하셨습니다. 다윗을 지키신 것은 사람의 완전함 때문이 아니라 하나님의 신실함과 구속의 계획 때문이었습니다.

11. 다윗 언약은 조건적인가? 무조건적인가?

다윗 언약은 무조건적 요소와 조건적 요소가 함께 존재하는 언약입니다. 하나님은 "네 왕위가 영원히 견고하리라"(삼하 7:16)고 약속하심으로 다윗의 왕조가 '정치적 형태'로는 끊어졌을지라도, 메시아를 통해 영원히 이어지는 언약적 왕조로 완성될 것을 선언하셨습니다. 이 부분은 무조건적이고 일방적인 하나님의 약속입니다.

그러나 다윗의 후손, 즉 개별 왕들의 흥망성쇠는 그들의 순종과 불순종에 따라 달라질 수 있음을 성경은 분명히 말합니다(삼하 7:14). 이는 하나님이 다윗 언약을 취소하신다는 의미가 아니라, 각 왕이 언약에 어떻게 반응하느냐에 따라 그 통치의 지속 여부나 평안이 달라질 수 있다는 의미입니다. 따라서 다윗 언약은 전체적인 구속사적 수준에서는 무조건적이며, 개별 왕들의 역사적 수준에서는 조건적이라는 두 층위가 함께 존재한다고 볼 수 있습니다.

12. 밧세바와의 사이에서 태어난 자녀가 어떻게 예수님의 조상이 되었는가?

솔로몬은 밧세바와의 죄 가운데 태어난 첫 아이가 죽은 후, 하나님의 회복과 용서의 자리에서 '여호와께 사랑받는 자'라는 뜻의 여디디야라는 이름으로 태어났습니다(삼하 12:24~25). 하나님은 다윗의 죄에 대한 책임을 제거하지 않으셨지만, 그럼에도 불구하고 회개한 사람에게서 새로운 구속의 역사를 일으키시는 분이십니다.

예수님의 계보는 다윗의 아들 솔로몬(마 1:6~7)과 나단(눅 3:31)을 통해 각각 법적 · 왕적 계보와 인류적 · 보편적 계보로 이어집니다. 이는 하나님께서 인간의 죄와 실패 속에서도 구속의 계획을 꺾지 않으시고, 다윗과의 언약을 신실하게 성취하신다는 것을 보여 줍니다.

예수님의 계보에 '밧세바(우리아의 아내)'가 기록된 것은(마 1:6), 하나님이 죄 많은 인간의 역사 속에서도 은혜를 꺾지 않으시며, 깨진 이야기조차 구원의 계보에 편입시키신다는 강력한 선언입니다. 하나님의 은혜는 인간의 실패보다 크며, 구속사는 인간의 완전함이 아니라 하나님의 신실함 위에 서 있다는 것을 보여 줍니다.

13. 왜 다윗은 여러 번 죄를 지어도 왕위에서 제거되지 않았는가?

다윗은 심각한 죄를 지었지만, 그의 차별점은 죄를 부정하지 않고 즉시 인정하며 하나님 앞에 진심으로 회개했다는 점입니다(삼하 12:13). 이는 죄의 책임을 회피하고 체면을 지키려 했던 사울과 가장 다른 부분입니다.

그러나 다윗이 왕위를 유지한 결정적 이유는 그의 회개조차도 넘어서는 하나님의 언약적 신실함(삼하 7장)에 있습니다. 하나님은 다윗에게 그의 왕조를 통해 구원 역사를 이어가겠다는 약속을 주셨고, 인간의 실패에도 그 약속을 취소하지 않으셨습니다. 다윗이 보전된 것은 그가 완전했기 때문이 아니라, 하나님이 약속을 지키시는 분이시기 때문입니다.

그러나 그 과정에서 다윗은 밧세바와의 첫 아들의 죽음, 압살롬의 반란 등 죄의 책임은 분명히 감당해야 했습니다.

14. 다윗의 죄 용서와 죄의 책임은 신약의 '죄를 기억하지 않는다'와 모순인가?
모순이 아닙니다. 성경에서 말하는 '용서'와 '책임'은 서로 다른 차원의 이야기이기 때문입니다. 신약에서 "죄를 기억하지 않는다"(히 10:17)라는 말은 구원적·영원적 의미에서의 완전한 용서를 뜻합니다. 즉, 하나님이 죄를 근거로 우리의 구원이나 영생을 취소하지 않는다는 뜻입니다.

반면 다윗에게 남겨진 징계―밧세바의 아들 죽음, 압살롬의 반란, 가정 붕괴 등―은 구원의 문제와는 다른, 역사 속에서의 책임·훈육입니다. 이는 언약 백성에게 주어지는 하나님의 교정적 징계이며 다윗의 왕조가 하나님 앞에 순종의 본질을 잃지 않도록 하시는 보호 장치의 의미도 있습니다.

따라서
- 영원적 차원: 죄는 완전히 용서됨(신약적 용서)

- 역사적 차원: 죄의 결과는 남아 책임을 지음(구약의 언약적 징계)

이 두 가지는 서로 상충하지 않습니다. 하나님은 영원에서는 죄를 기억하지 않으시지만, 역사 속에서는 그의 자녀를 바로잡기 위해 책임과 징계를 통해 거룩으로 이끄시는 분입니다.

6.

열왕기(열왕기상·하)

열왕기는 대략 기원전 10세기부터 6세기까지의 이스라엘 역사를 기록한 책입니다. 사무엘서와 마찬가지로 원래 히브리어 성경에서는 「열왕기」(Melakhim)라는 하나의 두루마리였으나, 70인역(LXX) 번역 과정에서 분량이 늘어나[1] '상·하'로 분리되었습니다.

열왕기상은 솔로몬의 즉위부터 아합왕의 죽음까지를, 열왕기하는 아합의 아들 아하시야로 시작해, 북이스라엘 멸망과 남유다 멸망까지를 기록합니다.

따라서 열왕기상은 영광에서 분열로, 열왕기하는 분열에서 멸망으로 내려가는 과정을 보여 줍니다. 또한 열왕기서는 내용상 엘리야 시대(왕상 후반)와 엘리사 시대(왕하 전반)로도 구분할 수 있습니다.

열왕기서는 왕들의 역사를 단순히 기록한 책이 아니라, 하나님과의 언약 관계 속에서 '이스라엘의 실패와 소망'을 신학적으로 해석한 편집 역사서라고 볼 수 있습니다.

---

1) 자음으로만 기록된 히브리어가 모음까지 포함된 헬라어로 번역되면서 물리적인 분량이 늘어나 한 두루마리에 담기 어려워짐

열왕기 시대의 이스라엘

앞에서 간단히 구약의 큰 흐름을 살펴보았지만, 열왕기를 이해하기 위해서는 이 시기의 이스라엘 역사를 조금 더 구체적으로 살펴볼 필요가 있습니다.

다윗이 죽은 뒤 솔로몬이 왕위에 오르고(대략 기원전 970년경), 성전을 완공하며(기원전 960년경) 이스라엘의 최전성기를 이끕니다. 그러나 솔로몬은 노년에 우상숭배로 하나님을 떠났고, 이로 인해 이스라엘은 분열과 쇠퇴의 길을 걷게 됩니다. 결국 그의 아들 르호보암이 즉위한 지 채 1년도 지나지 않아 왕국은 북이스라엘(10지파)[1]과 남유다(2지파)[2]로 분열됩니다(기원전 930년경).

북이스라엘의 첫 왕 여로보암은 금송아지를 만들어 숭배하게 하고, 레위 지파[3]가 아닌 자들을 제사장으로 세움으로서 우상숭배를 국가 종교 체계로 제도화했습니다. 이로 인해 북이스라엘은 여로보암의 죄에서 벗어나지 못한 채 지속적인 우상숭배의 길을 걸었으며, 특히 아합왕 시대에 이르러 절정에 이르게 됩니다. 이로 인해 북이스라엘은 내란과 쿠데타가 끊

---

1) 르우벤, 시므온, 잇사갈, 스불론, 단, 갓, 아셀, 납달리, 므낫세, 에브라임(므낫세와 에브라임은 야곱에게 입적된 요셉의 아들)
2) 유다 지파와 베냐민 지파
3) 레위 지파는 제사장 지파로서 영토 분할에 포함되지 않으므로, 왕국 분열 시 지파 수 산정에는 포함되지 않음. 분열 당시 레위 지파는 이스라엘 전역의 48개 성읍에 분산 거주하며 제사장적 기능을 담당하고 있었음

이지 않았고, 왕조가 9번이나 교체되는 혼란을 겪다가, 결국 기원전 722년 앗수르에 멸망을 당합니다.

반면 남유다는 다윗 왕조의 후손들이 계속 왕위를 계승하며, 하나님을 따르는 선한 왕과 악한 왕이 번갈아 등장했습니다. 히스기야와 요시야는 대표적인 개혁왕이었으며, 므낫세는 가장 악한 왕으로 평가됩니다. 결국 남유다 역시 죄와 우상숭배로 인해 기원전 586년 바벨론에 의해 멸망하게 됩니다.

열왕기의 전승과 편집 과정

열왕기서의 저자는 직접 모든 사건을 목격한 인물이 아니라, 기존의 왕궁 기록과 선지자들의 문서를 바탕으로 이 자료들을 신앙적으로 재해석하여 편집한 인물입니다. 성경 본문에도 "이 일은 ○○왕의 사적에 기록되었다"[1]라는 표현이 반복되는데, 이는 저자가 기존의 공식 사료를 인용했음을 보여 줍니다.

또한 나단, 아히야, 스마야, 잇도 등 여러 선지자와 선견자들의 기록, 다양한 구전 전승과 제의 전승이 반영되어 있습니다. 따라서 열왕기서는 다양한 자료를 신앙적 관점에서 재구성한 '편집 역사서'라고 볼 수 있습니다.

---

1) 여로보암: 왕상 14:19, 르호보암: 왕상 14:29

전통적으로 저자를 예레미야로 보기도[1] 하지만, 오늘날 많은 학자들은 열왕기서가 신명기적 사상을 가진 복수의 편집자들에 의해 구성된 것으로 이해합니다.

① 1차 편집: 요시야 시대(기원전 620년경)

남유다의 경건한 왕 요시야의 종교개혁(왕하 22~23장) 시기에 신명기 신학이 확립되었고, 이때 최초의 신명기적 역사서(여호수아~열왕기)가 편찬된 것으로 추정됩니다.

② 2차 편집: 바벨론 포로기(기원전 560년경)

예루살렘이 멸망한 후(기원전 586), 바벨론 포로지에서 추가적인 편집이 이루어진 것으로 보입니다. 이 시기에 열왕기 마지막 부분인 '여호야긴 석방 이야기'(왕하 25:27~30)가 삽입되어, 다윗 언약의 희망이 완전히 사라지지 않았음을 암시하는 결말로 마무리됩니다.

열왕기상의 구성과 내용

열왕기상은 솔로몬 시대, 분열 왕국 초기, 엘리야 사역 등 세 부분으로 크게 나눌 수 있습니다.

---

1) 열왕기서와 예레미야서의 문체와 신학적 관점에서 유사하기 때문

① 1~11장: 솔로몬의 통치와 번영, 타락

지혜로운 왕의 영광과 몰락을 기록하고 있습니다.

- 1장: 다윗의 말년과 솔로몬의 즉위
  - 아도니야가 반역하여 왕위를 노리지만
  - 나단과 밧세바의 중재로 솔로몬이 기름 부음을 받고 왕이 됨
- 2장: 왕권 안정: 잠재적 위협 제거
  - 솔로몬은 아도니야, 요압, 시므이 등을 정리하며
  - 왕국의 기초를 굳게 세움
- 3장: 지혜의 시작: 기브온에서의 기도
  - 하나님께 지혜를 요청하고
  - '두 여인의 아이 판결'로 그의 지혜가 널리 알려짐
- 4~5장: 번영의 시대와 성전 건축 준비
  - 솔로몬 시대의 행정·부흥상이 설명되고
  - 두로 왕 히람과 협력하여 성전 건축 재료를 준비
- 6~7장: 성전과 왕궁 건축
  - 성전은 7년에, 왕궁은 13년에 걸쳐 완공
  - 성전 내부 구조와 정교한 장식이 자세히 기록
- 8장: 성전 봉헌식, 하나님의 영광이 임재
  - 언약궤가 성전에 들어오고
  - 하나님의 영광이 성전에 충만해짐
  - 솔로몬의 봉헌 기도와 백성 축복이 이어짐
- 9~10장: 솔로몬의 영광과 국제적 명성

- 하나님은 순종하면 복을,
- 불순종하면 성전도 파괴될 수 있다고 경고하심(9장)
- 스바 여왕이 솔로몬의 지혜를 찬탄하며 방문(10장)
- 솔로몬의 부, 건축, 무역이 절정에 이름
- 11장: 솔로몬의 타락과 분열 예고
  - 늙은 솔로몬의 마음이 이방 아내들로 인해 돌아서며
  - 우상을 숭배함
  - 이에 하나님은 나라를 뺏어 여로보암에게 10지파를 주겠다고 선언
  - 솔로몬이 죽고 그의 아들 르호보암이 즉위

→ 이러한 일련의 사건들은 결국 왕국 분열이라는 역사적 전환점으로 이어지게 됩니다.

② 12~16장: 왕국 분열과 북이스라엘의 우상 체계

왕국의 분열과 분리된 두 왕국이 영적 정체성이 대비됩니다.

- 12장: 왕국 분열
  - 르호보암의 가혹한 정책으로 북이스라엘 10지파가 분리
  - 여로보암이 북이스라엘 왕이 됨
  - 예루살렘 성전으로 백성이 내려가는 것을 막기 위해 벧엘·단에 금 송아지를 세워 새로운 제사 제도 도입
    → 열왕기 전체에서 반복되는 '여로보암의 죄'가 됨
- 13장: 하나님의 사람과 여로보암

- 하나님이 금송아지 제사를 책망하기 위해 하나님의 사람을 보내심

- 여로보암의 제단이 찢어질 것이라는 심판 예언

- 늙은 선지자의 거짓 예언을 따르다 죽은 하나님의 사람 사건은 하나님의 말씀에 대한 절대적인 순종을 드러냄

- 14장: 르호보암과 여로보암의 평가

  - 남유다: 르호보암도 우상숭배에 빠짐

  - 북이스라엘: 여로보암 가문에 멸망이 예고됨

  - 그러나 하나님은 다윗 언약 때문에 남유다 왕조를 보존하심(신학적 핵심)

  - 르호보암 사망

- 15장: 아비야·아사(유다) / 나답·바아사(북왕국)

  - 아비야는 단기간 통치

  - 아사: 남유다의 선한 왕, 우상 제거 시도(그러나 산당을 완전히 제거하지는 못함—열왕기의 평가 방식)

  - 북이스라엘: 여로보암의 아들 나답

  - 바아사가 쿠데타로 왕위 장악 → 두 번째 왕조 출현

- 16장: 북이스라엘 왕조의 불안정

  - 바아사의 악행

  - 엘라(2년) → 시므리의 모반(7일 왕)

  - 오므리가 쿠데타로 정권을 장악하고 사마리아를 수도로 건설

  - 오므리의 아들 아합이 즉위하여 바알 숭배가 정점에 이름(이후 17장 엘리야 시대의 배경을 형성)

→ 북이스라엘은 처음부터 잘못된 제사 제도를 도입했기 때문에 왕조
가 지속적으로 쿠데타로 교체되는 불안정한 구조에 놓이게 됩니다.

③ 17~22장: 엘리야의 사역과 아합 왕조

17~22장의 중심 무대는 북이스라엘이며, 22장에서만 남유다 왕 여호사밧
이 잠시 등장합니다. 이 단락은 바알 숭배가 극에 달한 시대 속에서 참 하
나님이 누구인지 선명하게 드러나는 핵심 구간입니다.

- 17장: 엘리야의 등장
  • 엘리야가 아합에게 가뭄을 선포(바알은 비의 신 → 바알 신앙에 대
    한 정면 도전)
  • 그릿 시냇가 보호
  • 사르밧 과부에게 공급 기적
  • 과부의 아들 소생 → 하나님이 생명의 주권자이심을 드러냄
- 18장: 갈멜산 대결
  • 엘리야와 바알 선지자 450명, '비를 내리는 신이 참 신이다'라는 구도
  • 하늘에서 불이 내려 여호와의 살아 계심을 증명
  • 3년 반의 가뭄 끝에 비가 다시 내림
- 19장: 엘리야의 낙심과 회복
  • 엘리야, 이세벨의 위협을 피하여 호렙으로 도망
  • 하나님이 세미한 음성으로 찾아오심(19:12)
  • 바알에게 무릎 꿇지 않은 7000명 존재를 알려 주심
  • 엘리사를 후계자로 불러 사역을 계승

- 20장: 아람 전쟁

  • 아합이 벤하닷과의 전쟁에서 하나님의 도우심으로 두 번 승리. 그러나 아합이 벤하닷을 살려줌으로써 하나님의 진노를 삼(사울의 불순종과 유사한 구조)

- 21장: 나봇의 포도원 사건

  • 아합과 이세벨의 불의와 살인

  • 엘리야가 아합 집안의 멸망을 예언(개의 혀가 아합의 피를 핥을 것)

- 22장: 아합의 죽음과 미가야의 예언

  • 여호사밧과의 연합 전쟁

  • 미가야 선지자의 경고를 무시하고 출전

  • 아합은 전쟁에서 죽음(예언의 성취)

  • 남유다의 의로운 왕 여호사밧의 통치와 비교, 신학적 대비 강화

→ 엘리야의 사역은 바알 숭배가 절정에 이른 시대에도 하나님은 살아 계시며, 선지자를 통해 말씀하시고 역사하신다는 사실을 보여 줍니다. 왕상 17~22장은 "참 하나님은 누구인가"라는 질문에 대한 하나님의 대답이며, 열왕기 전체의 신학적 중심축 가운데 하나입니다.

열왕기하의 구성과 내용

열왕기하는 북이스라엘 중심과 남유다 중심으로 구성되어 있습니다.

① 1~10장: 엘리야-엘리사 시대와 북이스라엘의 불안정

하나님의 심판과 구원 사역이 엘리야에서 엘리사가 이어지게 됩니다.

- 1장: 아하시야와 엘리야
  - 북이스라엘 왕 아합의 아들 아하시야, 에그론의 신 바알세부브에게 묻다가 책망받음
  - 엘리야가 그의 죽음을 예언
  - 하나님이 선지자를 통해 왕의 불순종을 심판하심
- 2장: 엘리야 승천과 엘리사 사역 시작
  - 엘리야가 회오리바람을 타고 하늘로 승천
  - 엘리사가 후계자로 기름 부음을 받고 "갑절의 영감"을 받음
  - 요단강을 가르며 선지자들의 인정(권위 확립)
- 3장: 모압 전쟁
  - 북이스라엘 여호람, 남유다 여호사밧, 에돔[1] 왕의 연합군
  - 엘리사가 하나님의 말씀으로 기적적 승리를 약속
  - 물이 흐르는 기적으로 전쟁 승리
- 4~6장: 엘리사의 구원·공급·보호의 기적들
  - 선지자 아내의 기름이 넘치는 기적
  - 수넴 여인 아들의 부활
  - 독이 든 죽을 정화
  - 도끼날을 떠오르게 함

---

1) 에서의 후손들로 이루어진 민족(창 36:1, 8)

- 아람의 공격을 천사 군대로 막아냄(하나님이 북이스라엘에 여전히 자비를 베푸심을 보여 줌)

- 7장: 사마리아 구원

  - 아람 군대의 포위로 극심한 기근

  - 하나님이 기적적으로 아람 군대를 혼란케 함

  - 네 명의 나병환자가 소식을 전함 → 북이스라엘 구원

  - 하나님의 약속(엘리사의 예언)이 그대로 성취됨

- 8장: 북이스라엘·아람·남유다의 왕조 이야기

  - 엘리사가 하사엘에게 아람 왕이 될 것을 예언

  - 하사엘이 곧 아람을 강대국으로 만들며 북이스라엘에 위협

  - 동시에 남유다 여호람과 아하시야 이야기가 병행됨

- 9~10장: 예후 혁명과 아합 왕조의 종말

  - 예후가 엘리사의 명령(하나님의 명령)으로 기름 부음 받음

  - 아합의 아들 여호람, 아내 이세벨 등 아합 왕조에 대한 심판 성취

  - 바알 숭배를 철저히 제거. 그러나 예후도 여로보암의 금송아지를 제거하지 않음(북이스라엘의 구조적 우상은 여전히 남아 있음)

→ 하나님은 선지자를 통해 계속 경고하고 구원의 길을 열어 주셨지만, 북이스라엘은 금송아지 숭배에서 벗어나지 못했고, 결국 심판의 길로 치닫게 되었습니다.

② 11~17장: 북이스라엘의 혼란과 멸망

여로보암의 금송아지 죄가 누적되어 결국 북이스라엘이 언약적 심판에

이르게 됩니다.

- 11장: 남유다의 아달랴 반역과 요아스 즉위
  - 북이스라엘 출신 공주 아달랴(아합-이세벨 가문)가 남유다의 왕권을 장악
  - 다윗 후손 요아스가 여호야다 제사장에 의해 숨겨져 보호됨
  - 여호야다의 개혁으로 요아스가 왕위에 오름(하나님이 다윗 언약을 끝까지 보존하시는 중요한 장면)
- 12장: 남유다 요아스의 개혁과 말년
  - 여호야다 제사장의 지도 아래 성전을 보수
  - 그러나 여호야다가 죽은 후, 요아스는 타락해 우상숭배와 악행을 행함(지도자의 영적 영향이 얼마나 큰지 보여 줌)
- 13장: 북이스라엘 여호아하스·여호아스 시대
  - 아람의 지속적 침략으로 북이스라엘이 큰 약함을 겪음
  - 엘리사가 죽으면서 마지막 예언을 남김
  - 엘리사의 무덤에서 죽은 사람이 살아나는 기적(하나님이 여전히 자비를 베푸시는 표징)
- 14장: 남유다 아마샤 / 북이스라엘 여로보암 2세
  - 아마샤가 교만하여 북이스라엘과 싸우다 패배하여 예루살렘성이 무너짐
  - 북이스라엘은 여로보암 2세 때 마지막 번영기를 누림(영토 확장, 수백 년 만의 최대 영역)
  - 그러나 영적 회복은 전혀 없어 멸망의 씨앗이 여전히 남아 있음

- 15장: 북이스라엘의 단명 왕조들

  • 스가랴 → 살룸(1개월) → 므나헴 → 브가히야 → 베가 → 호세아

  • 계속되는 쿠데타, 정권 교체로 북이스라엘 국가 체제가 붕괴되기 시작(여로보암의 죄와 정치적 혼란이 겹침)

- 16장: 남유다 아하스의 악행

  • 남유다 왕 아하스가 본격적으로 우상숭배 체계를 도입

  • 앗수르 왕을 의지하여 스스로 조공을 바치며 종속됨

  • 성전의 제단 구조까지 외국식으로 변경(남유다의 영적 상태도 심각하게 악화)

- 17장: 북이스라엘의 멸망(기원전 722년)

  • 마지막 왕 호세아 때 앗수르가 사마리아를 함락

  • 멸망의 신학적 이유: 금송아지 숭배, 바알 숭배, 제사장·선지자의 경고 무시, 이방 관습 따름, 언약 파기 등

→ 북이스라엘 멸망은 정치적 사건이 아니라 언약 불순종의 결과라는 신학적 해석이 강조됩니다.

③ 18~25장: 남유다의 개혁과 최종 멸망

선한 왕이 있었으나, 백성은 끝내 회개하지 않아 심판에 이르는 남유다의 모습이 기록되어 있습니다.

- 18~20장: 히스기야의 개혁과 앗수르 침략

  • 북이스라엘이 멸망한 직후 등장한 남유다의 대표적 선한 왕 히스

기야

- 산당 제거, 성전 정화 등 철저한 개혁

- 앗수르의 산혜립 침공 → 하나님이 천사로 구원

- 히스기야 병 고침과 15년 생명 연장

- 바벨론 사절단 방문 사건을 통해 장차 포로가 될 것이 예언됨

- 21장: 므낫세와 아몬, 히스기야 개혁의 파괴

- 므낫세는 남유다 역사상 가장 악한 왕

- 바알, 아세라, 천체 숭배 도입 / 무죄한 피 흘림

- 그의 죄가 남유다가 돌이킬 수 없는 멸망으로 향하게 하는 '결정적 이유'로 제시됨

- 아몬도 아버지의 악행을 이어 감

- 22~23장: 요시야의 종교개혁

- 성전에서 율법책 발견, 대대적인 회개와 개혁

- 산당 파괴, 우상 제거, 유월절 회복

- 그러나 열왕기는 백성들의 마음은 진정으로 변하지 않았다고 평가

- 요시야가 므깃도에서 갑작스럽게 전사하며 나라의 쇠락이 가속화됨

- 24~25장: 남유다의 멸망(기원전 586)

- 여호야김: 바벨론에 반역 → 심판 시작

- 여호야긴: 포로로 바벨론 끌려감

- 시드기야 시대, 예루살렘이 완전히 함락되고 성전 파괴(기원전 586)

- 다윗 왕조가 끊어진 듯 보이는 순간, 여호야긴 석방(희망의 메시지)

- 바벨론에서 여호야긴이 석방되어 왕의 상에서 양식을 받음. 이는 다윗 언약이 완전히 사라진 것이 아님을 상징

→ 남유다는 훌륭한 왕이 있었지만, 백성이 끝내 우상과 불순종을 버리지 않았고, 결국 하나님의 언약적 심판이 임했습니다. 그러나 하나님은 심판 속에서도 남은 자와 언약의 희망을 보존하셨습니다.

열왕기서의 신학적 교훈

열왕기서의 신학적 교훈은 대략 7가지로 요약될 수 있습니다.

① 순종은 번영을, 불순종은 멸망을 가져온다

신명기적 역사관의 핵심으로 열왕기서는 모든 왕을 평가할 때 같은 기준을 사용합니다.

- 여호와만 섬겼는가?
- 예루살렘 성전 중심의 예배를 지켰는가?
- 율법에 순종했는가?

이 기준을 충족한 왕은 "정직히 행했다"로 평가되고 그렇지 못한 왕은 "악하게 행했다"로 평가됩니다. 하나님 말씀에 대한 순종 여부가 나라의 흥망성쇠를 결정하였습니다.

② 전적 순종의 요구 - 부분적 순종은 순종이 아니다

남유다의 '선한 왕들'에게도 늘 "산당을 제거하지 않았다"라는 표현이 반복됩니다. 이는 신명기적 신학의 핵심인 '절대적인 전적 순종'을 보여 줍니다. 하나님은 '부분적 순종'이 아니라 온전한 순종을 원하십니다.

③ 우상숭배는 반드시 파멸을 가져온다

열왕기 전체에서 가장 반복되는 주제입니다. 북이스라엘은 금송아지 숭배로 시작하여 아합 시대에 바알 숭배의 절정을 이루었습니다. 그 결과로 북이스라엘은 앗수르에(기원전 722년), 남유다는 바벨론에(기원전 586년) 의해 멸망하게 됩니다. 우상은 '하나님보다 더 사랑하고 의지하는 모든 것'으로, 우상숭배는 개인·가정·국가를 망하게 하는 가장 치명적인 죄라는 사실을 가르쳐주고 있습니다.

④ 하나님은 선지자를 통해 끊임없이 말씀하신다

엘리야와 엘리사, 미가야 등을 통해 하나님은 우상과 죄가 극심한 시대에도 말씀을 멈추지 않으셨습니다. 왕들은 무시했지만, 하나님의 음성은 계속되었습니다. 사람들은 하나님의 말씀을 거부할 수 있지만, 하나님은 포기하지 않으시고 계속 경고하고 계십니다.

⑤ 하나님의 심판은 느리지만 확실하다

솔로몬의 타락 직후 하나님은 "이 나라를 네게서 빼앗아 네 신하에게 주리라"(왕상 11:11)고 예언하셨습니다. 그러나 실제 분열은 솔로몬 사후에 이루어졌고, 멸망은 수백 년 후에 일어났습니다. 하나님은 오래 참으시지만, 죄를 계속 고집하는 자에게는 반드시 심판을 내리십니다.

⑥ 하나님은 끝까지 언약을 지키신다—다윗 언약의 신실함

남유다의 왕조가 바뀌지 않고 북이스라엘보다 늦게 멸망한 이유는 하나님이 다윗과 맺은 "내 종 다윗이 항상… 등불을 가지고 있게 하리라"(왕상 11:36)는 언약 때문입니다. 남유다에도 수많은 악한 왕들이 있었음에도 다윗의 혈통은 끊어지지 않았습니다. 그리고 열왕기하는 여호야긴의 석방(다윗 언약의 희망)으로 마무리됩니다. 하나님은 인간의 실패에도 불구하고 언약을 신실하게 지키시고 계십니다.

⑦ 마지막 심판 속에서도 구원의 소망이 있다

열왕기의 마지막 장면은 절망이 아니라 희망입니다. 바벨론 포로지에서 여호야긴이 풀려나 왕의 상에서 음식을 받는 장면(왕하 25:27~30)은, "다윗 왕조가 완전히 사라지지 않았다", "메시아의 씨가 살아 있다"라는 중요한 신학적 메시지를 담고 있습니다.

열왕기서는 하나님의 언약은 신실하지만, 인간의 불순종은 반드시 심판을 부른다는 언약적 역사 신학의 교과서입니다.

열왕기서에 대한 의문과 질문들

열왕기서는 남유다와 북이스라엘의 이야기가 교차되고, 선한 왕과 악한 왕이 번갈아 등장하며, 여러 선지자들이 활동하기 때문에 자연스럽게 다양한 의문이 생깁니다. 이 질문들은 열왕기서를 깊이 이해하는 데 도움을 줍니다.

① 솔로몬과 분열 왕국의 질문

- 솔로몬은 말년에 왜 우상숭배를 하였나?

- 솔로몬은 회개하고 죽었나?

- 왜 르호보암은 원로들의 말을 듣지 않아 국가 분열을 초래했나?

- 하나님이 여로보암에게 이스라엘을 넘겨주었다고 한 이유는 무엇인가?

② 북이스라엘의 정체성과 구조적 문제

- 우상숭배하던 북이스라엘이 왜 '이스라엘'이라는 이름을 사용했나?

- 북이스라엘에 있던 레위지파 사람들은 어떻게 되었나?

- 2지파와 10지파라면 남유다가 북이스라엘의 속국이 아닌가?

- 왜 남유다는 예루살렘 성전을 북이스라엘과 공유하지 않았나?

- 이것이 북이스라엘이 우상숭배에 빠진 원인인가?

- 왜 열왕기서는 '여로보암의 죄'를 반복적으로 강조하나?

③ 선지자와 심판의 흐름

- 하나님이 예후에게 기름을 부으신 이유가 무엇인가?

- 열왕기에서 사사기 같은 사이클이 반복되나?

- 늙은 선지자는 왜 하나님의 사람을 속였나? 그는 왜 죽임을 당해야

  했나?

- 열왕기에서 선지자의 역할은 무엇인가?

④ 언약과 희망에 대한 질문

   - 여호야긴이 석방된 이후 어떻게 다윗 언약은 계속 유지되나?

이 질문들을 통해 열왕기서는 하나님의 언약적 신실함과 인간의 불순종
이 낳는 비극적 결과를 깊이 체감하게 해 줍니다.

1. 솔로몬은 말년에 왜 우상숭배를 하였나요?

솔로몬은 정권과 외교 관계를 강화하기 위해 '혼인'을 정책적으로 활용했습니다. 그러나 이것은 "아내를 많이 두어 마음이 미혹되지 않게 하라"(신 17:17)는 율법을 어긴 것입니다. 그 결과 이방 아내 700명, 후궁 300명을 두게 되었고, 이들과 함께 이방 신앙도 이스라엘에 유입되었습니다.

솔로몬은 그들이 가져온 신들을 위해 산당을 건축하도록 허용했고, 성경은 "솔로몬의 나이가 많을 때에 그의 여인들이 그의 마음을 돌려 다른 신을 따르게 하였다"(왕상 11:4)라고 분명히 기록합니다.

결국 솔로몬의 잘못된 정치적 선택과 점진적인 마음의 이탈이 누적되면서, 그의 노년은 우상숭배로 귀결되고 말았습니다.

2. 솔로몬은 회개를 하고 죽었나요?

신명기적 역사서의 특징상, 열왕기는 인물의 구원 또는 회개 여부 자체에는 관심을 두지 않습니다. 책의 초점은 솔로몬의 죄가 어떻게 왕국 분열과 심판의 원인이 되었는가에 맞추어져 있기 때문에, 열왕기는 그의 마지막 모습을 의도적으로 침묵합니다.

전통적으로 전도서를 솔로몬의 회개의 기록으로 이해하는 견해도 있으나, 성경은 솔로몬이 말년에 실제로 회개했는지 여부를 명확하게 말하지 않습니다. 따라서 성경 본문만으로는 솔로몬의 회개 여부를 단정하기 어렵고, 열왕기는 그의 회개보다 그의 불순종이 가져온 언약적 결과를 강조하고 있다고 이해하는 것이 적절합니다.

3. 왜 르호보암은 원로들의 말을 듣지 않아 분열을 초래했나요?

르호보암은 즉위 직후 백성들로부터 "왕의 아버지가 우리에게 시킨 고역과 메운 무거운 멍에를 가볍게 하소서"(왕상 12:4)라는 요청을 받았지만, 젊은 참모들의 조언을 따르며 이를 거절했습니다. 성경은 "이 일은 여호와께로 말미암아 난 것이라"(왕상 12:15)라고 기록하고 있어, 이는 솔로몬의 우상숭배에 대한 하나님의 심판이 역사 속에서 성취된 사건임을 보여 줍니다.

그러나 이것이 르호보암의 책임을 제거하는 것은 아닙니다. 그는 원로들의 지혜를 무시하고, 교만과 미숙함으로 잘못된 정치적 선택을 했습니다. 성경은 "아들은 아버지의 죄악을 담당하지 아니할 것이요"(겔 18:2)라고 말씀하고 있기 때문에, 르호보암이 더 겸손하고 지혜롭게 결정했다면 분열의 과정이 달라졌을 가능성도 배제할 수 없습니다.

결국 이 사건은 하나님의 주권적 심판과 인간의 책임 있는 선택이 함께 작용한 대표적 장면이며, 성경은 두 요소를 모두 강조합니다.

4. 하나님은 왜 여로보암에게 이스라엘을 넘겨주셨나요?

솔로몬 시대 후반기에 누적된 과도한 조세와 노역의 부담은 북부 지파들의 큰 불만을 불러왔습니다(왕상 12:4). 행정 중심이 유다와 베냐민에 치우치면서 나머지 10개 지파는 점점 더 고통을 느끼게 되었고, 자연스럽게 북부를 대변할 지도자에 대한 기대가 형성되었습니다.

여로보암은 에브라임 지파 출신으로, 솔로몬에게 능력을 인정받아 요셉 족속의 노동 감독관으로 임명된 인물이었습니다(왕상 11:28). 그는 북부 지파들이 받아들이기 좋은 대표성이 있었고, 정치적·사회적 조건상 분열 시기의 지도자로 부상할 수 있는 위치에 있었습니다.

그러나 성경은 분열의 근본 원인을 정치적 갈등이 아니라 솔로몬의 우상숭배에 대한 하나님의 심판으로 설명합니다. 예언자 아히야는 하나님의 명령을 따라 옷을 열두 조각으로 찢어 여로보암에게 열 조각을 주며, '솔로몬이 다른 신을 섬겼기 때문'이라고 분명히 밝힙니다(왕상 11:30~33). 또한 르호보암이 백성의 요구를 거절한 것도 "여호와께로 말미암아 난 것이라"(왕상 12:15)고 기록되어 있습니다.

이처럼 하나님의 심판이 역사 속에서 이루어지는 과정 속에 여로보암은 도구로 선택되었고, 하나님은 그에게 "내가 명령한 모든 일에 순종하고… 내 율례와 명령을 지키면… 너를 위하여 견고한 집을 세우고"(왕상 11:38)라는 조건부 약속까지 주셨습니다.

결론적으로, 하나님이 여로보암에게 이스라엘을 넘겨주신 가장 큰 이유는 솔로몬의 불순종에 대한 언약적 심판이며, 분열은 하나님의 주권적 역사 속에서 이루어진 사건입니다.

5. 우상숭배하던 북이스라엘이 왜 '이스라엘'이란 이름을 사용했나요?

북왕국은 수적으로 우세한 지파 구성과 넓은 영토를 근거로 열두 지파 전체를 대표하는 정통 이스라엘임을 주장하며 '이스라엘'이라는 국호를 유지한 것으로 볼 수 있습니다.

반면 남왕국은 다윗 왕조와 예루살렘 성전을 중심으로 한 유다 지파 중심 국가로 형성되었기에, '유다'로 불리게 되었습니다.

이러한 명칭 구분은 열왕기에서도 북쪽을 '이스라엘', 남쪽을 '유다'로 구분하여 부르는 전통적 용례로 유지됩니다.

그러나 성경의 신학적 평가 기준은 다릅니다. 열왕기는 정통성, 언약, 메시아 계보가 모두 다윗 왕조인 남유다에 있다고 일관되게 강조합니다. 따라서 북이스라엘이 국명은 가져갔지만, 성경의 신학적 관점으로 볼 때 진정한 '언약의 이스라엘'은 남유다였습니다.

결론적으로, 북이스라엘은 지리적·정치적으로 '이스라엘'이라는 이름을 사용했지만, 언약적 정통성과 구속사적 중심은 남유다에게 있었습니다.

6. 북이스라엘에 있던 레위지파 사람들은 어떻게 되었나요?

레위 지파는 통일왕국 시대에 이스라엘 전역의 48개 성읍에 흩어져 살면서 예배와 제사 관련 사역을 담당했습니다(수 21장). 그러나 여로보암이 금송아지 제사를 세우고, 레위인이 아닌 사람들을 제사장으로 세우기 시작하자(왕상 12:31), 북이스라엘의 레위인들은 더 이상 정통적인 예배를 드릴 수 없게 되었습니다.

성경은 "레위 사람들이… 유다와 예루살렘에 이르렀으니… 그들을 해임하여…

제사장의 직분을 행하지 못하게 하고… 여로보암이… 친히 제사장들을 세움이라"(대하 11:14~15)라고 기록합니다. 즉, 레위인들은 순수한 예배를 지키기 위해 북이스라엘을 떠나 예루살렘으로 내려온 것입니다.

이로 인해 남유다는 영적 중심성을 더욱 강화하게 되었고, 성전과 율법 중심의 예배가 계속 이어지게 되었습니다.

7. 2지파와 10지파라면 남유다가 속국 아닌가요?

정치적·군사적 규모만 보면 북이스라엘이 남유다보다 훨씬 컸고, 실제로 아람과의 전쟁 등 여러 전투에서 남유다가 북이스라엘과 연합하거나 때로는 북이스라엘의 영향권에 들어간 사례도 있습니다. 또한 아합의 딸 아달랴가 남유다를 장악한 사건(왕하 11장)처럼, 남유다가 일시적으로 북왕국의 정치적 압력 아래 놓인 시기도 있었습니다.

그러나 성경의 평가 기준은 단순한 정치력이나 인구 규모가 아니라 언약적 정통성과 영적 중심성입니다. 다윗 왕조를 통해 메시아 약속을 보존한 나라는 남유다였고, 열왕기는 이를 일관되게 강조합니다. 또한 북이스라엘이 9차례나 쿠데타로 왕조가 교체되는 동안, 남유다는 다윗의 한 왕조가 계속 지속되며 정치적 안정성을 유지했습니다.

따라서 두 왕국은 '크기'만 보면 북이스라엘이 우위였지만, 정치·군사·영적 측면 전체를 종합하면 어느 한쪽이 일방적 속국이었던 것은 아닙니다. 양국은 상호 독립적인 두 왕국으로, 시대에 따라 영향력이 변동되는 대등한 관계에 더 가까웠다고 볼 수 있습니다.

  ● 난해한 구약에 대한 평신도의 생각들

8. 왜 남유다는 예루살렘 성전을 북이스라엘과 공유하지 않았나요? 이것이 북이스라엘 우상숭배의 원인이 아닌가요?

예루살렘 성전은 하나님께서 친히 선택하신 예배 중심지였기 때문에(신 12장), 정치적 타협이나 조건에 따라 '공유'의 대상이 아닙니다. 분열 초기에는 북이스라엘 사람들도 자연스럽게 예루살렘 성전을 찾아 예배했던 것으로 보입니다(대하 11:16).

문제는 남유다의 배제가 아니라 여로보암의 정치적 계산에 있었습니다. 여로보암은 백성이 예루살렘 성전에 제사하러 올라가면 르호보암에게 마음이 돌아가 자신을 배반할까 두려워했습니다(왕상 12:27). 그래서 그는 두 금송아지를 만들고 "다시는 예루살렘에 올라갈 것이 없도다"(12:28)라고 선포하며, 북이스라엘의 예배를 의도적으로 차단했습니다.

결국 북이스라엘의 우상숭배는 남유다가 성전을 막았기 때문이 아니라 여로보암이 정치적 목적을 위해 백성들을 예루살렘 성전에서 떼어놓고, 비정통 제사 제도를 만든 데서 비롯된 것입니다.

결론적으로, 남유다는 성전을 공유하지 않은 것이 아니라, 여로보암이 정치적 이유로 예루살렘 성전을 거부하고 우상숭배 체계를 도입한 것이 북이스라엘 타락의 직접적 원인이 되었습니다.

9. 하나님이 예후에게 기름을 부으신 이유는 무엇인가요?

예후는 북이스라엘의 군대 장관으로, "님시의 손자 여호사벳의 아들"(왕하 9:2)이었습니다. 여기서의 여호사밧은 남유다의 여호사밧 왕이 아니라, 동일한 이름을 가진 북이스라엘의 인물입니다. 예후는 군사적 능력이 뛰어나고 영향력이 큰 장군으로, 하나님은 그를 아합 집안을 심판할 도구로 선택하셨습니다.

하나님은 먼저 엘리야에게 예후에게 기름을 부을 것을 명령하셨고(왕상 19:16), 이 사명은 엘리사가 보낸 선지자 제자가 왕하 9장에서 성취합니다. 예후는 그 말씀대로 혁명을 일으켜 아합의 집안을 철저히 심판하고, 바알 숭배 세력을 일시적으로 쓸어버립니다(왕하 10장).

그러나 예후는 하나님의 말씀에 온전히 순종하지 않았습니다. 그는 바알 숭배는 제거했지만, 여로보암이 만든 금송아지 제사를 그대로 유지하며(왕하 10:29~31) 북이스라엘의 죄의 체제를 끊지 못했습니다.

그럼에도 하나님은 예후에게 주신 약속—"네 자손이 4대까지 이스라엘 왕위에 있으리라"(왕하 10:30)—를 신실하게 이루십니다. 그 이유는 예후가 온전하지 않았음에도, 하나님이 아합 집안을 심판하라는 자신의 말씀을 이루기 위해 예후를 도구로 사용하셨기 때문입니다.

결론적으로, 예후가 기름 부음을 받은 이유는 그가 경건해서가 아니라, 하나님께서 아합 집안의 죄악을 심판하시기 위해 선택하신 도구였기 때문이며, 하나님은 인간의 불완전함에도 자신의 약속을 성실히 이루시는 분이심을 보여 주는 사건입니다.

10. 열왕기에서 사사기와 같은 '사이클'이 반복되나요?

사사기는 '범죄 → 징계 → 부르짖음 → 사사 통한 구원 → 평안 → 다시 범죄'라는 분명한 순환 구조가 반복되는 책입니다(삿 2:11~19). 그러나 열왕기에는 이러한 회개-회복의 순환이 거의 나타나지 않습니다. 열왕기의 흐름은 기본적으로 점점 악화되어 멸망으로 향하는 '하향 나선' 구조입니다.

열왕기에는 잠시의 개혁과 부분적 순종은 있었으나, 대부분 다시 더 깊은 타락으로 돌아가고 결국 두 왕국 모두 멸망합니다. 선지자들이 반복해서 등장해도 백성들은 거의 회개하지 않습니다.

또한 사사기에는 반복적으로 구원자가 등장하지만, 열왕기에서는 대부분의 왕이 "악을 행했다"는 평가를 받습니다. 북이스라엘에는 '정직한 왕'이 단 한 명도 없었고, 남유다의 선한 왕들조차도 "산당을 완전히 제거하지 않았다"라는 한계가 지적됩니다.

결국 사사기는 "왕이 없으므로 사람이 자기 소견에 옳은 대로 행함"(삿 21:25)으로 끝나 왕정 시대를 예고하지만, 열왕기는 북왕국의 앗수르 멸망, 남유다의 바벨론 포로, 마지막의 여호야긴 석방이라는 작은 희망만을 남긴 채 회복이 아닌 심판의 완성으로 결론을 맺습니다.

11. 늙은 선지자는 왜 하나님의 사람을 속였나요? 그 사람은 왜 죽었나요?

열왕기상 13장의 늙은 선지자는

- 하나님의 이름을 빙자해 하나님의 사람을 속이고(왕상 13:18),

- 그의 죽음을 보고는 오히려 "그가 진짜 하나님의 사람"이었음을 인정하며 (13:26),

- 그의 예언이 성취될 것을 확신하고(13:32),

- 정중하게 장례를 치르고 자신도 그 곁에 묻어 달라고 요청합니다(13:29~31).

이 모순적 행동은 그의 영적 상태가 이미 혼합주의와 둔감함 속에 있었음을 보여 주고, 인간의 모순성과 한계를 드러냅니다. 성경은 그의 동기를 자세히 말하지 않지만, 학자들은 대개 시기심 또는 북이스라엘의 혼합된 신앙 현실 속에서 나타난 행동으로 이해합니다.

하나님의 사람은 "떡도 먹지 말고 물도 마시지 말며, 오던 길로 되돌아가지 말라"(13:9)는 분명한 명령을 받았지만, 늙은 선지자가 '하나님의 말'이라고 속인 말에 귀를 기울여 그 집에서 먹고 마시게 됩니다(13:19). 그 결과 하나님의 사람은 말씀에 대한 불순종으로 인해 사자에게 죽임을 당합니다(13:24~25).

이 기록은 인간적인 시각으로 볼 때 불공평하게 보일 수 있지만, 열왕기의 신학은 '말씀 순종과 말씀 불순종'의 원리를 일관되게 강조합니다. 늙은 선지자가 분명히 잘못을 했지만, 하나님의 사람이 하나님께 다시 묻지 않고 사람의 말에 의지한 것이 문제였습니다.

결국 이 사건은, 사람의 말과 종교적 권위가 아닌 '하나님의 분명한 말씀'에만 의지해야 한다는 경고이며, 기도와 분별없이 영적 권위자들을 따르는 위험을 보여 주는 이야기입니다.

12. 열왕기에서 선지자의 역할은 무엇인가요?

북이스라엘에서는 여로보암 이후 제사장 제도가 무너지고 우상숭배가 자리 잡았기 때문에, 하나님의 말씀은 주로 선지자를 통해 전달되었습니다. 열왕기상

17~22장은 엘리야의 사역을, 열왕기하 1~10장은 엘리사의 사역을 중심으로 기록하며, 선지자가 하나님의 뜻을 대표하는 핵심 통로였음을 보여 줍니다. 남유다에서도 이사야, 예레미야 등 선지자들이 동일한 역할을 감당했습니다.

열왕기에서 선지자는 단순한 예언자가 아니라, 언약을 감시하고(신명기적 역사관), 왕과 백성을 하나님의 말씀으로 바로잡는 '언약의 파수꾼'입니다.

그들의 역할은 다음처럼 요약할 수 있습니다.

- 왕을 책망함(나단-다윗 / 엘리야-아합)
- 왕을 세움(엘리사 → 예후에게 기름 부음)
- 심판을 선포함(북왕국 · 남왕국 멸망 선언)
- 하나님의 통치를 역사 속에서 드러냄

그러나 대부분의 왕과 백성은 선지자의 말씀을 듣지 않았고, 이러한 말씀 거부가 두 왕국의 멸망으로 이어졌습니다. 이 패턴은 예수님 시대에도 반복되었고(마 23:29~37), 지금 성도들에게도 "사람의 말이 아니라 하나님의 말씀에 귀 기울이라"는 경고와 함께 깨어 분별하고 순종하라는 교훈을 줍니다.

13. 여호야긴이 석방된 것이 어떻게 다윗 언약의 지속인가요?
여호야긴은 분명한 다윗 왕조의 정통 후손이며, 그의 석방 장면(왕하 25:27~30)은 바벨론 포로기의 암흑 속에서 하나님이 다윗 언약을 여전히 지키고 계심을 보여 주는 상징적인 사건입니다.

여호야긴은 포로지에서 죽지 않고 생존했을 뿐 아니라, 바벨론 왕의 배려로 "그의 지위가 높아지고", "왕의 상에서 음식을 먹는" 대우를 받았습니다. 이는 다윗의 등불을 끊지 않겠다(왕상 11:36)는 약속이 멸망 이후에도 계속되고 있음을 드러냅니다.

열왕기서는 북이스라엘 멸망, 남유다 멸망이라는 철저한 심판으로 끝나지만, 마지막 장면에 여호야긴의 회복을 배치함으로써 "다윗 언약은 아직 유효하다", "메시아 계보는 끊어지지 않았다"라는 메시지를 남깁니다.

실제로 여호야긴의 계보는 마태복음 1장에 나타나며, 결국 예수 그리스도로 이어집니다. 멸망의 끝에서도 하나님은 언약의 씨를 보존하신 것입니다.

4부

역사서 Ⅱ

- 역대기 역사서와 에스더서 -

1.
역대기 역사서

구약의 '역대기 역사서(Chronistic History)'는 이스라엘의 역사를 하나님의 관점에서 해석하려는 책들로, 구약성경 후반부에 배치된 역대상, 역대하, 에스라서, 느헤미야서 네 권을 가리키고 있습니다. 이들은 모두 '역대기 기자(Chronicler)'라 불리는 한 전통(혹은 인물)에 의해 기록되었다고 봅니다.

역대기 기자는 단순히 과거 사건을 편집한 역사가가 아니라, 하나님의 구속사 안에서 역사를 재해석한 편집 전통(혹은 학파)으로 그들의 목적은 단순히 과거를 서술하는 것이 아니라, 포로기 이후 공동체의 정체성을 다시 세우기 위한 신학적 해석을 제공하는 것이었습니다.

역대기 역사서의 주요 내용

역대상은 다윗의 이상적 왕권과 성전 준비를 중심으로, 아담에서 다윗에 이르는 족보와 다윗의 통치를 기록하고 있습니다. 다윗을 범죄한 인간 왕이 아니라, 언약 회복의 중심에 선 이상적인 왕으로 묘사하고 있습니다.

역대하는 솔로몬에서 바벨론 포로까지의 역사를 남유다 중심으로 다루며, 특히 성전 중심 신앙과 순종을 강조하고 있습니다. 북이스라엘의 역사는 거의 다루지 않으며, 예루살렘 성전과 다윗 언약에 초점을 맞추고 있습니다. 이는 포로기 이후 공동체가 다윗 언약과 성전 전통 위에서 자신들의 정체성을 재구성했기 때문입니다.

에스라서는 바사의 고레스 칙령 이후 이루어진 포로 귀환과 함께, 율법 중심 공동체 재건을 기록하고 있습니다. 에스라는 제사장·학사로서 말씀 회복과 혼합 결혼 문제 정화를 통해 공동체를 새롭게 세우고 있습니다.

느헤미야서는 느헤미야 시대에 이루어진 예루살렘 성벽 재건과 공동체 개혁을 다루며, 정체성 회복을 목표로 합니다. 특히 율법 낭독(느 8장)을 통해 공동체가 다시 눈물을 흘리며 하나님 앞에 서는 장면은 회복신학의 절정을 보여 줍니다.

이 네 권은 신명기 역사서와는 달리, 포로 귀환 이후 공동체에게 심판의 역사보다는 회복의 가능성과 신앙적 정체성을 재구성하도록 격려하는 신학적 목적을 가지고 있습니다.

[신명기 역사서와 역대기 역사서]

구분	신명기 역사서	역대기 역사서
편집시기	바벨론 포로기 전후	포로 귀환기 이후
서술대상	남유다+북이스라엘	남유다 중심
신학적 목적	경고	격려

역사인식	심판 중심(죄 → 멸망)	회복 중심(회개 → 소망)
주요 질문	왜 망했는가?	어떻게 회복할까?
강조점	언약 불순종의 결과	예배와 회복의 소망

이러한 차이로 인해 역대기 역사서는 신명기 역사서(사사기-열왕기서)에 등장한 사건을 반복적으로 언급하지만, 시대적·신학적 관점의 차이에서 비롯된 재해석이지 단순 중복이 아닌 것입니다.

역대기 역사서의 핵심 신학

역대기 역사서의 핵심 신학은 단순한 과거 회상이 아니라, 하나님의 언약 백성의 회복 신학입니다. 포로 이후 절망 속에서도 "하나님이 여전히 우리와 함께하신다"는 신앙적 확신을 공동체에 심어주는 데 목적이 있습니다.

① 다윗 언약의 재해석

다윗 왕조는 역사적으로 멸망했지만, 하나님의 언약은 무너지지 않았다는 메시지를 전달합니다. "그의 왕위가 영원히 견고하리라"(대상 17:14)라는 말씀을 통해 다윗을 이상적 왕으로 재조명하여 미래의 메시아적 소망을 암시합니다.

② 성전과 예배 중심 신앙

역대기 역사서의 중심은 언제나 성전입니다.

- 다윗: 성전 준비

- 솔로몬: 성전 건축과 봉헌

- 에스라: 성전 중심 율법 회복

- 느헤미야: 성벽 재건과 예배 공동체 재편

성전은 단순한 건물이 아니라 하나님의 임재의 상징이자 공동체 정체성의 핵심이기 때문입니다.

③ 회개와 순종에 따른 축복

역대기 기자는 역사 해석에서 즉각적 보응의 경향을 보이지만 단순한 상벌 개념이 아니라, "그들의 죄를 사하고 그들의 땅을 고칠지라"(대하 7:14)는 말씀처럼 하나님의 심판은 회복으로 이끄는 징계임을 강조합니다.

④ 말씀과 율법의 중심성

느헤미야 8장에서 백성이 율법을 듣고 울며 회개하는 장면은, 공동체 회복의 핵심이 말씀의 회복임을 보여 줍니다. 율법은 규칙이 아니라 하나님의 백성으로 사는 기준이 됩니다.

⑤ 거룩한 공동체와 정체성

포로기 이후 이스라엘은 이방과의 혼합 문제를 겪었고(스 9~10장, 느 13장), 역대기 역사서는 거룩한 백성으로의 정체성 회복을 강하게 요구합니다. 진정한 회복은 외형적 재건이 아니라 내적 거룩의 회복으로 완성된다는 것을 보여 줍니다.

⑥ 신학적 의도—회복의 비전 제시

역대기 역사서는 과거를 단순히 평가하거나 교훈하는 것을 넘어, 하나님 나라 회복의 비전을 제시합니다. 다윗 언약과 성전 회복은 장차 올 메시아적 왕국의 예표로 제시되며, 절망한 백성에게 미래를 향한 신앙적 희망을 제공합니다.

회복을 위한 신학적 선언문

역대기 역사서는 단순한 역사 기록이 아니라, 하나님의 언약 백성 회복을 위한 신학적 선언문으로 볼 수 있습니다. 과거의 실패와 심판을 넘어, 하나님은 여전히 백성과 함께하시며 회복을 이루시는 분임을 증언합니다.

결국 역대기 역사서는 절망 속에서도 "하나님의 약속은 계속된다"라는 신앙적 고백이며, 포로기 이후 세대를 향한 재창조의 신학인 것입니다. 오늘 우리의 신앙에도 "하나님은 여전히 회복을 이루시는 분"이라는 동일한 메시지를 전해 주고 있습니다.

2.
역대기(역대상 · 하)

역대기도 사무엘서와 열왕기서처럼 원래는 한 권이었던 것이 헬라어로 번역하는 과정에서 분량문제로 두 권으로 나뉘게 되었습니다.

앞에서 잠깐 언급된 것처럼 역대상에서는 아담으로부터 포로기까지 이어지는 족보와 다윗왕의 준비된 통치와 성전준비를, 역대하는 솔로몬부터 남유다의 역사를 거쳐 바벨론 포로와 고레스 칙령까지의 내용을 담고 있습니다.

유대교 전통에 따르면 에스라가 기록했다고 전해지나, 이는 전통적 전승일 뿐, 성서학적으로는 확증하기 어렵습니다.

현대 학계에서는 '역대기 기자'로 불리는 개인이나 집단[1]이 기록한 것으로 보는 견해가 일반적입니다. 이들은 성전 예배, 레위인의 역할, 다윗 왕조, 공동체 재건, 족보와 전승에 대한 해박한 이해와 지식을 갖추었고, 이에 비추어 볼 때 성전 제사 체계와 예배 전통에 해박한 제사장이거나 레위인 출신일 가능성이 높은 것으로 보고 있습니다.

---

1)   하나의 저작 전통, 저자 그룹, 또는 하나의 학파

역대기서의 전승과 편집과정

역대기서는 사무엘, 열왕기와는 전혀 다른 시기에, 전혀 다른 목적과 신학으로 기록된 포로기 이후의 역사 재해석서입니다. 대체로 기원전 5~4세기경 페르시아 시대에 바벨론 포로에서 귀환한 이후에 기록된 것으로 추정됩니다.

① 주요 전승 요소

사무엘서·열왕기서를 요약·생략·재편집·재해석하고, 성전·레위인 관련 기록[1], 족보 기록[2], 예언자 기록[3] 등의 독자적 전승이 추가된 것으로 보입니다. 따라서 역대기는 사무엘서와 열왕기서의 단순한 복사본이 아니라, 포로기 이후의 신학적 관점에서 다시 쓰인 역사서로서, 학문적으로는 '재저술 성경(Rewritten Bible)'의 범주로 설명되기도 합니다.

② 문서화 및 편집·재편집 과정

이런 특징으로 역대기는 기원전 5세기경 포스트 포로기의 제사장 집단이 정리한 것으로 보는 견해가 우세합니다.

---

1) 레위 지파 족보, 성전 조직과 반열, 예배 음악(찬양대) 제도, 제사장 계보 등
2) 포로기 이후 공동체의 족보 기록(가족·가문 명부)
3) 역대기에는 "○○ 선지자의 글이 왕의 행적에 기록되어 있다"와 같은 표현이 자주 등장. 예) 갓의 예언, 나단의 예언, 스마야의 글 등

역대상의 구성과 내용

역대상은 크게 족보와 귀환 공동체의 정체성, 이상적 왕국의 모델로서의 다윗 왕의 준비된 통치 등으로 구성되어 있습니다.

① 1~9장: 족보, '귀환 공동체의 뿌리 회복'

'아담 → 족장들 → 지파들 → 유다 왕가와 레위인 → 예루살렘 주민 → 포로 귀환자' 이렇게 이어지는 방대한 족보 구조를 통해

귀환 공동체의 정체성·정통성·연속성을 강조하며, 족보를 포로기 이후 '우리는 같은 하나님의 백성'이라는 신학적 수단으로 활용합니다.

- 1~2장: 아담에서 이스라엘 12지파까지
  - 이스라엘의 뿌리를 '창조'까지 연결
- 2~4장: 유다 지파 족보
  - 다윗 왕가 중심(역대기의 목적 반영)
- 6장: 레위 지파의 족보
  - 레위인이 성전예배 공동체의 중심축임을 선포
- 7장: 기타 지파들의 족보
  - 모든 이스라엘의 연속성 강조
- 8장: 사울을 포함한 베냐민 지파 족보
  - 또 다른 남유다 핵심지파에 대한 정통성 확인
- 9장: 예루살렘 거주민과 귀환자 명단
  - 포로기 이후의 공동체 결속록

② 10~29장: 다윗왕의 준비된 통치와 성전준비

- 10장: 사울의 죽음, 다윗 시대 시작

  • 사울의 죽음을 하나님을 찾지 않은 결과로 요약

  • 다윗 시대를 위한 '신학적 전환점'으로 제시

- 11~12장: 다윗의 왕위 확립과 용사들의 합류

  • 온 이스라엘이 다윗에게 나아와 왕으로 세움

  • 다윗의 용사 명단 상세 제시

- 13~16장: 언약궤 이동과 예루살렘 예배 회복

  • 13장: 웃사 사건, 성전 규례를 따르지 않은 결과

  • 오벧에돔 집에 머무는 언약궤

  • 15~16장: 언약궤의 성공적 예루살렘 안치

- 17장: 다윗 언약, 역대상의 신학 중심

- 18~20장: 다윗의 전쟁, 승리와 확장

  • 블레셋, 모압, 암몬, 에돔, 하맛, 아람 등 주변 국가들과의 승리

  • 다윗의 통치를 하나님의 도움으로 해석(다윗은 하나님과 동행한
    이상적 왕이었음을 강조)

- 21장: 인구 조사 사건, 성전 터 마련의 서사화

  • 사무엘하 24장과 달리 사탄이 다윗을 충동한 것으로 보아 다윗 개
    인의 도덕적 책임보다 사건의 신학적 의미를 강조

  • 최종적으로 다윗이 사는 곳이 성전 지어질 장소(오르난의 타작마
    당[1])로 선정되며, 단순한 죄의 이야기를 성전 부지 제공이라는 신

---

1)　사무엘서에서는 '아라우나의 타작마당'(삼하 24장)으로 기록되는데, 이는 동일 인물이 언어

학적 의미로 재해석

- 22~29장: 다윗의 성전 준비와 왕위 계승
  - 22장: 성전 건축 준비, 재료 수집, 솔로몬에게 건축 임무 위임
  - 23~26장: 레위 조직 개편
  - 제사장 24반열, 찬양대 조직, 문지기·성전 업무 담당자 조직화(역대기만의 독자적 기록)
  - 27장: 다윗의 군대·지도층 조직 정리, 행정·군사 체계의 질서 강조
  - 28~29장: 다윗의 마지막 연설, 백성의 헌신, 다윗의 죽음과 솔로몬 즉위

→ 역대상의 마무리는 성전 신학의 완성과 왕위의 안정적 승계를 보여주고 있습니다.

역대하의 구성과 내용

역대하는 크게 솔로몬 통치와 유다 왕조의 역사로 구성됩니다.

① 1~9장: 솔로몬의 통치, 성전 시대의 정점

역대하는 솔로몬을 이상적 왕, 특히 성전 건축의 완성자로 묘사합니다.

적·전승적 차이에 따라 다르게 음역된 것으로 보는 것이 일반적 견해

- 1장: 솔로몬의 기도와 지혜

  • 기브온에서 하나님께 번제를 드리고, '지혜와 지식'을 구함

  • 하나님이 부와 영광도 함께 주시며, 지혜로운 왕의 모습으로 출발

- 2~7장: 성전 건축과 봉헌식

  • 2~4장: 성전 건축 공사, 히람과의 협력, 성전의 치수·기구·장식 상세 기록

  • 5~7장: 성전 봉헌, 언약궤를 지성소에 들임, 하나님의 영광이 임함, 솔로몬의 장대한 봉헌 기도

- 8~9장: 솔로몬의 부흥과 죽음[1]

  • 성전 봉헌 후 국가 번영과 국제적 명성

  • 시바 여왕 방문

  • 부와 이방의 존경 강조

- 10~16장: 왕들의 신앙적 모습에 근거한 남유다의 역사

  • 10~12장: 르호보암, 분열 왕국 시작

  • 13장: 아비야, 하나님의 도우심으로 북이스라엘과의 전쟁에서 승리. 열왕기와 달리 역대기에서는 하나님을 의지한 왕으로 묘사됨

  • 14~16장: 아사, 초기에는 이방신 제거와 성전 중심 종교 개혁, 전쟁 때 하나님 의지하여 대승, 말년에 병들었을 때에는 "하나님께 구하지 않고 의사만 의지"(16:12), 실패한 신앙의 모습을 보임

- 17~20장: 여호사밧, '예배·의존 신학'을 상징하는 모범적인 왕의 모습

  • 대규모 종교 개혁

---

1) 열왕기와 달리 솔로몬의 말년 실수는 언급되지 않고, 성전 중심 왕국의 이상적 모델로 기록

- 레위인 교사들을 보내 말씀 가르침

    • 모압·암몬 연합군의 침공 때 하나님 찬양과 신뢰만으로 승리(20장)

- 21~22장: 여호람과 아하시야, 악한 왕들

    • 아합 가문의 영향

    • 남유다의 영적 타락 묘사

- 23~24장: 아달랴 반란과 요아스, 성전 회복의 서사

    • 대제사장 여호야다의 지도

    • 아달랴의 반역 진압

    • 성전 보수

    • 그러나 여호야다가 죽은 후 타락하고 비참한 결말

- 25장: 아마샤, 부분적 순종

    • 아마샤의 승리-교만-우상 숭배

    • "부분적 순종은 불충분하다"는 역대기 신학의 전형

- 26장: 웃시야, 번영과 교만

    • 강력한 군사·국력 성장

    • 교만하여 성전에 무단 침입으로 문둥병에 걸림

- 27장: 요담, 비교적 좋은 왕

    • 간단하지만 긍정적으로 평가

- 28장: 아하스, 최악의 왕 중 하나

    • 우상 숭배 극대화

    • 북이스라엘과 주변 민족의 침공

    • 하나님을 버린 결과 집중 서술

- 29~32장: 히스기야, 최고 수준 개혁왕

- 역대하에서 가장 긍정적으로 서술되는 왕 중 하나
- 29~31장: 대규모 성전·예배 개혁
  - 성전 문 열기 및 정결, 레위인 찬양 부흥, 절기 회복(유월절 대부흥), 십일조 부활 등
- 32장: 앗수르의 침공
  - 히스기야의 기도에 하나님이 앗수르를 치심
  - '하나님을 의지하면 구원'이라는 신학의 대표 장면
- 33장: 므낫세, 악한 왕의 회개라는 독자 전승
  - 열왕기에는 없는 역대기의 독자적 내용으로 므낫세는 매우 악했으나 포로로 끌려간 후 회개하였고 하나님이 회복시킴
  - 역대기의 '회개-회복 신학'이 가장 명확하게 드러나는 장
- 34~35장: 요시야, 이상적 개혁왕
  - 율법책 발견, 대대적 종교 개혁, 유월절의 성대한 회복
  - 그러나 전쟁에서 비극적 죽음
  - 역대기는 요시야를 "히스기야와 더불어 최고 개혁왕"으로 강조
- 36장: 마지막 왕들, 포로기, 고레스 칙령
  - 여호아하스, 여호야김, 여호야긴, 시드기야 등의 타락과 멸망
  - 예루살렘 파괴(기원전 586)
  - 바벨론 포로기 기록
  - 페르시아 왕 고레스의 "예루살렘에 성전을 건축하라 하셨나니 너희 중에 그의 백성된 자는 다 올라갈지어다"(대하 36:23)라는 포고문으로 마무리
  - 절망에서 다시 시작할 수 있다는 희망의 선언으로 책이 끝남

역대기의 신학적 의미

역대기는 포로기 이후 공동체에게 예배 중심 신앙, 회개를 통한 회복, 다윗 언약의 지속이라는 희망의 신학을 선포하는 책으로, 절망 속에서 다시 일어설 수 있는 길을 제시하기 위해 기록되었습니다. 그 신학적 의미는 비교적 분명하게 정리됩니다.

① 성전 중심 신앙

역대기는 정치·군사·외교 중심의 기록이 아니라 예배 중심의 역사 신학입니다. 역대기의 가장 중심 메시지는 앞에서 잠깐 언급된 것처럼 "공동체의 회복은 예배의 회복에서 시작된다"라는 성전 신학(Temple Theology)입니다.

- 다윗은 성전의 준비자
- 솔로몬은 성전의 건축자
- 히스기야와 요시야는 성전의 회복자

역대기는 역사를 성전 중심으로 재구성하며, "예배가 무너지면 공동체가 무너지고, 예배가 회복되면 공동체가 회복된다"라는 메시지를 선포합니다.

레위인 조직, 찬양대, 제사, 절기, 성전 정결 등 예배의 모든 요소를 세밀하게 강조하는 이유는, 포로에서 돌아온 공동체가 예배 안에서 다시 하나님의 백성됨을 회복하도록 하기 위함입니다.

② 다윗 언약의 재확인

역대기는 다윗의 약점과 실패를 거의 생략합니다. 대신 그의 신앙, 예배 준비, 성전 준비, 왕국의 질서를 강조함으로써 다윗 언약의 신학적 의미를 크게 확장합니다.

"다윗과 언약하신 하나님은 포로기의 절망 속에서도 여전히 신실하시다"는 것이 역대기 전체의 핵심입니다. 비록 포로시기를 겪었지만 하나님은 약속을 버리지 않으셨다는 사실은 귀환 공동체에게 가장 중요한 신학적 확신이었습니다.

③ 회개 · 회복 신학

역대기는 회개하면 즉시 회복하시는 하나님을 반복적으로 보여 줍니다.

- 하나님을 찾으면 → 승리와 평안
- 하나님을 떠나면 → 패배와 멸망. 그러나 회개하면 즉시 회복

특히 므낫세의 회개와 회복은 열왕기에 없는 역대기 고유 전승으로, 역대기 신학의 정수를 담고 있습니다.

"죄보다 회개가 더 크다", "하나님은 돌아오는 자를 새롭게 하신다"라는 메시지는 포로기 공동체가 가장 필요로 했던 영적 치유였습니다.

④ 신앙의 원리: 보응 신앙

역대기는 왕들의 흥망성쇠를 정치적 요인이 아니라 신앙적 요인으로 해석합니다.

- 아사: 하나님 의지 → 승리 / 말년 교만 → 실패
- 여호사밧: 찬양으로 전쟁 승리
- 아하스: 우상숭배 → 국가적 비참
- 히스기야: 기도 → 앗수르의 붕괴
- 요시야: 말씀 회복 → 부흥

역대기는 "인생의 성패는 하나님과의 관계에서 결정된다"라는 메시지를 분명히 하고 있습니다. 그러나 이는 '잘하면 복, 잘못하면 벌'이라는 기계적 인과율이 아니라, 언약 관계 안에서 드러나는 하나님의 응답으로 이해해야 합니다.

⑤ 하나님 백성의 정체성 회복

역대기는 레위 제사 체계와 성전 조직을 매우 상세히 기록합니다. 이는 단순한 행정 기록이 아니라 신앙 정체성의 회복 작업입니다. 예배의 회복, 제사장의 역할 강화, 레위인의 말씀 교육, 찬양대 조직, 절기 회복 등은 포로 이후 공동체가 다시 거룩한 언약 백성으로 서기 위한 필수적 요소였습니다.

⑥ 남은 자 신학

역대기는 북이스라엘의 역사를 거의 다루지 않습니다. 이는 사마리아인에 대한 차별이 아니라, 기록 당시 실제 공동체가 남유다 중심으로 재편되었기 때문입니다.

역대기는 "하나님은 남은 자를 통해 역사를 다시 시작하신다", "참된 이스라엘은 숫자가 아니라 신앙으로 결정된다"라는 신학적 메시지를 주고 있습니다. 이는 포로기 이후 흩어진 공동체가 다시 하나로 모이기 위해 필요했던 정체성 신학입니다.

⑦ 절망을 넘어서는 소망-고레스 칙령이 결론인 이유

열왕기는 멸망으로 끝나지만, 역대기는 "예루살렘에 성전을 건축하라… 그의 백성 된 자는 다 올라갈지어다"(대하 36:23)라는 고레스의 성전 재건 칙령으로 끝나며 희망을 선포합니다.
이는 역대기 전체를 관통하는 결론입니다.

하나님은 심판으로 역사를 끝내지 않으시며, 회개와 재건을 향해 새로운 시작을 여시는 분이라는 사실을 보여 줍니다.

역대기는 "과거의 실패보다 하나님의 은혜가 더 크며, 예배가 회복될 때 공동체는 다시 일어난다. 하나님을 찾는 자를 하나님은 반드시 회복시키신다"라는 신학적 메시지를 주고 있습니다.

역대기에 대한 의문과 질문들

역대기는 기존의 신명기 역사서들이 강조하는 심판 신학과는 다른 방향에서, 포로기 이후 공동체에게 회복 신앙을 선포하는 독특한 책입니다. 그러다 보니, 독자들은 역대기를 읽으며 새로운 각도에서 자연스럽게 여러 질문을 갖게 됩니다.

① 편집과 영감의 문제

- 역대기가 기존 역사서를 재편집했다면, 이것은 성경의 영감성과 충돌하지 않는가?
- 의도적 편집은 역사를 왜곡한 것 아닌가?
- 왜 다윗과 솔로몬의 부정적 부분은 생략되고 긍정적 모습만 강조되는가?

② 역대기의 목적과 신학

- 역대기의 목적은 무엇인가? 역사 기록인가 설교적 메시지인가?
- 왜 역대기는 정치·군사·외교적 기록을 거의 다루지 않고, 성전·레위인·예배를 집중적으로 강조하는가?

③ 역사적 배경과 하나님의 섭리

- 역대기가 기록될 당시 북이스라엘의 10개 지파는 실제로 어떤 상태였는가?
- 고레스의 칙령을 하나님의 섭리라고 보는 것이 적절한가?

이러한 질문들은 단순한 궁금증을 넘어, 역대기가 드러내는 하나님의 섭리와 은혜, 공동체 회복의 신학을 더 깊이 이해하게 하는 창문이 됩니다.

1. 역대기가 기존 역사서를 재편집했다면, 이것은 성경의 영감성과 충돌하지 않는가?

성경의 영감은 단순한 기계적 기록이나 연대기적 복사가 아니라, 하나님의 뜻을 목적적으로 전달하는 해석적 영감을 포함합니다. 이는 하나님이 저자들의 성품, 신학, 관점을 사용하신다는 '유기적 영감설'[1]의 관점과도 일치합니다.

성경의 대부분은 역사적 사실을 바탕으로 한 신학적 해석의 기록이며, 역대기뿐 아니라 사무엘서·열왕기서, 신명기, 복음서도 동일한 방식으로 기록되었습니다.

- 사무엘-열왕기: "왜 멸망했는가?"를 신학적으로 해석한 역사

- 역대기: "어떻게 다시 회복되는가?"를 신학적으로 해석한 역사

- 복음서: 예수님의 생애와 사역을 신학적 목적에 따라 배열한 기록.

따라서 편집과 선택은 영감을 훼손하는 것이 아니라 오히려 하나님이 기자들의 신앙적 통찰을 통해 자신의 뜻을 드러내시는 영감의 방식 자체라고 이해해야 합니다.

2. 의도적 편집은 역사를 왜곡한 것 아닌가?

역대기의 서술 방식은 '왜곡'이 아니라 신학적 선택입니다. 왜냐하면 역대기는

---

[1] 하나님이 인간 저자의 언어·성격·관점을 사용해 말씀하신다는 관점

단순한 역사기록자가 아니라 신학자이자 목회자의 시각을 가진 '해석자'가 기록한 책이기 때문입니다. 바로 그런 이유로 정치사 중심의 기록을 줄이고 예배·성전·회개·하나님의 응답과 같은 언약 공동체의 회복에 필요한 신학적 요소를 중심으로 역사를 재구성한 것입니다. 이는 '사실을 지우려는 왜곡'이 아니라 포로기 공동체에게 필요한 신학적 메시지를 선포하기 위한 목적 중심적인 역사 서술로 볼 수 있습니다.

또한 고대 근동의 역사 기록 자체가 오늘날의 '객관적 연대기'가 아니라, 신학·왕권·정체성이라는 목적을 가진 해석적 역사였다는 점도 같이 고려할 필요가 있습니다.

따라서 역대기의 선택적 서술 방식은 그 시대의 역사 기록 방식에 매우 자연스러운 특징이며, 본질적 왜곡이라기보다 신학적 해석의 산물이라고 이해해야 합니다.

3. 왜 다윗과 솔로몬의 부정적 부분은 생략되고 긍정적 모습만 강조되는가?

역대기가 다윗과 솔로몬의 부정적 기록을 생략한 것은 감추기 위해서가 아니라, 이미 성경 안에서 회개가 이루어졌거나, 심판이 '완료된 사건'으로 이해했기 때문이라고도 설명할 수 있습니다.

다윗의 경우, 사무엘하 12장에서 그 죄(밧세바 사건)가 '회개-용서-징계-회복'의 사이클로 이미 완결되었고(삼하 12:13), 따라서 회복을 강조하는 역대기에서 그의 죄를 다시 꺼낼 필요가 없게 된 것입니다.

솔로몬의 말년 타락 역시, 왕국 분열이라는 형태로 이미 역사적·신학적 심판이 이루어졌고, 열왕기서는 그 심판에 대해 충분히 설명하고 있습니다. 그리고 전도서 등 성경 일부 전승은 솔로몬이 회개했을 가능성을 완전히 배제하지는 않고 있습니다.

따라서 포로에서 귀환한 공동체에게 희망과 회복을 제시하는 것이 목적이었던 역대기는 이미 성경 안에서 완결된 부정적인 문제를 굳이 다시 반복할 필요가 없었다고 보는 것이 적절할 것입니다.

4. 역대기의 목적은 무엇인가? 역사 기록인가 설교적 메시지인가?

역대기는 역사서이면서 동시에 신학적 설교를 담은 책입니다. 단순한 연대기나 설교문 어느 쪽으로도 제한할 수 없으며, 하나님이 역사 안에서 어떻게 회복을 이루시는지를 보여 주는 '신학적으로 해석된 역사(theological history)'라고 할 수 있습니다.

먼저, 역사서로서 역대기는 실제 왕들의 이름, 통치 사건, 성전 조직, 족보, 전쟁 등 다양한 자료 전승을 바탕으로 사료에 충실한 기록을 남기고 있습니다. 이는 역대기가 역사성을 결코 포기하지 않았음을 보여 주고 있습니다.

그러나 동시에 역대기는 설교적·신학적 목적을 가진 책입니다. 특히 회개하면 회복하시는 하나님, 하나님을 찾는 자에게 형통을 주시는 하나님, 성전 중심으로 공동체를 다시 세우시는 하나님이라는 메시지가 책 전체를 관통하고 있습니다.

즉, 역대기는 역사를 통해 설교하고, 설교적 메시지를 드러내기 위해 역사 자료를 목적적으로 선택·배열한 책으로 볼 수 있습니다.

이는 신학적 의도에 따른 해석적 역사 서술이며, 고대 근동 문헌 전통에서도 가장 자연스러운 방식이었습니다. 따라서 역대기는 역사와 신학, 기록과 설교가 통합된 '신학적 역사서'로 이해하는 것이 가장 적절할 것입니다.

5. 왜 역대기는 정치·군사·외교적 기록을 거의 다루지 않고, 성전·레위인·예배를 집중적으로 강조하는가?

역대기는 페르시아 제국 시대라는 정치적 현실 속에서 기록되었습니다. 이 시기의 이스라엘은 독립국가도, 군사 강국도 될 수 없는 작은 속국이었고, 성전 재건과 성벽 공사조차 주변 민족에게 '반란의 조짐'으로 의심받을 만큼 민감한 사안이었습니다(스 4:6~16, 느 6장).

이런 상황에서 공동체가 선택할 수 있었던 길은 정치적 부활이 아니라 신앙과 예배를 중심으로 한 공동체의 재건이었습니다. 더군다나 패망의 원인이 군사력 부족이 아니라, 성경이 반복하여 증언하듯 하나님을 떠난 교만과 불순종이었기 때문에, 포로에서 돌아온 공동체는 올바른 신앙을 회복하는 것이 가장 본질적인 과제임을 깊이 깨달았습니다.

이러한 배경에서 역대기는 정치·군사적 사건을 최소화하고, 성전·레위인 제도·찬양·제사·절기 회복 등 신앙 공동체의 재건에 집중합니다. 이것은 단순한 기록 방식의 차이가 아니라 "어떻게 다시 일어설 것인가?"라는 역대기의 중심 목적을 반영한 것입니다.

더 나아가 이러한 선택은 이스라엘의 역사에서 결정적 역할을 하게 됩니다. 페르시아 이후 시대를 거치며 블레셋, 암몬, 모압, 가나안 족속, 히타이트, 아람, 바벨론, 앗수르 등 고대 근동의 강력한 민족들은 정복과 강제 이주, 혼혈·동화 과정을 통해 역사 무대에서 사라졌습니다. 그러나 이스라엘은 나라가 파괴되고 땅을 잃고 디아스포라로 흩어졌음에도 불구하고, 민족·언어·율법·신앙 정체성을 잃지 않고 살아남았습니다.

그 이유는 정치적 독립이 아니라, 율법-성전-예배-정체성 중심의 '신앙 공동체 구조'를 끝까지 붙잡았기 때문입니다. 이것이 바로 역대기가 의도적으로 강조한 메시지와 정확히 맞닿아 있으며, 실제로 이스라엘을 오늘날까지도 고대의 정체성을 유지하는 민족으로 남게 한 근본적인 힘이 되었습니다.

결론적으로, 역대기의 예배·성전 중심 서술은 단순한 종교적 관심사가 아니라, 포로기 이후 공동체가 생존하고 정체성을 지키기 위한 실제적이자 역사적인 전략이었으며, 이것이 이스라엘을 고대 근동 민족 가운데 드물게 현재까지 존재하는 공동체로 만든 핵심 요인이 되었습니다.

6. 역대기가 기록될 당시 북이스라엘의 10개 지파는 실제로 어떤 상태였는가?

역대기 기록 시점(기원전 5~4세기경)에 북이스라엘 10지파는 아시리아의 정복 정책(강제 이주, 혼합 정책)으로 인해 광범위하게 흩어지고 여러 민족과 섞여 더 이상 독립된 정치·지리적 공동체로 존재하지 않고 있었습니다.

'10지파의 왕국'은 기원전 722년 이후 회복되지 않았던 것입니다. 그러나 이것이 그들이 완전히 사라졌다는 뜻은 아닙니다. 역사적으로 볼 때 그들은

- 아시리아 전역과 메소포타미아 인근으로 분산되었고,

- 현지 민족들과 동화되기도 했고,

- 디아스포라 형태로 재편되기도,

- 일부는 남유다·예루살렘 공동체로 흡수되었을 가능성도 있습니다.

이러한 과정 때문에 지파 단위의 정체성은 상당 부분 약화되었고, 후대 전승에서 흔히 "잃어버린 열 지파"로 불리게 되었습니다. 하지만 신앙적·정체성적 차원에서는 완전히 사라진 것이 아니라 이스라엘 디아스포라의 일부로 계속 존재했다고 보는 것이 더 정확할 것입니다.

역대기는 이 역사적 배경 위에서 '참된 이스라엘은 지파의 정치적 생존이 아니라 하나님을 찾는 남은 자'라는 신학적 관점을 채택하고 있습니다. 따라서 북이스라엘 10지파를 거의 다루지 않는 것은 역대기의 목적(회복 신학)에서 자연스러운 선택이라고 볼 수 있습니다.

7. 고레스의 칙령을 하나님의 섭리라고 보는 것이 적절한가?

페르시아 제국의 고레스 왕은 정복지의 민심을 안정시키기 위해 각 민족을 원거주지로 돌려보내고 그들의 신전과 종교를 회복시키는 '종교 관용 정책'을 시행했습니다.

이스라엘만을 향한 특별 조치가 아니라, 페르시아 제국의 보편적 통치 전략이었습니다. 그런데 성경은 이 정책을 단순한 제국 행정이 아니라 하나님의 섭리적 역사로 해석합니다.

역대기는 "여호와께서 바사의 고레스 왕의 마음을 감동시키시매"(대하 36:22)라고 기록하고, 이사야는 이방 왕인 고레스를 "기름 부음을 받은 자"(사 45:1)라고 부르는 파격적인 표현까지 사용합니다.

이 지점에서 "이것은 우연인가, 하나님의 섭리인가?"라는 질문이 생기는 것은 매우 자연스러운 일입니다.

그러나 성경적 관점에서는 두 관점이 충돌하지 않습니다. 고레스는 정치·행정적 동기로 행동했고, 하나님은 그 동기를 사용하여 자신의 뜻을 이루셨기 때문입니다.

이는 성경 전체에서 반복되는 하나님의 역사 방식입니다.

- 요셉: 형들의 악한 동기 → 하나님은 생명 구원 계획 성취
- 바벨론 포로: 제국의 침략 → 하나님은 징계와 정화의 도구로 사용
- 페르시아의 관용 정책: 제국의 통치 전략 → 하나님은 회복과 귀환의 도구로
  사용

즉, 인간 수준에서는 정치적 정책이지만, 하나님의 관점에서는 구속 역사 속에서 사용된 섭리의 사건으로 볼 수 있습니다. 섭리는 '초자연적 기적'만을 의미하는 것이 아니라 역사 속 자연적 사건까지 하나님의 목적에 맞게 이끄시는 작용을 포함합니다.

따라서 고레스의 칙령을 하나님의 섭리로 보는 것은 성경 전체의 일관된 신학과 자연스럽게 연결되며, 역사적 사실과도 충돌하지 않습니다. 결론적으로, 고

레스 칙령은 페르시아 제국의 정책이라는 역사적 사실 위에 하나님께서 포로기 백성을 회복시키기 위해 사용하신 역사적 사건 속의 신적 섭리라고 이해하는 것이 가장 균형 잡힌 해석입니다.

3.

에스라서 · 느헤미야서

에스라는 '율법 신학자·제사적 개혁가'로, 느헤미야는 '현장 실무형 총독·리더'로 묘사되며, 두 사람은 포로기 이후 이스라엘 공동체의 재건을 실제로 이끈 서로 다른 영역의 지도자입니다.

그래서 에스라서는 바벨론 포로에서 돌아온 유다 백성이 성전을 재건하고 율법 중심의 신앙 공동체를 회복하는 과정을 다루고, 느헤미야서는 예루살렘 성벽을 재건하고 무너진 사회·행정 체계를 재정비하여 공동체의 일상을 회복시키는 과정을 기록합니다.

히브리 성경(타나크)에서는 에스라와 느헤미야가 한 권으로 편집되어 있습니다. 그러나 헬라어 칠십인역(LXX)으로 번역되는 과정에서 히브리어보다 음절과 문장이 길어지는 특성 때문에 한 두루마리에 모두 담기 어려워졌고, 이로 인해 사무엘서·열왕기서·역대기가 상·하로 분리된 것처럼 에스라·느헤미야도 두 권으로 나뉘었습니다.

이후 서방교회와 개신교 전통에서도 이를 두 책으로 독립된 권으로 전승하였습니다. 내용 면에서도 에스라는 율법·예배 개혁을 중심으로, 느헤미야는 성벽 재건과 행정 개혁을 중심으로 전개되기 때문에 분권은 내러티브상 자연스럽습니다.

[에스라서와 느헤미야서]

구분	중심 인물	주제
에스라서	제사장 에스라	율법 회복, 예배 중심 개혁
느헤미야서	총독 느헤미야	성벽 재건, 공동체 개혁

당시의 역사

페르시아는 고레스[1]때 바벨론을 멸망시키고 대제국이 되었습니다. 고레스는 포용정책을 통해 각 민족의 종교와 전통을 인정하였고, 그 정책의 일환으로 기원전 538년에 고레스 칙령을 반포했습니다.

이에 다윗과 솔로몬의 후손이자, 여호야긴 왕의 손자인 스룹바벨이 유다의 총독으로 임명되어 1차 귀환을 이끌었습니다. 그는 성전 재건의 기틀을 세우고, 결국 기원전 516년에 제2성전(스룹바벨 성전)을 완공[2]하였습니다.

다리오[3]는 성전 재건을 공식 승인하였고, 아닥사스다[4]는 에스라를 기원

---

1) 키루스 2세, 기원전 559~530
2) 이를 신학자들은 예레미야서(25:11~12, 29:10)와 다니엘서(9:2)의 예언이 직접적 성취된 것으로 봄(기원전 586년 성전파괴, 70년 후 기원전 516년 성전완공)
3) 다리우스 1세, 기원전 522~486
4) 아르타크세르크세스 1세, 기원전 465~424

전 458년[1]에, 느헤미야를 기원전 445년에 각각 파견했습니다.

에스라 파견

아닥사스다는 에스라를 '학사(서기관) 겸 제사장'으로 임명하여 유다 공동체에 보냈는데(스 7:11~12), 이는 유다 지역의 율법 질서를 정비하고 성전·제사 체계를 정상화하며, 지방 사회를 자체 전통법을 통해 안정시키려는 종교·법률 행정 정책이었습니다.

왕은 그에게 '하나님의 율법을 가르치고 시행할 재판관과 치안관을 임명할 권한'(스 7:25~26)을 위임함으로써, 에스라를 유다 율법과 신앙 질서의 재정비 책임자로 세웠습니다.

느헤미야 파견

느헤미야는 왕의 술 맡은 관원으로서 왕이 신뢰하던 측근이었고, 아닥사스다는 그를 '유다 총독(파하)'으로 임명해 파견했습니다(느 2:1~8). 목적은 무너진 예루살렘 성벽을 재건하여 치안과 국방을 확보하고, 주변 민족

---

1) 일부 학자들은 에스라의 귀환을 B.C. 398년경 아닥사스다 2세 치세로 보는 소수 견해를 제시하지만, 현대 학계와 전통적 견해에서는 거의 받아들여지고 있지 않음

의 반발 속에서 유다 지역의 행정·경제 개혁을 추진하도록 하기 위함이
었습니다.

느헤미야는 이후 12년 동안 총독으로 재임하며(느 5:14), 성벽 재건·경제
개혁·율법 낭독 집회 등 실질적 개혁을 수행했습니다.

저자 및 전승

에스라서와 느헤미야서에는 에스라와 느헤미야의 1인칭 회고 부분이 포
함되어 있어 이들이 일부 자료를 제공했을 가능성은 있습니다. 그러나 현
대 학계는 두 책의 최종 저술·편집이 역대기와 하나의 역사 신학을 공유
하는 익명의 저자층, 즉 흔히 '연대기 사가'라고 불리는 집단에 의해 이루
어진 것으로 평가합니다.

이는 에스라-느헤미야와 역대기가 일관된 신학적 관점을 공유하고 유사
한 언어·문체·신학적 강조점을 갖고 있기 때문입니다.

에스라서와 느헤미야서는 단순한 연대기적 기록이 아니라, 본인 회고록
(에스라/느헤미야), 페르시아의 행정 문서, 족보 자료, 공동체 예배·기도
문, 기타 역사적 자료 등 다양한 전승에 기반하여 편집된 것으로 보여집
니다.

편집 시기

에스라와 느헤미야의 활동은 기원전 458~433년경으로 보고 있습니다. 에스라는 기원전 458년 2차 귀환 때 유다로 귀환했고, 느헤미야의 총독 시기는 기원전 445~433년으로 기록되어 있기 때문입니다. 따라서 이들이 기록을 남긴 것은 최소 기원전 5세기 중후반이라는 것을 알 수 있습니다.

역대기서, 에스라서, 느헤미야서의 문체·신학·단어 선택에서 뚜렷한 공통성이 나타나기 때문에, 앞에서 언급된 것처럼 학계는 이 편집자를 '연대기 사가 또는 역대기 사가'라고 부릅니다.

따라서 편집 시기는 에스라와 느헤미야의 활동 이후 최소 50~150년 뒤로 추정됩니다. 일반적으로는 기원전 400~350년경에 편집 작업이 진행되고, 기원전 350~300년경에 최종 완성된 것으로 보고 있습니다.

언어·문서 전통의 후대적 흔적 때문에 일부에서는 기원전 300년~280년경에 완성된 것으로 보는 견해도 있습니다.

에스라서의 구성과 내용

스룹바벨의 1차 귀환과 성전 재건, 에스라의 귀환과 율법 개혁 등 크게 두 부분으로 나뉩니다.

① 1~6장: 스룹바벨 1차 귀환과 성전 재건

- 1장: 고레스 칙령과 귀환 준비

  • 기원전 538년 고레스 칙령 선포

  • 성전 기물 반환

  • 귀환에 참여하는 백성들의 준비

- 2장: 귀환자 명단

  • 스룹바벨 1차 귀환자의 명단

- 3장: 제단 회복과 절기 준수

  • 귀환 직후 제단 세움, 수장절(초막절) 준수

  • 성전 기초 놓임

  • 기쁨과 울음이 뒤섞인 감동 장면

- 4장: 방해와 공사 중단

  • 사마리아와 주변 민족의 방해

  • 왕에게 올려진 상소

  • 공사 중단 결정

- 5장: 학개·스가랴 예언자와 공사 재개

  • 학개·스가랴의 예언 사역 언급

  • 다리우스 1세의 행정 조치, 성전 재건 재개

- 6장: 성전 완공과 유월절 회복

  • 다리우스의 재확인 칙령

  • 기원전 516년 성전 완공

  • 유월절 및 무교절 준수

  • 포로기 이후 '첫 성전 예배'의 회복

② 7~10장: 에스라의 귀환과 율법 개혁

- 7장: 에스라의 소개와 왕의 칙령

  • 에스라의 계보(아론까지 이어짐)

  • "여호와의 율법에 능통한 학사"로 묘사

  • 아닥사스다의 칙령

- 8장: 에스라의 귀환 여정

  • 2차 귀환자 명단

  • 아하와 강에서 금식하며 하나님께 도움 구함

  • 성전 예물을 안전하게 운반

- 9장: 에스라의 눈물의 기도(혼인 문제)

  • 이방 여인과의 혼인 발견

  • 공동체의 정체성 위기 인식

  • 에스라의 통회 기도(포로기 이후 대표적 회개문)

- 10장: 이방 혼인 문제 해결

  • 백성 앞에서 에스라가 개혁 선언

  • 혼인 명단 기록

  • 억지 강요가 아닌 '공동체 결단' 강조

느헤미야서의 구성과 내용

느헤미야서는 느헤미야 회고록(1인칭)이 중심으로 명단 자료·기도
문·편집자 서술이 결합된 복합 구조입니다. 느헤미야의 1기 개혁, 영적

회복과 언약 재확인, 행정 개편·명단·성벽 봉헌, 느헤미야의 2기 개혁 등 네 부분으로 구성되어 있습니다.

① 1~7장: 느헤미야 1기 개혁

- 1장: 느헤미야의 눈물의 기도
  - 예루살렘 성벽 붕괴 소식
  - 왕의 술 맡은 관원이 된 배경
- 2장: 왕의 허가와 예루살렘 도착
  - 아닥사스다에게 유다 땅으로 보내 달라고 요청
  - 총독 임명, 공문과 목재 지원을 얻음
  - 성벽 야간 답사
- 3장: 성벽 재건 명단 자료
  - 누가 어느 구간을 맡았는지 상세하게 기록
  - 성벽 재건의 공동체 참여 문서
- 4장: 외부 적대 세력의 방해
  - 삼발랏, 도비야의 방해
  - 낮에는 건축, 밤에는 경비
- 5장: 내부 경제 문제 개혁
  - 고리대금, 노예화된 동족
  - 느헤미야가 지도자들의 착취를 꾸짖음
- 6장: 모함과 위협 속에서 완공
  - 암살 음모, 거짓 선지자의 유혹
  - 성벽 52일 만에 완공

- 7장: 귀환자 명단 재인용(에스라 2장과 병행)

  • 스룹바벨 귀환 명단 재정비

  • 공동체 구성의 재확인

② 8~10장: 영적 회복과 언약 재확인

  - 8장: 에스라의 율법 낭독 집회

  • 백성들이 스스로 요청

  • 에스라가 넓은 광장에서 율법을 낭독

  • 레위인들이 해설

  • 초막절 회복

  - 9장: 공동체의 회개 기도(장문의 신앙 고백문)

  • 창조-출애굽-광야-가나안-포로-귀환까지

  • 이스라엘의 역사를 고백하는 회개문

  - 10장: 언약 갱신 서약문

  • 지도자 서명

  • 안식일·십일조·성전 봉사 등 공동체 규범 확립

③ 11~12장: 행정 개편·명단·성벽 봉헌

  - 11장: 예루살렘 거주자 재편

  • 제비 뽑아 인구 재배치

  • 도시 기능 회복

  • 지방 성읍 목록

  - 12장: 제사장·레위인 명단, 성벽 봉헌식

- 성전 사역자 계보
- 두 행렬로 나뉘어 성벽을 도는 봉헌식

④ 13장: 느헤미야 2기 개혁
- 13장: 느헤미야의 최종 개혁
  - 성전에 방을 차지한 사건 해결
  - 레위인 공급 문제 시정
  - 안식일 장터 금지
  - 이방 혼인 금지 재강조
  - 느헤미야의 마무리 기도들

두 책의 신학적 의미와 역할

에스라서와 느헤미야서의 신학적 의미와 역할은 포로기 이후 공동체가 "어떻게 다시 하나님의 백성으로 회복되는가?"라는 질문에 대한 성경적 해답을 제시하는 데 있습니다.

에스라서는 '영적 기반(말씀·예배·정체성)'을 세우는 책이고, 느헤미야서는 '현실적 기반(조직·사회 정의·공동체 질서)'을 세우는 책입니다. 두 책은 함께 "포로기 이후 이스라엘이 어떻게 다시 하나님의 백성으로 세워졌는가?"라는 성경 전체의 회복 신학을 보여 주는 핵심 역사서입니다.

에스라서와 느헤미야서의 공통 신학

두 책은 같은 편집자 전승 아래 있다 보니 공통적인 부분을 가지고 있습니다.

① 하나님은 역사 속에서 일하신다(역사섭리)

고레스의 마음 감동, 다리오의 칙령 승인, 아닥사스다의 느헤미야 귀환 허락 등 정치·왕권·제국 속에서도 하나님이 주권적으로 일하심을 알 수 있습니다.

② 말씀(율법)은 공동체 재건의 중심

두 책에서는 공동체 회복은 '제도'가 아니라 '말씀'에서 시작된다는 메시지를 주고 있습니다.

③ 성전과 예배는 정체성의 중심

스룹바벨 성전 재건, 제단 회복과 절기 준수, 성벽 봉헌식과 예배 회복 등 포로기 이후 공동체는 '예배 공동체'임이 강조됩니다.

④ 거룩한 구별(언약 정체성)

이방혼 금지, 레위인 제도 회복, 안식일 준수 등 언약 백성으로서의 구별을 추진합니다.

⑤ 사회 정의와 공동체 책임

빚 문제 개혁(느 5장), 빈곤층 보호, 제사장과 레위인 지원 체계 정비 등 공동체 정의와 책임을 실현합니다.

⑥ 리더십에 대한 신학: 경건한 지도자

에스라의 '영적 리더십'과 느헤미야의 '행정·조직 리더십'을 통해 '기도-말씀-행정'이 균형을 이루는 지도자상을 제시합니다.

에스라서의 신학적 의미

① '율법 말씀' 중심의 신앙 재건

포로기 동안 잃어버린 '율법 공동체'를 회복하고, 에스라는 신구약 중 최초의 '성경 교사(Scribe)' 모델이 됩니다.

② 거룩한 정체성 확립(언약적 구별)

혼인 개혁(스 9~10장)을 통해 신앙의 순수성을 확보하며 우상 숭배가 재발하는 것을 막기 위한 '언약 보호 장치'를 마련합니다.

③ 회개 공동체 신학

에스라의 깊은 통회는 공동체 회복은 '회개'에서 시작됨을 알려줍니다.

④ 성전 재건과 예배 중심 신학

'성전-제단-절기 회복'을 통해 '예배 회복'이 곧 '공동체 회복'이라는 성전 신학이 강조됩니다.

⑤ 하나님의 주권

여호와의 도우심(스 7:6), 하나님의 선한 손의 도우심(스 7:9)과 같이 인간의 노력 속에서 하나님의 섭리를 강조하는 표현이 자주 등장합니다.

느헤미야서의 신학적 의미

① 성벽 재건: 하나님의 공동체를 보호하는 울타리

성벽은 단순한 건축물이 아니라 정체성과 안전을 확립하는 신학적 상징으로, 하나님의 백성이 외부 위협 속에서 자립하기 위한 필수 요소임을 강조합니다.

② 지도자의 헌신과 개혁 정신

기도하는 리더(느 1장), 조직하는 리더(3장), 불의에 맞서는 리더(5장), 외부 압력에 흔들리지 않는 리더(6장) 등 느헤미야를 통해 성경이 제시하는 이상적 지도자 모델을 보여 줍니다.

③ 사회 정의의 신학

내부 착취 금지, 경제 개혁 등 예배와 사회 정의는 함께 가야 한다는 것을 기록하고 있습니다.

④ 언약 갱신 신학

율법 낭독-회개-언약 갱신의 3단 구조를 통해 신앙 공동체가 유지되는 중심 메커니즘을 보여 줍니다(느 8~10장).

⑤ 성전 사역자의 정착과 지원

레위인·제사장 체계를 재정비하여 예배 체계가 지속적으로 유지되도록 하는 '제도적 개혁'을 단행했습니다.

역사-신학 속에서 두 책의 역할

① 포로기 이후 공동체 정체성의 재건

두 책은 성전·율법·공동체·언약 등을 재건하여 이스라엘을 '다시 이스라엘'이 되게 하는 과정을 보여 줍니다.

② 신약 시대와 교회의 신학적 기초 제공

에스라는 말씀 교육자 모델을 제시하며 바리새파·랍비 전통을 형성하였고, '회개-정결-정체성 신학'를 통해 초대 교회 '성도됨'의 이해에 영향을 끼쳤습니다.

느헤미야는 섬김과 개혁 리더십 모델로 교회의 '공동체 보호'와 '질서 세움'의 필요성을 강조하였습니다.

③ 역대기 역사서의 완성

'역대기-에스라-느헤미야'는 하나의 체계로 '회복-정체성-언약 중심'의 '후기 역사서'로서 기능을 제공합니다.

결론적으로 에스라서는 말씀·예배·정체성 등 영적 기반을 세우는 책이며, 느헤미야서는 조직·사회 정의·공동체 질서 등 현실적 기반을 세우는 책이라고 볼 수 있습니다. 두 책은 함께 "포로기 이후 이스라엘이 어떻게 다시 하나님의 백성으로 세워졌는가?"라는 성경 전체의 회복 신학을 보여주는 핵심 역사서입니다.

두 책에 대한 의문과 질문들

포로 귀환기를 배경으로 하고 있는 두 책은 공동체 회복을 위한 선각자들의 애절함과 절실함, 애타는 노력이 담겨 있습니다. 하지만 그럼에도 불구하고 여러 의문과 질문들이 드는 것도 사실입니다.

① 다윗 언약과 메시아적 기대

- 스룹바벨 이후 다윗 계열이 역사적으로 조용해진 것을 어떻게 이해해야 하는가? 다윗 언약은 이 시점에서 실현된 것인가, 아니면 '침묵 속의 지속'인가?

- 포로 귀환기(학개서·스가랴서)에서 분명했던 메시아적 희망은 왜 에
  스라서와 느헤미야서에서는 거의 언급되지 않는가?

② 에스라의 정체성 개혁과 신약적 보편성의 긴장

- 에스라는 기원전 458년에 귀환했는데, 성전 파괴(기원전 586) 이후
  128년이 지난 시점에서 어떻게 정확한 예배 전통과 율법 규례를 알았
  는가? 그 전승 과정에 임의적·자의적 요소는 없었는가?
- 에스라의 이방혼 금지와 혈통 중심 개혁은 하나님의 보편적 사랑과
  어떻게 연결되는가? 특히 스 9~10장의 혼인 개혁은 과도한 배타성인
  가, 언약 보존을 위한 필연적 조치인가?
- 에스라의 '정체성·족보·레위 중심' 개혁은 후대 바리새주의·형식적
  종교주의의 토대가 되었는가?
- 에스라의 개혁 이후에도 이스라엘 백성이 우상숭배를 지속한 흔적이
  보이는데, 이러한 현실을 고려할 때 그의 개혁은 성공인가, 부분적 성
  공인가, 실패인가?

③ 느헤미야의 리더십·사회개혁·영적 긴장

- 느헤미야의 반복되는 분노(특히 느 13장)는 의로운 분노인가, 혹은
  권위적·강압적 리더십의 표현인가?
- 느헤미야 13장의 부정적 결말(안식일 위반, 이방인과의 혼인 재발, 성
  전 방치 등)을 어떻게 해석해야 하는가? 이는 개혁의 실패인가, 미완
  성의 회복인가, 의도된 신학적 메시지인가?
- 예루살렘 성벽은 단순한 군사적 방어 시설인가, 아니면 '거룩을 지키

는 신학적 경계선'인가? 혹은 공동체를 보호하면서 동시에 폐쇄성을 강화하는 기능을 하는가?

④ 문헌·편집 비평적 질문

- 에스라서와 느헤미야서의 명단들은 실제 행정 기록인가, 아니면 편집자가 신학적 메시지를 강조하기 위해 배열한 문학적 장치인가?
- 느헤미야서의 기도문(1장, 9장)은 실제 기록된 기도인가, 아니면 편집자가 구성한 신학적 설교 또는 교훈 문학인가?

⑤ 페르시아 제국과 하나님의 섭리

- 에스라와 느헤미야는 어떻게 페르시아 왕실의 고위 관료가 될 수 있었는가?
- 두 사람은 페르시아 제국의 행정가인가, 하나님의 사역자인가, 혹은 두 역할이 긴장된 공존을 이루는가? 페르시아 제국의 종교 포용 정책은 하나님의 섭리에 사용된 도구인가?

이 질문들은 에스라서와 느헤미야서를 단순한 역사서가 아닌, 포로기 이후 이스라엘 정체성 재건의 신학적 드라마로 읽도록 인도합니다. 또한 구약-중간기-신약으로 이어지는 구속사의 흐름을 이해하게 하고, 오늘날 교회와 공동체 리더십, 신앙의 본질에 대한 통찰을 할 수 있도록 도움을 줍니다.

1. 스룹바벨 이후 다윗 계열이 조용해진 것을 어떻게 이해해야 하는가? 다윗 언약은 실현된 것인가?

스룹바벨 이후 다윗 가문의 침묵은 정치적 현실, 하나님의 섭리적 지연, 언약의 메시아적 확장이라는 관점에서 이해될 수 있습니다. 페르시아 제국에서 헬레니즘 시대, 로마 제국으로 이어지는 대제국 체제 아래에서 왕정의 회복은 사실상 불가능했습니다. 그러나, 다윗 왕조의 계보는 계속 보존되었습니다. 따라서 다윗 언약은 즉각적인 정치적 회복이 아니라, 메시아를 통한 장기적 성취를 향해 진행되고 있던 언약으로 보는 것이 타당합니다.

2. 포로 귀환기의 메시아적 희망이 왜 에스라서와 느헤미야서에서는 거의 언급되지 않는가?

학개와 스가랴는 스룹바벨을 중심으로 강한 메시아적 희망을 제시했지만, 에스라와 느헤미야는 의도적으로 메시아 언급을 하고 있지 않습니다.

이는 페르시아 정치 상황에서 메시아 언급이 반란으로 오해받을 위험이 있었고, 두 책의 편집 의도가 왕정 회복보다 '율법·성전·성벽'을 통한 공동체 재건에 초점이 맞추어져 있기 때문입니다. 따라서 메시아 침묵은 메시아의 때가 아직 이르지 않았음을 보여 주는 것이며, 침묵 자체가 구속사를 준비하는 하나의 신학적 장치로 이해될 수 있습니다.

3. 에스라는 성전 파괴 128년 후 어떻게 예배 전통과 규례를 정확히 알고 있었는가? 임의적 요소는 없었는가?

에스라가 율법과 제사 규례를 정확히 아는 것은, '포로기 유대 공동체의 율법 교육 전통', '제사장·학사 집단의 보존 노력', '바벨론 유대인 사회의 종교적 자치' 등에 기반했다고 볼 수 있습니다.

물론 "에스라의 해석과 적용의 과정에서 후대적 정리 요소가 있을 수 있다"라는 소수 의견도 있지만, 전통적 입장은 에스라가 전승된 율법을 충실하게 회복한 것으로 보고 있습니다. 성경본문에도 에스라가 "여호와의 율법에 능통한 학자"(스 7:6)이며, 그의 손이 하나님의 도우심 아래 있었다는 점을 강조하고 있습니다.

따라서 에스라서를 읽으면서 이름 없이 빛도 없이 바벨론의 압박과 탄압에서도 공동체를 지키기 위해 노력했던 이름없던 분들의 수고와 희생이 있었다는 점을 잊지 말아야 하겠습니다. 에스라가 역사에 이름을 남길 수 있었던 것은 바벨론의 고난 속에서도 율법을 지킨 수많은 이런 분들의 신실함이 있었기 때문입니다.

그리고 이것을 통해 헌신은 하나님께서 기억하시고 보상하시는 것이며, 사람 앞에서의 크고 작음보다 하나님 앞에서의 신실함이 더 중요하다는 것을 배울 수 있습니다. "맡은 자들에게 구할 것은 충성이니라"(고전 4:2)라는 말씀과 "은밀한 중에 보시는 너의 아버지께서 갚으시리라"(마 6:4)라는 말씀을 받들고, 하나님이 원하신다면 어떤 자리에서든 사명으로 살겠다는 자세가 필요합니다.

그리고 희생과 헌신으로 율법과 규례를 지켰던 분들에게 하나님이 주시는 상급은, 에스라의 '지상 명예'보다 훨씬 크고 깊었을 것임을 믿습니다.

4. 에스라의 이방혼 금지와 혈통 중심 개혁은 하나님의 보편적 사랑과 어떻게 조화되는가?

북이스라엘과 남유다의 멸망은 이방혼을 통해 유입된 이방 신앙과, 그 지역 안에서 자생적으로 발생한 혼합주의로 인해 우상 숭배가 심화된 데 그 원인이 있다고 인식되었습니다.

그래서 에스라의 혼인 개혁은 민족주의가 아니라 '언약 공동체 보존'을 위한 신앙적 결단이었습니다. 당시 공동체 회복을 위해서는 과거의 혼합주의와 단절하는 것이 정체성 회복의 필수 요건이었습니다.

그러나 이 과정에서
- 이방 아내와 그들의 자녀를 내보내야 했고,
- 사마리아인의 도움을 거절해야 했으며,
- 유다 땅에 남아 있던 잔류자들과 포로 귀환자들 사이에 긴장이 생기는 등
현실적인 갈등 또한 불가피하게 나타났습니다.

이방혼은 이방인들의 종교유입을 원천적으로 차단하기 위해 금지한 것입니다.

그리고 사마리아인은 혼합 종교와 그리심산 중심 예배 체계를 가지고 있었고, 유다의 재건은 사마리아의 정치적 영향력 약화를 의미했기 때문에 경제적·정치적 이해관계가 결합된 구조적 갈등이 형성되었습니다. 그들의 도움을 거절한 것은 종교적 순수성뿐 아니라, 그들의 의도가 순수하지 않았고, 정치·경제적 이해관계가 있었기 때문입니다.

또한 귀환자들은 자신들이 '정통 이스라엘'이라고 주장했고, 잔류자들은 이미 지역 권력 구조를 형성하고 있었기 때문에 이들 사이의 긴장은 시대 상황상 불가피했습니다.

이러한 갈등 구조는 신약 시대까지 이어져 '유다-사마리아 적대 관계'의 배경이 됩니다.

이런 상황에서 "에스라의 개혁과 하나님의 보편적 사랑은 모순 아닌가?"라는 질문이 자연스럽게 제기됩니다. 이에 대해 많은 학자들은 에스라서와 느헤미야서가 '정체성 회복'이라는 공동체 내부 개혁에 초점을 둔 책이며, 하나님의 보편적 사랑은 룻기와 요나서를 통해 균형 있게 제시된다고 설명합니다.

또한 신약 시대의 예수님은
- 사마리아 여인에게 복음을 전하시고(요 4장),
- 로마 백부장의 믿음을 칭찬하시며(마 8장),
- 모든 민족에게 복음을 여심으로
구약의 '언약적 구별'을 '보편적 구원'으로 확장하셨습니다.

따라서 에스라의 개혁과 하나님의 보편적 사랑은 충돌하는 것이 아니라, '언약 보존 → 보편 구원'으로 이어지는 구속사적 단계 안에서 조화를 이룬다고 볼 수 있습니다.

5. 에스라의 정체성 개혁이 후대 바리새주의·형식주의로 이어졌는가?

직접적 원인이라고 단정할 수는 없지만, 에스라의 개혁이 후대 유대교 전통 형성에 중요한 기반을 제공한 것은 사실입니다.

에스라가 이끌어 낸
- 회당 중심의 율법 교육 전통,
- 말씀 중심의 신앙 정착,
- 레위·제사장 체계의 재정비,
- 공동체 정체성 강화
이러한 요소들은 본래 매우 긍정적인 방향성을 가지고 있었습니다.

그러나 시간이 흐르면서 이러한 전통은 형식화되었고, 규범은 백성에게 무거운 짐이 되었으며, 정체성 강조는 배타적 우월성으로 변질되었습니다. 즉, 순수했던 에스라의 개혁 자체가 문제가 아니라, 후대 종교 지도자들이 이를 왜곡하여 바리새적 형태로 발전시킨 것입니다.

따라서 후대의 바리새주의와 형식주의는 에스라의 개혁이 직접적인 원인이라기보다, 그의 개혁 정신을 후대 사람들이 남용하고 왜곡한 결과라고 보는 것이 타당합니다.

6. 에스라의 개혁 이후에도 백성은 죄를 반복했다. 그의 개혁은 성공인가?
에스라의 개혁은 율법·정체성·예배 체계라는 공동체의 근본적 토대를 회복했다는 점에서는 분명 성공적이었습니다. 그러나 백성의 내면적 변화와 장기적 지속성이라는 면에서 미완성으로 남았습니다.

이는 율법적·제도적 개혁만으로는 인간의 내면을 완전히 변화시킬 수 없으며,

근본적 구원이 필요함을 드러내는 구속사적 메시지입니다.

따라서 에스라 개혁의 '부분적 성공-부분적 한계'는 결국 메시아의 필요성을 더욱 강조하며, 예수 그리스도의 오심을 준비하는 역사적·신학적 배경으로 이해할 수 있습니다.

7. 느헤미야의 반복되는 분노는 의로운 분노인가, 강압적 지도력인가?

느헤미야의 분노는 단순한 성격적 반응이나 개인적 감정 폭발이 아니라, 안식일 거래, 이방혼 재발, 레위인 착취, 성전 모독 등 '하나님의 율법'이 파괴되는 상황에서 발생한 것이었습니다. 그의 분노의 기준은 인간의 정의감이 아니라 언약 위반과 공동체 타락에 대한 신앙적 기준이었습니다.

또한 그의 개혁은 반복적으로 "나를 기억하옵소서"라는 기도로 마무리되고 있는데, 이는 그의 분노가 자기 의가 아니라 하나님 앞에서의 책임감과 경건한 부담에서 비롯되었음을 보여 줍니다. 그래서 대부분의 학자들은 느헤미야의 분노를 '거룩한 분노'로 평가합니다.

그러나 동시에 느헤미야의 개혁 방식에는
- 사람들의 머리털을 뽑는 행동(느 13:25),
- 강한 언행과 직접적 제재
등과 같은 요소가 포함되어 있습니다. 이는 고대 근동의 지도자들이 사용하던 통상적 통치 방식과 유사하지만, 오늘날의 기준에서는 매우 강압적으로 보일 수 있는 부분입니다. 즉, 느헤미야의 행동에는 신앙적 열정과 인간적 엄격함이 함께 섞여 있는 면이 존재합니다.

따라서 느헤미야의 분노를 평가할 때에는

- 무엇을 위해 분노했는가(목적),

- 어떤 기준에서 분노했는가(동기),

- 어떤 방식으로 분노를 실행했는가(방법)

이 세 가지를 함께 고려해야 합니다.

그의 분노는 본질적으로 언약 보존을 위한 의로운 분노였지만, 표현 방식에서는 고대적 엄격함과 강압적 요소도 공존했다고 보는 것이 가장 균형 잡힌 해석입니다.

8. 느헤미야 13장의 부정적 결말은 어떻게 해석해야 하는가?

느헤미야 13장은 에스라서와 느헤미야서 전체의 신학적 결론에 해당하지만, 그 결말은 밝은 승리가 아니라 어둡고 미완성된 모습으로 기록되어 있습니다. 성전이 다시 더럽혀지고(13:4~9), 레위인들이 생계를 이유로 봉사를 중단하며(13:10~14), 안식일이 다시 범해지고(13:15~22), 이방 결혼이 재발하는(13:23~29) 장면은 이전의 개혁이 무너지고 공동체가 다시 옛 죄로 돌아가는 모습을 보여 줍니다.

이는 성전이 회복되고, 성벽이 재건되고, 율법이 다시 세워졌음에도 불구하고, 내적 변화가 이루어지지 않으면 타락은 반복될 수밖에 없다는 역사적 교훈을 보여줍니다. 동시에 율법은 공동체의 질서를 보호할 수는 있지만, 죄의 뿌리를 제거하거나 인간의 마음을 변화시키지는 못한다는 신학적 한계를 드러냅니다.

포로기 이후 이스라엘 공동체의 이런 반복되는 실패는 인간의 한계를 고백하게 만들며, 자연스럽게 다음 시대(메시아 시대)의 필요성을 암시합니다.

따라서 느헤미야 13장은 실패로 끝나는 이야기가 아니라, "구속사는 아직 미완성이다. 더 큰 회복, 더 깊은 변화를 위해 메시아가 필요하다"라는 신학적 메시지를 전하는 장치입니다.

결국 느헤미야 13장은 절망의 결말이 아니라, 메시아의 오심과 완전한 회복을 기다리도록 이끄는 '구속사적 미완성'의 본문으로 이해하는 것이 타당합니다.

9. 성벽은 단순 방어 시설인가, 신학적 상징인가?

느헤미야의 성벽은 분명 군사적·행정적 기능을 수행하는 실제 시설이었지만, 동시에 신학적으로는 언약 공동체의 경계를 세우는 상징, 곧 '거룩의 경계선'을 의미합니다. 이는 배타성을 위한 것이 아니라 정체성 보호와 공동체 보존을 위한 장치였습니다. '성전·율법·성벽'이라는 삼중 구조는 포로기 이후 이스라엘이 어떤 신앙적 기틀 위에 서 있었는지를 잘 보여줍니다.

하지만 성벽은 때때로 자신들만의 세계를 만들고 타인을 배제하는 방식으로 왜곡되었고, 정체성 보호라는 본래 목적과 달리 스스로를 가두는 울타리, 혹은 선민의식과 우월주의를 강화하는 틀이 되기도 했습니다.

실제로 "내게 가까이 하지 말라 나는 너보다 거룩함이라"(사 65:5)는 말씀은 하나님께서 배타적 신앙을 꾸짖으신 경고이지만, 일부에서는 이를 잘못 적용하여 폐쇄적 신앙으로 변질시키기도 했습니다. 그럼에도 성벽은 단지 분리를 위한 장벽이 아니라, 더 큰 세상을 향해 나아가기 위한 신앙의 베이스 캠프라는 점을 잊지 말아야 합니다.

예수님 또한
- "너희는 세상의 빛이라"(마 5:14),
- "모든 민족을 제자로 삼아"(마 28:19),
- "사마리아와 땅 끝까지 이르러 내 증인이 되리라"(행 1:8)
라고 말씀하시며, 구별된 공동체가 결국 세상을 향해 나아가야 할 사명을 강조
하셨습니다.

따라서 성벽은 정체성을 지키는 울타리이면서 동시에 세상 속으로 파송되기 위
한 준비 공간이라는 이중적 의미를 지니고 있습니다. 이는 포로기 이후 공동체
가 지향해야 할 신학적 방향성을 잘 보여줍니다.

10. 에스라서와 느헤미야서의 명단들은 역사 문서인가, 신학적 문학 장치인가?
에스라서와 느헤미야서에 등장하는 명단들은 실제 행정 기록을 기반으로 하
고 있습니다. 포로 귀환자 명단(스 2장, 느 7장), 성벽 건축 참여자(느 3장), 제사
장·레위인 명단(느 12장) 등은 모두 공동체 구성과 행정 질서 유지를 위해 사용
된 실제 문서들을 바탕으로 편집되었을 가능성이 높습니다.

그러나 동시에 이러한 명단들은 편집자가 공동체 전체의 헌신, 언약적 정체성
확인, "하나님이 그들의 이름을 기억하신다"는 신학적 메시지를 전달하기 위해
의도적으로 배치한 신학적 장치이기도 합니다. 특히 느헤미야 3장은 반복되는
구조를 통해 "아무리 작은 역할이라도 하나님이 기억하신다"라는 메시지를 강
조하고 있습니다.

그런데 명단에는 족보를 기억하지 못한 사람들(스 2:59~63), 또는 명부에서 빠진 사람들이 존재합니다. 이들은 때로 제사장의 직무에서 제외되거나(스 2:62~63), 공동체 내에서 일정한 제약을 받았습니다. 자연스럽게 "하나님은 이런 사람들을 어떻게 보시는가?"라는 질문이 생깁니다.

성경은 이러한 상황에 대해 직접 설명하지는 않지만, 전체 성경의 흐름은 분명한 방향을 제시합니다. 하나님은 명단에 이름이 기록된 사람보다, 자신에게 신실하게 살아간 사람을 더 귀히 여기신다고 가르칩니다.

- "사람은 외모를 보거니와 여호와는 중심을 보느니라"(삼상 16:7)
- "은밀한 중에 보시는 너의 아버지께서 갚으시리라"(마 6:4)
- "맡은 자들에게 구할 것은 충성이니라"(고전 4:2)

따라서 에스라-느헤미야의 명단은 역사성과 신학성이 함께 존재하는 기록이며, 궁극적으로는 '이름의 기록 여부'보다 '하나님 앞에서 어떻게 살았는가'가 더 중요하다는 성경적 원칙을 상기시키는 역할을 합니다.

11. 느헤미야의 기도문(1장, 9장)은 실제 기도인가, 편집된 신학적 설교문인가?

학자들은 느헤미야의 두 기도문을 구별하여 해석합니다.

1장의 기도(느 1:5~11)는 느헤미야 자신의 회고록 형식 속에 기록되어 있으며, 그의 개인적 고백과 결단이 담겨 있어 실제 기도를 바탕으로 한 개인 기도문으로 보는 견해가 일반적입니다.

9장의 기도(느 9장)는 '창조-출애굽-광야-가나안-포로-귀환'에 이르기까지 구약 전체 역사를 요약하며 하나님의 언약과 백성의 죄를 고백하는 구조를 지니고 있습니다. 이 기도는 절과 문체가 매우 체계적이며, 공동체적 회개 형식에 맞춰져 있어 실제 기도를 기반으로 편집자가 신학적으로 구성한 '공동체 회개문' 혹은 설교적·예배적 문서로 보는 해석이 일반적입니다.

즉, 1장은 느헤미야 개인의 실제 기도, 9장은 공동체 예배를 위해 신학적으로 정리된 회개문으로 이해하는 것이 가장 균형 잡힌 해석입니다.

12. 에스라와 느헤미야는 어떻게 페르시아 고위 관료가 되었는가?

에스라는 율법 학사로서 정치·종교법·교육·재판·제사·재정 등 광범위한 권한을 부여받았으며(스 7장), 이는 당시 유다 총독보다도 더 큰 영향력을 행사할 수 있었음을 보여 줍니다. 느헤미야는 페르시아 왕실의 신뢰받는 '술 맡은 관원'이었다가 유다의 총독으로 임명되었습니다.

페르시아 제국은 포용 정책, 민족 존중, 엄격한 법체계를 가진 제국으로, 바벨론과는 달리 피정복 민족의 엘리트와 기술자를 제국 행정에 적극적으로 등용했습니다. 이러한 정책은 유대 출신 인재가 제국의 고위 관료가 될 수 있는 구조적 배경을 제공했습니다.

에스라는 아론 계열 제사장이자 율법 전문가로서, 종교법·사회법·전통법에 정통한 인물이었습니다. 페르시아 제국의 다문화 행정 체계에서 이런 전문성은 중요한 자산이었습니다. 그래서 에스라는 자국 공동체의 지도자이자 제국 행정에 필요한 종교법 전문가로서 왕의 눈에 띄게 되었고, 성경은 그가 왕으로부터 율법 집행권을 위임받았다고 기록하고 있습니다(스 7:25~26).

느헤미야는 포로 귀환 후 3~4세대에 해당하는 인물로, 그의 아버지 하가랴(느 1:1)를 언급하는 것으로 보아 가문이 사회적으로 어느 정도 위치를 가진 상류층 집안이었을 가능성이 높습니다. 페르시아 왕궁에서 술 맡은 관원은 단순한 시종이 아니라 국가 기밀과 왕의 안전을 책임지는 고위직으로, 왕의 신임이 없으면 맡길 수 없는 자리였습니다. 이는 느헤미야가 고도로 신뢰받는 인물이었다는 것을 보여 줍니다.

결국 두 인물의 발탁은 '특별한 기적'이라기보다는, 페르시아 제국의 다문화적 관료제 구조 속에서 역사적·제도적으로 설명 가능한 결과로 볼 수 있습니다.

그러나 동시에, 두 사람의 준비와 역량 위에 역사하신 하나님의 보이지 않는 섭리가 있었음을 성경은 증언합니다. 성벽 완공 후 에스라와 느헤미야가 함께 율법 낭독과 언약 갱신을 진행한 장면(느 8~10장)은 하나님이 준비된 두 사람을 협력하게 하신 대표적 사례라고 할 수 있습니다.

이 두 인물을 통해 우리는 하나님께서 '준비된 자'를 사용하신다는 중요한 교훈을 얻게 됩니다. 자신의 역량과 헌신을 갈고닦는 것이 신앙 안에서도 중요한 이유이기도 합니다.

13. 에스라와 느헤미야는 제국의 관료인가, 하나님의 사역자인가? 페르시아 제국의 종교 포용 정책과 하나님의 섭리와의 관계는?

에스라와 느헤미야는 페르시아 제국에 대해 비교적 긍정적인 표현을 사용합니다. 특히 에스라서는 아닥사스다를 "모든 왕의 왕"(스 7:12)으로 부르며 왕권을 높이고 있습니다. 물론 이는 당시 국제 문서에서 흔히 사용되던 '표준 왕실 언어'에 가까우며, 제국에 대한 절대적 충성보다는 외교적 정중 표현의 성격이 강하지만 아닥사스다의 권위를 긍정적으로 평가하고 있다는 점을 부인하기는 어렵습니다.

이러한 배경을 보면, 에스라와 느헤미야가 제국의 체제 안에서 일했고, 페르시아는 이들을 유다 지역을 안정시키기 위한 행정적 자원으로 활용했다는 역사적 해석도 가능합니다.

그러나 이것이 곧 에스라와 느헤미야가 페르시아의 '하수인'이었다는 의미는 아닙니다. 에스라와 느헤미야의 기록 전반을 보면, 그들의 중심 동기는 언제나 하나님의 율법과 공동체 회복에 있었기 때문입니다.

그들은 제국의 역할을 인정하면서도, 언제나 "하나님의 선한 손의 도움이 함께 하셨다"(스 7:6, 스 7:9, 느 2:8)라고 고백합니다. 이는 제국의 구조 속에서도 그들을 인도한 주체는 하나님이었다는 신학적 선언입니다.

또한 페르시아의 포용 정책과 관료제 구조는, 포로기 이후 이스라엘 공동체가 신앙과 정체성을 보존하며 메시아의 오심을 기다릴 수 있는 역사적 공간을 마련해 주었습니다. 즉, 제국의 정책조차도 하나님께서 언약의 역사를 준비하는 도구로 사용하신 것입니다.

따라서 에스라와 느헤미야는 형식적으로는 제국의 관료였지만 본질적으로는 하나님의 부르심을 받은 사역자였습니다. 비록 그들의 모든 활동은 제국의 질서 속에서 이루어졌지만, 그 중심에는 언제나 하나님의 주권과 언약 공동체 회복이 있었고, 결국 그들을 통해 하나님께서 다음 시대(메시아 시대)를 준비하신다는 것을 알게 됩니다.

4.
에스더서

에스더서는 페르시아 제국 시기 디아스포라 유대인들의 생존 위기와 구원 경험을 기록한 책입니다.

전통적으로 에스라 또는 모르드개가 저자로 여겨지기도 하지만, 현대 학계는 문체·언어·역사 배경 등을 근거로 익명의 후대 편집자(페르시아-헬레니즘 시대의 유대인)가 기존 전승과 궁정 기록을 정리했을 가능성이 있다고 봅니다.

기록 시기는 전통적으로 기원전 5세기 페르시아 시대로 추정되며, 현대 연구는 기원전 4세기 후반에서 3세기 헬레니즘 초기까지의 가능성도 제시하고 있습니다. 그러나 이러한 후대 편집 가능성에도 불구하고 책 전체에 나타나는 정치·행정 용어와 페르시아 궁정 묘사는 페르시아 시대 배경을 매우 정확히 반영하고 있어, 포로 귀환 이후 디아스포라 유대 공동체를 염두에 두고 기록된 책으로 보는 것이 일반적인 견해입니다.

이러한 페르시아-헬레니즘적 전승이 랍비 시대의 부림절 전통과 결합하면서 유대 공동체의 정체성을 강화하는 중요한 문서로 발전하게 되었습니다.

에스더서의 배경

에스더서의 시대는 아닥사스다[1]의 직전 왕인 아하수에로 왕[2]의 치세입니다. 이 시기는 에스라[3]와 느헤미야[4]가 유다로 파견되기 약 20~40년 전의 시대로, 사건의 주요 무대는 페르시아 제국의 겨울 수도 수산성(Susa)입니다.

에스더서의 구성과 주요 내용

에스더서는 8개의 큰 단락을 중심으로 뛰어난 교차대칭 구조(chiastic structure)—A·B·C·D·D'·C'·B'·A'—를 이루고 있습니다. 이 대칭 구조는 책 전체에서 반복되는 '몰락에서 높아짐', '절망에서 구원', '숨겨짐에서 드러남'이라는 메시지를 강조합니다.

① 1장(A): 아하수에로 왕의 잔치와 와스디 폐위

- 제국의 위엄을 과시하는 180일 연회
- 왕의 명령을 거부한 와스디 폐위, 에스더의 등장을 위한 서론적 장치

---

1) 아르타크세르크세스 1세, 기원전 465~424
2) 크세르크세스 1세, 기원전 486~465
3) 2차 귀환: 기원전 458년
4) 3차 귀환: 기원전 445년

② 2장(B): 에스더의 왕후 등극과 모르드개의 충성

- 페르시아식 '왕후 선발' 과정

- 유다인 고아 하닷사(에스더)가 왕후가 됨

- 모르드개는 암살 모의를 발견해 왕에게 알리지만 보상을 받지 못함
  (복선)

- 에스더는 모르드개의 지시로 유다인 정체를 숨김

③ 3장(C): 하만의 음모—유대인 말살 칙령

- 아말렉 계통의 하만이 총리에 임명됨

- 모르드개가 하만에게 절하지 않음, 민족 전체 절멸 위기

- 부림(Pur, 제비)을 뽑아 날짜(아달월 13일)를 결정

- 하루 동안 남녀노소 유다인을 죽여도 된다는 첫 번째 칙령 발표

④ 4장(D): 모르드개의 요청과 에스더의 결단

- 모르드개: "이때를 위함이 아닌지"(4:14)

- 에스더: "죽으면 죽으리이다"(4:16)

⑤ 5-7장(D' · C'): 에스더의 전략과 하만의 몰락

- 에스더의 두 번의 잔치 전략

- 하만은 모르드개를 매달 장대를 준비

- 왕의 잠 설치는 밤에 모르드개의 선행이 재발견

- 두 번째 잔치에서 하만의 음모가 폭로

- 하만은 자신이 세운 장대에 처형됨(역전의 절정)

⑥ 8장(B'): 새로운 칙령—유대인 방어권 허락

- 페르시아 법은 기존 칙령을 철회할 수 없어, 대신 유다인에게 자기 방어권을 허용하는 새 칙령이 전 제국에 반포

⑦ 9장(A'): 유대인의 구원 & 부림절 제정

- 유다인들은 방어권을 행사해 적을 물리치고 생존
- 모르드개와 에스더가 이 구원 사건을 '부림절(Purim)'로 제정[1]

⑧ 10장(에필로그적 결말): 모르드개의 높임

- 모르드개는 총리급으로 승진하며, 왕과 백성에게 유익을 베푼 자로 기록되며, 책 전체가 대칭적으로 깔끔하게 마무리

에스더서의 신학적 의미

에스더서는 하나님이 직접 드러나지 않는 디아스포라 현실 속에서도, 사람의 결단·역사의 우연·반전 속에 숨어 역사하시는 하나님의 섭리를 드라마틱하게 보여 주는 책입니다. 특히 유대 공동체의 생존과 정체성을 부림절이라는 절기를 통해 공적으로 확증한다는 점에서 큰 의미가 있습니다.

---

1) 부림절의 성경적 근거는 에스더서뿐임

① 하나님의 보이지 않는 섭리

하나님의 이름이 등장하지 않지만, 사건 전체를 이끄는 '보이지 않는 손'이 책 전체에 일관되게 나타납니다.

② 디아스포라 신앙 정체성

예루살렘 밖 이방 제국 속에서도 하나님의 백성으로 살아가는 의미를 보여 줍니다.

③ 용기 있는 신앙 결단

"죽으면 죽으리이다"(에 4:16)는 표현은 공동체를 위해 자신의 생명을 거는 용기의 상징입니다.

④ 악의 종말과 하나님의 정의

하만의 몰락은 교만과 악의 최종적인 실패를 드러내며, 하나님의 공의가 역사 속에서 실현됨을 보여 줍니다.

⑤ 기억의 공동체—부림절

구원의 사건을 절기(부림절)로 기억함으로써 공동체적 정체성과 감사 신앙을 보존합니다. 부림절은 오늘날에도 유대인이 지키는 중요한 절기입니다.

에스더서를 둘러싼 논쟁

이런 신학적 의미에도 불구하고, 에스더서는 고대부터 여러 논란의 대상이었습니다.

그 이유는 에스더서가 다른 성경과 달리 종교적 요소가 극히 적기 때문입니다.

- 하나님의 이름 없음

- 공개적 신앙 고백 없음

- 기도·회개·제사 부재

- 율법 준수에 대한 언급 거의 없음

또한 책의 묘사는 상당히 궁정 중심적·세속적 분위기를 갖습니다.

- 에스더는 자신의 유다인 정체를 숨기고 왕후가 됨

- 모르드개는 궁정 내 정치적 통찰로 상황을 돌파

- 부림절은 모세오경에 없는 새로운 절기

- 성공·권력·복수 등 현실적 요소

이러한 특성 때문에 정경성(정경 포함 여부)을 두고 유대교 내부에서도 오랜 논쟁[1]이 있었던 것으로 보입니다.

에스더서가 정경에 포함된 배경

에스더서가 히브리 성경에 포함된 가장 큰 이유는 부림절이 유대 공동체에서 절대적 전통이 되었기 때문입니다. 절기의 권위를 뒷받침하려면 그 절기의 기원을 설명하는 공식 문서가 필요했고, 그 문서가 바로 에스더서였습니다.

그리고 부수적으로

- 디아스포라 신앙을 대표하는 책
- 민족 구원의 대서사
- 숨은 하나님의 섭리를 강조하는 신학적 해석 가능성
- 마카비(마카베오) 시대[2]의 시대적 상황
- 유대인들의 대중적 지지
- 랍비들의 최종 승인

---

1) 미쉬나·탈무드에 실제 논쟁 기록 존재
2) 마카비 시대(기원전 167~164): 헬레니즘 시대 안티오쿠스 4세 에피파네스의 혹독한 박해와 강제 헬레니제이션(이방화) 정책에 맞서, 제사장 가문인 마카비(하스몬 왕조)가 봉기하여 유대인의 신앙과 자치를 회복하고 독립 왕조의 기반을 다져 가던 시기. 마카비 시대의 박해 경험은 '하나님이 민족을 지키셨다'는 에스더서 메시지와 깊이 공명하였고, 이는 에스더서가 유대 공동체에서 정경적 권위를 획득하는 중요한 배경이 됨

이런 실질적인 이유들로 인해 비록 논란은 있었지만 결국 정경에 포함됩
니다.

70인역(LXX)의 신학적 보완

앞서 언급했듯이 에스더서 히브리 본문은 매우 세속적이고 현실적인 서
술을 담고 있습니다. 그러나 기원전 2세기 유대 사회는 헬레니즘의 도전
에 맞서 강한 신앙 공동체 정체성을 강조하던 시대였습니다. 따라서 일부
유대인들은 "이 이야기는 겉으로는 하나님이 보이지 않지만, 실제로는 하
나님의 구원이 역사하신 사건이다"라는 점을 드러내고 싶어 했던 것 같습
니다.

그래서 70인역 번역자(혹은 후대 전승 편집과정)들은 히브리 본문을 번역
하면서, 신앙적 공백을 신학적으로 명료화하기 위해 히브리 전승에는 없
는 여섯 부분(A~F)을 포함시켰습니다. 이는 원문을 왜곡하려는 의도라기
보다, 신학적 메시지를 더 명확하게 재구성한 '해석의 확장'으로 보는 것
이 적절합니다.

70인역에는 히브리 본문에 없는 6가지 내용이 추가됩니다.

- A. 모르드개의 꿈과 해석(에 1:1 앞)
- B. 모르드개의 기도(4:17a~17f)

- C. 에스더의 장엄한 기도(4:17g~17z)
- D. 에스더가 왕 앞에서 쓰러지고 천사가 돕는 묘사(5:1~2 사이)
- E. 왕의 대체 칙령 전문(8장 중간)
- F. 꿈의 최종 해석과 신학적 결론(10:3 뒤)

초기 기독교(특히 헬라어권)는 70인역 성경을 사용했기 때문에 가톨릭은 이 확장본을 정경으로 포함합니다. 반면 유대교와 개신교는 히브리 원문을 따르기 때문에 A~F를 정경에 포함하지 않고 있습니다.

이는 원문에 대한 충실성을 기준으로 하는 관점과, 하나님의 섭리를 교회가 전승해 온 해석의 틀 안에서 이해하려는 관점의 차이로 보는 것이 가장 적절합니다. 따라서 양측은 단지 서로 다른 기준을 선택했을 뿐이며, 각자의 기준 안에서는 모두 일관되고 정당한 결론에 이른 것이라고 보아야 합니다.

에스더서에 대한 의문과 질문들

에스더서가 가지고 있는 여러 가지 특징들로 인해 여러 의문과 질문이 생기게 됩니다.

① 정체성과 신앙의 긴장
- 에스더는 왜 유대인 정체를 숨겼는가? 신앙적 순종인가, 정치적 판단

인가?

- 에스더의 왕후 등극 과정과 행동은 신앙적이라기보다 정치적이고 세속적이지 않은가?

② 헌신과 동기의 문제

- "죽으면 죽으리이다"는 민족을 위한 헌신인가? 개인적 충성(모르드개에 대한 은혜)의 발현인가?
- 모르드개와 에스더는 자신들의 출세·안위를 위해 민족을 이용한 것은 아닌가?

③ 갈등과 하나님의 숨은 섭리

- 모르드개는 왜 하만에게 절하지 않았는가? 신앙적 결단인가? 아말렉-유다 전통의 민족적 갈등인가? 개인적 자존심인가? 이로 인해 불필요한 위험을 만든 것은 아닌가?
- 유다인들이 7만 5천 명을 죽인 사건은 정당방위인가 지나친 폭력인가?
- 에스더와 모르드개는 무슨 권위로 '부림절'을 제정할 수 있었는가?

④ 에스더의 신학적 결론

- 종합적 결론: 그렇다면 에스더서를 어떻게 읽어야 될까?

이런 질문들은 에스더서를 단순한 이야기로 읽지 않고, 더 깊은 신학적 시선으로 해석하도록 도와주며, 겉으로 드러나지 않은 하나님의 섭리를 더욱 성찰하게 만들어 줍니다.

1. 에스더는 왜 유대인 정체를 숨겼는가?

직접적인 이유는 모르드개의 지시입니다(에 2:10~11). 모르드개는 왕후 선발 경쟁에서 굳이 배경이 약한 소수민족 출신이라는 사실을 드러낼 필요가 없다는 현실적·정치적 판단을 했던 것으로 보입니다.

에스더는 이에 단순히 복종한 것이 아니라, 지혜로운 순종으로 받아들이고 그대로 따랐습니다. 또한 문학적으로 보자면, 이는 이후 유대인 구원의 반전을 위한 의도적 복선으로 작용합니다.

결론적으로, 에스더의 순종과 모르드개의 현실적 판단이 함께 작용한 결과로 보는 것이 가장 자연스러운 해석입니다.

2. 에스더의 왕후 등극은 신앙적이라기보다 세속적·정치적이지 않은가?

역사사회학적 관점에서 보면, 페르시아 궁중의 왕후 선발은 아름다움, 궁중 예절, 정치적 역학이 모두 작동하는 자리였기 때문에 본질적으로 정치적 과정으로 이해하는 것이 타당합니다.

그러나 신학적 관점에서는, 요셉과 다니엘, 초기의 다윗과 마찬가지로 세속적 상황 속에서도 하나님이 숨어 일하시는 전형적인 섭리로 해석할 수 있습니다. 특히 에스더서는 의도적으로 신앙 언어를 드러내지 않으면서도 신앙적 결론을 향해 나아가는 독특한 서사 구조를 가지고 있습니다.

따라서 세속적 묘사는 단순한 현실 반영이 아니라, 숨은 하나님의 섭리를 부각시키기 위한 신학적·문학적 기법으로 볼 수 있습니다.

결국 에스더의 왕후 등극은 세속적 사건이지만, 본문은 그 사건을 통해 하나님의 보이지 않는 섭리의 흐름을 드러내는 것을 의도하고 있습니다.

3. "죽으면 죽으리이다"(4:16)는 민족 헌신인가, 개인적 충성인가?

에스더 4장은 전체적으로 "내 민족을 위하여"라는 흐름을 보여 주기 때문에, 이 고백을 민족을 위한 자기희생으로 보는 것이 전통적이고 신학적인 해석입니다. 유대 전통도 이 장면을 '이스라엘을 위한 모범적 헌신'으로 이해합니다.

그러나 에스더는 고아로 자라났고, 모르드개는 부모를 대신해 양육하며 사실상 아버지와 같은 존재였습니다. 따라서 그의 요청에 대한 개인적 충성과 은혜에 대한 보답이 작용했을 가능성도 배제할 수 없습니다.

결론적으로, 이 표현은 민족적 헌신과 모르드개에 대한 인격적 충성이 함께 어우러진 결과로 보는 것이 가장 자연스럽습니다.

4. 모르드개와 에스더는 출세·안위를 위해 민족을 이용한 것 아닌가?

일부 비평학자들은 에스더서의 궁정 배경과 정치적 묘사를 근거로, 모르드개와 에스더가 개인의 출세나 권력 강화를 위해 민족적 위기를 활용했다고 주장하기도 합니다. 그러나 에스더서 본문에는 이러한 동기를 지지할 만한 근거가 드러나지 않습니다.

에스더서는 모르드개의 절 거부가 하만의 유대인 학살 칙령을 촉발했다는 사실을 솔직하게 기록하고 있습니다(3:3~5). 이 점에서 모르드개의 행동이 일정 부분 위험을 자초했다는 사실은 분명합니다. 그러나 그가 이를 의도적으로 정치적 이익을 노리고 한 것이라고 보기에는 본문에 충분한 근거가 없습니다.

그리고 모르드개는 왕 암살 음모를 발견하고도 어떤 보상도 요구하지 않았고, 궁중 권력 구조를 이용해 자신에게 유익을 취하려는 모습도 보이지 않았습니다(2:21~23). 이는 그가 초기부터 출세를 목표로 행동한 인물로 보기 어렵다는 간접적 증거가 될 수 있습니다.

에스더 역시 왕후 신분을 개인적 유익을 위해 사용하지 않았으며, 위기 전까지는 자신의 권한을 매우 신중하게 사용했다는 사실이 본문에 기록되어 있습니다(4:11).

하만의 음모가 드러난 이후 두 사람이 왕후의 영향력과 궁중 내 입지를 적극적으로 사용한 것은, 개인의 출세나 안전이 아니라 유대 민족 전체의 생존을 위한 불가피한 조치였다고 볼 수 있습니다. 그리고 모르드개가 총리직에 오른 것도 그가 이를 계획하고 노렸기 때문이 아니라, 위기 해결 과정에서 드러난 충성심과 행정 능력이 왕에게 자연스럽게 인정된 결과로 보는 것이 본문에 더 부합됩니다(10:2~3).

한편 유대 랍비 전통과 일부 기독교 주석에서는 하만(아말렉의 후손)에 대한 모르드개의 절 거부를 유다 정체성을 지키기 위한 신앙적 충성으로 이해하여, 그를 '신앙적 영웅'으로 보는 해석도 존재해 왔습니다.

그러나 현대 학계는 본문이 동기를 명확히 밝히지 않는 점, 그의 행동이 실제로 큰 위험을 촉발한 사실을 주목하여, 모르드개와 에스더를 완전한 영웅으로도, 반대로 권력욕에 사로잡힌 정치가로도 보지 않고 있습니다.

오히려 모르드개의 행동에는 신앙적 요소, 민족 정체성, 인간적 자존심, 정치적 긴장감 등이 뒤섞여 있어 복합적이고 미완성된 인간의 모습이 그대로 드러난다고 보고 있습니다.

바로 이 불완전한 인간의 행동조차도 하나님은 보이지 않는 손길로 섭리 안에서 사용하신다는 것이 에스더서가 전달하는 중요한 신학적 메시지입니다.

5. 모르드개는 왜 하만에게 절하지 않았는가? 불필요한 위험을 만든 것은 아닌가?

에스더서는 하만이 아말렉의 후손(아각 사람)이라고 분명히 밝힙니다(3:1). 유대 전통에서 아말렉은 이스라엘의 숙적이며, 사무엘상 15장에 나타난 사울과 아각의 대결은 유다-아말렉 갈등의 신학적 배경을 형성합니다. 이런 배경을 고려하면, 모르드개가 하만에게 절하지 않은 것은 민족적·신학적 정체성의 표현으로 이해할 여지가 있습니다.

그러나 페르시아 제국에서 상하 관계를 표현하는 절은 반드시 숭배 행위가 아니었기 때문에 이를 종교적 이유로 단정하기는 어렵습니다. 게다가 모르드개는 왕문에 앉은 관리(2:19)였으며, 왕후의 인척이라는 점을 고려하면, 그에게 자존심과 정치적 긴장감이 작용했을 가능성도 배제할 수 없습니다. 에스더서 본문도 "어찌하여 왕의 명령을 거역하느냐"(3:3), "하만이… 절하지 아니함을 보고 매우 노하더니"(3:5)라며 그의 행동이 실질적 위험을 초래했다는 사실을 인정합니다.

따라서 모르드개의 행동은 신앙적·전통적 이유와 인간적 성향이 복합적으로 작용한 결과이며, 그로 인해 큰 위험이 촉발된 것이 사실입니다.

그럼에도 모르드개의 불완전함은 에스더서 신학에서 중요한 의미를 가집니다. 하나님은 완전한 영웅이 아니라, 부족한 인간의 결단·성향·실수까지도 사용하여 구원의 반전을 이루시는 분이라는 사실을 에스더서는 더 분명히 보여 줍니다. 하나님의 섭리는 인간의 완전함에 달려 있지 않습니다.

6. 유다인들이 7만 5천 명을 죽인 사건은 정당방위인가 지나친 폭력인가?

에스더서에 따르면, 첫 번째 칙령(3장)은 "유다인을 죽여도 된다"는 학살 허용 칙령이었고, 두 번째 칙령(8장)은 이를 취소할 수 없는 페르시아 법 때문에 "유다인이 자신을 방어할 권리를 얻었다"고 선언한 또 다른 칙령이었습니다. 따라서 에스더서는 유다인의 대응을 기본적으로 정당방위의 범주 안에서 이해합니다.

그러나 유다인이 죽인 숫자가 7만 5천 명(9:16)에 이르렀다는 기록은 현대 독자에게 과도한 폭력처럼 보일 수 있으며, 특히 "총독과 관리들이 유다인을 두려워하여 도왔다"(9:3), "유다인이 마음대로 행하였다"(9:5)라는 표현은 유다인이 능동적으로 공격한 것처럼 오해될 여지도 있습니다.

그러나 본문은 전투가 유다인이 먼저 찾아가 죽인 사건이 아니라, 유다인을 죽이기 위해 모여든 세력과의 충돌이었음을 분명히 합니다. 에스더서 9:2절은 유다인들이 "각 지방, 각 읍에 모여 자기들을 해하고자 한 자를 죽이려 하니…"라고 기록하여, 전투의 주도권이 공격자들에게 있었음을 밝힙니다. 그리고 본문은 반복해서 이 전투가 "자기를 미워하는 자"(9:5, 9:16)로부터 "스스로 생명을 보호"(9:16)한 사건임을 강조합니다.

따라서 "총독과 관리들이 유다인을 도왔다"는 표현은 그들이 유다인의 공격을 방조했다는 뜻이 아니라, 1차 칙령을 실행하려는 폭도들을 통제하고, 2차 칙령(유다인의 방어권)을 실질적으로 보장한 행정적 조치로 이해하는 것이 자연스럽습니다.

"유다인이… 마음대로 행하고"(9:5)라는 표현도 히브리어 원어로 "방해받지 않고 자신을 방어할 수 있었다"는 의미이지, "폭력을 자유롭게 행사했다"는 뜻이 아닙니다. 또한 본문은 세 차례나 "그들의 재산에는 손을 대지 아니하였다"(9:10, 9:15, 9:16)는 것을 강조하여, 전투가 약탈이나 보복 목적이 아니었음을 분명히 하고 있습니다.

하만과 그의 아들들을 나무에 달아 죽인 사건 역시 전투에 의한 살육이 아니라 왕의 명령에 따른 국가 처형으로 보는 것이 타당합니다. 하만은 제국 전체에 대한 반역적 학살을 기획한 인물이었고, 고대 근동의 법에서는 반역자와 그 가담자들이 함께 형벌을 받는 것이 일반적 관행이었습니다.

일부 학자들은 75,000이라는 숫자 자체도 고대 역사 문헌에서 흔히 사용되는 상징적·과장적 숫자로 해석합니다. 즉, 제국 전역에서 동시다발적으로 벌어진 충돌의 문학적 표현일 가능성이 크다는 것입니다.

종합적으로 볼 때, 에스더서 9장의 전투는 유다인을 죽이려고 결집한 반(反)유다 세력과의 정당한 방어적 충돌로 이해하는 것이 본문과 고대적 문학 맥락에 가장 부합하는 해석입니다.

7. 에스더와 모르드개는 어떤 권위로 부림절을 제정할 수 있었는가?

① 페르시아 법체계 아래에서 가능한 '민족별 절기 제정'

페르시아 제국은 각 민족이 자신들의 전통, 종교, 절기, 관습법 등을 자치적으로 유지할 권리를 기본적으로 인정했습니다. 따라서 부림절 제정은 제국 전체가 지켜야 하는 제국 절기가 아니라, 유다 공동체 내부의 자치적 종교 관습으로 설정된 것입니다. 즉, 이는 페르시아 법질서 내에서 완전히 가능한 행위였습니다.

② 에스더와 모르드개의 '공적 권한'–왕후와 최고 재상

모르드개는 총리(대신)(8:2, 10:3), 에스더는 정식 왕후(2:17)로 이 둘은 제국 안에서 유다인 공동체를 대표할 수 있는 가장 높은 정치적·행정적 권위자였습니다.

에스더서 9:29~32은 부림절이 "에스더와 모르드개의 서신과 명령을 통해 확정되었다"고 기록하고 있습니다. 즉, 이 절기는 왕후와 총리의 공식적 권한에 따른 명령과 문서화를 통해, 제국의 행정질서 안에서 유다 공동체의 공적 절기로 제정되었습니다.

③ 공동체 전체의 자발적 동의와 역사적 지지

에스더서 9장에서 "유대인들이 자기들에게 베푸신 일로 말미암아 스스로 정하여 지켰다"(9:27, 28, 31)라고 세 차례에 걸쳐 강조하고 있습니다. 즉, 부림절은

위에서 강요된 절기가 아니라 유대 공동체 전체의 압도적 지지로 생겨난 절기입니다. 다시 말해, 하나님이 즉시 명령하신 절기는 아니지만, 하나님이 베푸신 구원을 기념하기 위해 공동체가 신앙 안에서 스스로 정한 절기입니다.

④ "하나님이 아닌 인간이 만든 절기인데 정당한가?"

이 질문은 매우 중요합니다. 유월절·초막절·무교절과 같은 절기들은 하나님이 직접 명령하신 절기(레위기 23장)입니다. 반면, 부림절은 사람이 만든 절기입니다. 이에 대해 유대교와 기독교 모두 다음과 같이 해석합니다.

가. 유대교의 해석:

유대교는 부림절을 하나님이 이루신 구원을 '기억하게 하려는' 섭리적 절기로 이해했습니다. 즉, "하나님이 만들지 않았으니 불완전하다"가 아니라, "하나님의 구원을 기억하기 위해 백성이 만든 절기도 하나님의 영광에 합당하다"고 본 것입니다.

그래서 랍비 문서(Megillah 7a)에서는 "부림절을 지키는 것은 율법을 지키는 것만큼 중요하다"라고 선언하고 있습니다. 이는 하나님의 구원을 기념한다는 점에서 부림절이 신앙적으로 정당한 자리에 놓였기 때문입니다.

나. 기독교의 해석:

기독교는 부림절을 구원의 반전과 하나님의 숨은 섭리를 기억하는 역사적 기념일로 이해합니다. 부림절이 구원 행위를 기념하는 절기라는 점에서, 그 자체는 '하나님이 주신 절기'와는 구분되지만 신앙 공동체가 합당하게 기억할 수 있는 절기로 인정됩니다. 즉, 하나님이 직접 명령하신 절기는 아니지만 신앙적 의미는 분명한 절기라는 것입니다.

따라서 부림절은 페르시아 제국의 법적 구조, 왕후와 총리의 공식 공포와 문서화, 유대 공동체 전체의 자발적 동의, 하나님이 베푸신 구원에 대한 신앙적 응답 등을 통해 제정된 절기입니다. 하나님이 직접 명령한 절기는 아니지만, 하나님의 구원을 기념하기 위해 공동체가 세운 신앙적 절기라는 점에서 유대교와 기독교 모두 신학적으로 정당한 의미를 부여하고 있습니다.

8. 종합적 결론: 그렇다면 에스더서를 어떻게 읽어야 될까?

이상의 질문들을 바탕으로 에스더서를 어떻게 읽어야 될지에 대한 새로운 질문이 생기게 됩니다.

① 하나님의 침묵 자체가 메시지

에스더서에서 하나님의 이름이 등장하지 않는 것은 의도된 신학입니다. 디아스포라의 현실—성전도, 예언자도, 환상도 없는 시대—에서 보이지 않지만 일하시는 하나님을 보여 주는 장치입니다.

② 세속에서 일하시는 하나님의 섭리 보기

기도·율법·예배 언급이 거의 없지만, 우연·정치·인간의 결단 속에서 하나님의 숨은 섭리가 드러납니다. '거룩한 공간'이 아니라 세속 한가운데서도 하나님은 일하신다는 메시지입니다.

③ 인물들을 이상화하지 않고 현실적으로 읽기

에스더와 모르드개는 완전한 영웅도, 악인도 아닙니다. 두려움·지혜·실수·용기가 섞여 있는 현실적 인물입니다. 하나님은 이렇게 불완전한 사람을 통해서도 일하십니다.

④ 정치적 행동을 디아스포라의 신앙 실존으로 이해하기

그들은 제사장이 아니라 제국 궁중에서 살아가는 소수민족입니다. 따라서 정치적 선택을 불신앙으로 단정하기보다 디아스포라의 신앙적 생존으로 보아야 합니다.

⑤ 반전(reversal)의 문학으로 읽기

에스더서는 '뒤집힘'의 구조로 구성됩니다.

- 위기 → 구원
- 하만의 높임 → 모르드개의 높임
- 죽음의 칙령 → 생명의 칙령

이는 하나님의 구원의 반전 방식을 보여 주는 히브리적 신학입니다.

⑥ 윤리적 문제를 현대 기준으로만 판단하지 않기

75,000명 전투, 왕후 선발, 절 거부 등은 현대 인권 기준으로는 이해되지 않습니다. 그러나 당시 배경—제국의 법, 민족 절멸 위기, 고대 전쟁 윤리—에서 읽어야 합니다.

⑦ 부림절을 '기억의 신학'으로 읽기

부림절은 하나님이 백성을 잊지 않으셨다는 사실을 공동체가 기억하게 하는 절기입니다. 출애굽-유월절, 광야-초막절처럼 멸절 위기에서의 구원을 기억시키는 절기입니다.

에스더서는 보이지 않는 하나님이 우연·정치·위기 속에서도 섭리로 일하신다는 사실, 불완전한 인간을 통해 민족을 지키시는 하나님을 깊이 묵상하게 하는 책입니다.

에스더서는 하나님의 이름이 보이지 않아도, 하나님은 여전히 일하고 계심을 증언하는 책입니다. 그리고 그 일하심은 완전한 영웅이 아니라, 불완전한 인간을 통해 이루어진다는 사실을 깊이 가르쳐 줍니다.

5부

시가서 · 지혜문학

- 인간의 내면과 신앙의 성찰 -

1.
시가서·지혜문학: 시와 지혜로 읽는 성경

욥기, 시편, 잠언, 전도서, 아가 등 다섯 권은 교단이나 학계의 구분에 따라 '시가서'로 분류되기도 하고, '지혜문학'을 함께 언급하며 '시가서·지혜문학'으로 묶이기도 합니다.

이 다섯 권의 책은 형식적으로는 시적 운율과 비유, 평행법이 두드러지는 문학이며, 내용적으로는 인간의 지혜와 삶의 의미를 신앙 안에서 탐구하고 있습니다. 각 책은 전승의 시기와 편집의 과정, 저자의 배경이 서로 다르지만, 공통적으로 '인간의 내면과 하나님의 관계'를 깊이 탐구한다는 점에서 하나의 문학적·신학적 세계를 형성하고 있습니다.

시가서·지혜문학은 율법서와 예언서가 주로 하나님의 행위와 언약의 역사를 드러내는 데 초점을 두는 것과 달리, '하나님 앞에서의 인간 실존'을 주제로 삼습니다.

여기서는 하나님께 말씀을 '전달받는' 것만이 아닙니다. 인간이 하나님께 응답하는 자리에서 신앙의 언어가 탄생합니다. 인간의 기쁨과 슬픔, 확신과 의문, 찬양과 침묵이 뒤섞인 내면의 소리가 바로 시가서·지혜문학의 본질입니다.

시가서·지혜문학: 시와 지혜로 읽는 성경

욥기는 고통의 이유를 찾는 인간의 물음 속에서 전통적인 신정론[1]을 해체하며, 고통의 이유를 설명하려는 인간의 시도가 하나님 앞에서 얼마나 제한적인지를 드러냅니다. 욥의 이야기는 단순한 비극이 아니라, 이해할 수 없는 현실 속에서도 하나님께 나아가려는 인간 영혼의 고백입니다.

시편은 절망과 기쁨, 탄식과 감사가 교차하는 기도의 언어로, 인간 감정의 모든 스펙트럼을 신앙의 고백으로 승화시킵니다.

잠언은 삶의 일반적 질서를 제시합니다. 그러나 그것이 언제나 기계적으로 성취되는 법칙은 아님을, 욥기와 전도서가 함께 증언하고 있습니다. 일상의 지혜를 통해 신앙이 추상적인 교리가 아니라 삶의 구체적 실천임을 보여 주며, '여호와를 경외하는 것이 지식의 근본'임을 가르칩니다.

전도서는 인생의 허무와 한계를 통찰하며, 인간의 지혜와 노력이 결국 하나님 안에서만 의미를 얻는다는 사실을 일깨워 줍니다.

아가서는 문자적으로는 인간 사랑의 아름다움을 노래하면서도, 유대교와 기독교 전통 안에서는 하나님의 사랑을 비유적으로 성찰하는 본문으로 읽혀 왔습니다. 아가서는 신앙의 관계성이 얼마나 친밀하고 아름다운 것인지를 보여 줍니다.

---

[1] 전능하고 선하신 하나님이 왜 세상에 악과 고통을 허용하시는가에 대한 질문

이처럼 시가서·지혜문학은 인류 보편의 경험—삶, 고난, 기쁨, 죽음, 사랑—을 신앙의 시선으로 해석한 문학입니다. 이 문학은 인간이 느끼는 가장 깊은 정서와 사유가 하나님 앞에서 의미를 회복하는 과정을 보여 줍니다.

각 책은 시대적 배경과 저자, 문체는 다르지만, 그 중심에는 언제나 "하나님과 인간 사이의 대화", 곧 신앙의 실존적 만남이 자리하고 있습니다.

따라서 시가서·지혜문학은 단순히 과거의 신앙시나 교훈집이 아니라, 인간의 내면과 하나님을 잇는 영적 문학입니다. 오늘을 사는 우리에게도 여전히 지혜와 위로, 하나님을 향한 경외의 길을 열어 줍니다.

2.
욥기

욥기는 인간 고통의 문제를 가장 심층적으로 다루는 고전입니다. 시적 대화, 지혜 논쟁, 고소(告訴) 형식, 신학적 성찰을 한 작품 안에 통합하고 있어 문학적으로도 독특하며 신학적으로도 매우 의미 있는 책입니다.

"의인이 고난받는 이유는 무엇인가?"라는 주제 아래에서, 진정한 하나님의 정의와 지혜의 근원을 찾아가는 여정을 담고 있습니다.

욥기의 전승 및 편집 과정

욥기의 저자는 전통적으로는 모세나 고대 지혜인으로 보기도 하지만, 학계에서는 특정 저자를 지목하기보다, 지혜 전통 안에서 형성된 익명의 지혜문학으로 이해합니다.

내용은 족장 시대(아브라함 시대)를 배경으로 하고 있지만, 정교한 히브리 시문학, 지혜문학적 사고, 고난과 하나님의 정의라는 신정론 문제에 대한 깊은 철학적 성찰을 담고 있어, 기록 시기는 포로기 이후(기원전 6~4세기)로 보는 것이 일반적입니다.

또한 욥기는 한 사람의 손에서 한 번에 기록된 책이라기보다는, 서로 다른 시대와 신학적 전통이 층위적으로 결합된 복합 문헌으로 이해됩니다. 전승 과정은 대략 다음의 네 단계로 설명됩니다.

① 원초적 전승: '의로운 고난자 이야기'
고대 근동(메소포타미아·이집트)에는 이미 '고난받는 의인' 혹은 '무죄한 자의 탄식'과 관련된 전승이 존재했습니다.

- 바빌로니아의 테오디케아[1]
- 수메르의 「의로운 고난자」
- 이집트의 「삶과 죽음 논쟁」

이런 고대 전승과 이스라엘 내부 전승이 결합하여 "의로운 욥이 이유 없이 고난을 당했으나 하나님께서 결국 회복시키셨다"라는 초기 형태의 이야기로 정착되었을 것으로 보입니다.

욥기 1~2장과 42장의 산문 구조는 옛 설화적 특징이 뚜렷하여, 많은 학자들은 이 부분을 욥기의 가장 오래된 전승으로 이해합니다.

② 시적 논쟁시(Poetic Dialogue)의 삽입

---

1) 기원전 약 1000년경 바빌로니아에서 쓰인 지혜 문학 작품으로, 한 사람이 고난을 호소하고, 친구가 신의 정의를 설명하려 하는 대화 형식

욥기의 본문 대부분(3~31장, 38~41장)은 이 고난 설화에 나중에 삽입된 시적(詩的) 자료로 평가됩니다. 이 부분은 히브리 시문학의 정점에 해당하며 다음과 같은 특징을 가집니다.

- 정교한 평행법
- 철학적·신학적 논쟁
- 고난, 보응, 하나님의 정의 문제에 대한 성찰
- 의인의 고난과 악인의 형통이라는 지혜문학의 핵심 주제를 다룸

이러한 사유 방식은 포로기 이후 성숙한 지혜 전통을 반영합니다. 즉, 지혜 공동체가 기존의 짧은 설화를 토대로 시적 대화와 논쟁 구조를 창작해 본문 중심부에 삽입하였다는 견해가 널리 받아들여집니다.

③ 엘리후 연설(32~37장)의 후기 삽입

엘리후는 서두와 결론에서 전혀 언급되지 않으며, 등장 방식이 갑작스럽습니다. 그의 연설 내용은 이전 친구들의 주장(단순한 보응 신학)을 정리하면서, 욥의 지나친 자기 의(義) 주장 비판, 하나님의 교육적·징계적 고난 등을 강조하면서 하나님의 말씀을 예고하는 전환점 역할을 수행합니다.

이런 이유로 다수의 현대 학자들은 엘리후 연설을 후대 편집자가 추가한 독립 단락으로 이해합니다.

④ 하나님의 말씀(38~41장)과 최종 편집

창조 세계의 질서와 하나님의 주권을 드러내는 하나님의 말씀(38~41장)은
시적 논쟁의 신학적 결론에 해당하며, 최종 단계에서 현재의 구조 안으로
정리되어 결합된 것으로 보입니다. 이 과정에서 '산문(이야기) + 시(논쟁)
+ 산문(결론)'이라는 오늘날 욥기의 독특한 구조가 완성되었습니다.

최종 편집은 지혜문학이 활발히 기록·정리되던 바벨론 포로기 이후(기원
전 6~4세기)에 이루어진 것으로 추정되며, 이는 잠언·전도서 등 다른 지
혜문학의 형성과도 유사한 흐름을 보입니다.

따라서 욥기의 형성 과정은

   - 오래된 욥 이야기(1~2장, 42장)

   - 지혜자들에 의해 시적 논쟁이 더해짐(3~31장)

   - 엘리후 연설이 후대에 추가됨(32~37장)

   - 하나님의 말씀과 결론이 정리되며 전체 구조가 완성(38~42장)

이렇게 정리될 수 있으며, 결국 하나의 단순한 설화에서 출발해, 지혜문학
적 사유와 신정론적 성찰이 덧붙여지고, 전체적으로 통합·정리된 것으로
볼 수 있습니다. 따라서 욥기는 한 사람이 기록했다기보다, 시대를 넘어
축적된 신앙의 성찰이 문학적으로 집약된 결과라 할 수 있습니다.

표면적으로 보면 욥기는

- 서론(1~2장): 욥의 의로움, 사탄의 도전

- 논쟁(3~31장): 욥과 세 친구(엘리바스·빌닷·소발)의 변론

- 엘리후 연설(32~37장)

- 하나님의 음성(38~41장)

- 결론(42장): 욥의 회복

등으로 구성되어 있지만, 앞서 살펴본 '산문 → 시 → 산문'이라는 욥기의 독특한 구조를 고려하면, 4부분·8단락으로 나누는 것이 더 적절합니다.

① 1~2장(산문): 프롤로그(서문)- 욥의 고난 시작

프롤로그는 "의인의 고난"이라는 문제의식을 바르게 이해하기 위한 배경 이야기입니다.

- 1장: 욥의 성품과 첫 번째 시험
  - 욥은 "온전하고 정직한 자"
  - 사탄이 "욥이 복을 받으니 하나님을 경외한다"고 비난
  - 하나님은 사탄에게 시험을 허락
  - 재산, 종들, 자녀를 잃는 극심한 고난
  - 그러나 욥은 하나님을 원망하지 않음

- 2장: 두 번째 시험과 친구들의 등장

  • 사탄의 두 번째 도전: 욥의 몸에 심한 종기

  • 아내는 하나님을 저주하고 죽으라고 권함

  • 욥은 끝까지 범죄하지 않음

  • 세 친구 등장: 엘리바스, 빌닷, 소발

  • 7일간 침묵하며 함께 앉아 있음(위로의 진정성 강조)

② 3장(시): 욥의 탄식

  - 욥의 고통이 폭발하는 장면

  • 태어난 날을 저주

  • 죽음을 바람

  • 하나님께 이유를 묻는 최초의 절규

③ 4~27장(시): 세 친구와의 논쟁(2~3차례)

고난의 이유를 둘러싼 본격적인 논쟁이 시작되며, 세 친구는 모두 '고난 = 죄의 결과'라는 보응 신학을 주장합니다. 그러나 욥은 끝까지 자신의 무죄를 주장하며 하나님께 직접 말씀하시길 요청합니다.

  - 4~5, 15, 22장: 경험 중심의 엘리바스

  • 그의 논리는 경험과 신비주의적 환상에 기초

  • "무고한 자는 망하지 않는다"라며 욥이 죄를 지었을 것이라고 판단

  - 8, 18, 25장: 전통 중심의 빌닷

  • 조상들의 지혜와 오래된 전통을 근거로 말함

- "하나님은 공의로우시니 네가 고난받는 데는 반드시 이유가 있다"

- 11, 20장: 단정과 책망 중심의 소발

  - 가장 직설적이고 공격적

  - "네 죄는 하나님이 아시는 것보다 더 클지도 모른다"

- 욥의 반응

  - 자신은 죄를 짓지 않았다고 강하게 호소

  - 하나님께 직접 말씀해 달라고 요청

  - 하나님의 침묵 때문에 괴로워함

→ 세 친구와의 논쟁은 마지막 부분이 불완전하게 끝납니다. 이는 친구들의 논리가 점점 설득력을 잃어가는 문학적 장치로 볼 수 있습니다.

④ 28장(시): 지혜 찬가

28장은 독립된 지혜 찬가로 평가되며, "주를 경외함이 지혜요 악을 떠남이 명철이니라"(28:28)라는 선언은 인간의 힘으로는 참된 지혜에 이를 수 없음을 보여 주는 동시에, 욥기 전체의 신학적 핵심을 요약하는 구절로 이해됩니다.

⑤ 29~31장(시): 욥의 인생 회고와 무죄 선언

하나님께 재판처럼 응답해 달라고 요청하는 절정의 장면입니다.

- 29장: 과거 풍요로웠던 삶에 대한 회상

- 30장: 현재의 처참한 고통을 적나라하게 표현

- 31장: 무죄 선언과 함께 하나님께 응답을 요청하는 일종의 재판청구

⑥ 32~37장(시): 엘리후의 연설

- 욥과 세 친구 모두 부분적 오류가 있다고 지적
- 고난은 징벌만이 아니라 하나님이 가르치는 수단일 수 있다고 강조
- 하나님은 언제나 의롭고 공정하시며 사람들의 교만을 깨뜨리신다고 말함
- 하나님의 등장(38장)을 준비하는 전환적 역할

⑦ 38장~42:6절(시)[1]: 하나님의 말씀과 욥의 응답

하나님은 폭풍 가운데 나타나 두 차례 말씀하십니다. 하지만 욥이 당한 고난의 '원인'에 대하여는 설명을 하지 않으시고, 창조 세계의 질서와 하나님의 주권만을 드러내십니다.

- 38장~40:2절: 하나님의 첫 번째 말씀
  - 세상과 자연을 운행하는 하나님의 지혜와 능력을 묻는 질문
  - 인간의 한계를 깨닫게 만드심
- 40:3~5절: 욥의 첫 번째 응답
  - 자신이 미련했음을 인정하고 침묵
- 40:6절~41장: 하나님의 두 번째 말씀
  - 베헤못[2]과 리워야단[3]처럼 인간이 다룰 수 없는 피조물들을 들어

---

1) 38~41장: 시, 42:1~6: 시적 고백(산문과 시의 경계)
2) 거대한 동물
3) 바다의 거대한 괴수

설명

- 하나님만이 통치하시는 세계의 광대함 강조

- 42:1~6절: 욥의 두 번째 응답

- 하나님에 대한 이해의 폭이 새롭게 열림

- 자신의 말이 "알지 못하는 것"이었음을 고백

- 하나님께로 돌이킴(회개)

⑧ 42:7~17절(산문): 에필로그(결론), 욥의 회복

하나님의 정의가 인간의 단순한 보응 신학을 넘어서는 깊은 차원을 가짐을 보여 줍니다. 또한 참된 지혜는 하나님의 뜻을 끝까지 신뢰하는 데 있다는 메시지로 책은 마무리됩니다.

- 하나님은 세 친구들이 잘못 말했다고 책망

- 욥의 그들을 위한 중보기도

- 하나님은 욥의 재산과 자녀를 회복시키심(두 배의 축복)

- 장수와 평안을 누리며 삶을 마침

욥기가 주는 신학적 메시지

욥기가 주는 신학적 메시지는 '고난의 이유를 이해하는 것보다 고난 속에서도 하나님을 신뢰하는 것이 더 깊은 지혜'라고 요약될 수 있습니다.

① 보응 신학의 해체

욥기의 가장 중심적인 신학적 의미는 '보응 신학(선행 → 축복, 악행 → 고난)'의 단순한 공식이 하나님의 섭리를 온전히 설명하지 못한다는 사실을 일깨워 주는 데 있습니다. 욥기는 '고난 = 죄의 결과'라는 공식을 깨뜨리며, 고난은 징벌 외에 하나님의 더 깊은 목적을 가질 수 있다는 것을 보여 주고 있습니다.

② 하나님의 지혜와 주권은 인간의 이해를 초월한다

하나님의 폭풍 속 말씀(38~41장)은 고난의 원인을 설명하지 않습니다. 대신 하나님이 창조 세계 전체를 다스리고 계심을 보여 줍니다. 이는 인간은 모든 것을 이해할 능력이 없고, 하나님의 주권은 인간의 질문을 넘어서는 차원이라는 것을 보여 주며, 인간의 고난은 우주적 질서 안에서 더 큰 맥락을 가질 수 있다는 것을 알려줍니다. 이렇게 욥기는 하나님의 주권과 지혜는 인간의 이해 한계를 넘어선다는 신학을 선포합니다. 이는 신정론 문제에 대해 성경이 제시하는 가장 근본적인 신학적 방향을 보여 줍니다.

③ 참된 지혜는 '이해하는 것'이 아니라 '하나님을 경외하는 것'

욥 28장(지혜 찬가)은 욥기 전체의 신학적 핵심을 압축합니다. "주를 경외함이 지혜요 악을 떠남이 명철이니라"(28:28)라는 말씀은 지혜는 인간이 캐낼 수 있는 '보석'이 아니라, 인간의 능력과 논리로 얻을 수 없는 '하나님에게서 오는 선물'이라는 의미로, 고난을 완벽하게 이해하지 못해도 하나님을 경외하는 삶이 참된 지혜라는 것을 알려 주고 있습니다. 욥기는 지혜의 본질이 '하나님 신뢰'에 있다는 지혜문학의 핵심 메시지를 선포합니다.

④ 하나님과의 관계가 논리·공식보다 더 중요

친구들이 실패한 가장 큰 이유는 고난을 '신학적 공식'으로만 접근했기 때문입니다. 반면 욥은 이해할 수 없어도 하나님께 직접 묻고 하나님과의 관계를 포기하지 않으며 침묵 속에서도 하나님을 찾습니다. 결국 하나님도 욥의 정직함과 진실한 신앙을 인정하십니다(42:7~8). 욥기는 하나님과의 인격적 관계가 어떤 신학적 이론보다 중요하다는 메시지를 줍니다.

⑤ 신앙의 진정성은 '조건'이 아니라 '관계'에 달려 있다

사탄이 제기한 핵심 도전은 "욥이 이유 없이 하나님을 경외하겠습니까?"(1:9)였고, 즉 신앙의 동기에 대한 도전이었습니다. 욥은 고난 속에서도 하나님을 저주하지 않고, 하나님의 응답이 없을 때도 관계를 포기하지 않으며, 변화된 관점으로 하나님을 다시 고백합니다(42:1~6). 욥기는 진정한 신앙은 '조건적 복'이 아니라 '하나님 자체'에 근거한다고 가르칩니다.

⑥ 하나님은 침묵 속에서도 멀리 계시지 않는다

욥기의 중요한 신학적 통찰 중 하나는 하나님의 침묵 역시 하나님의 주권 안에 있다는 것입니다. 욥은 긴 시간 동안 하나님의 침묵을 경험하지만 하나님은 결국 가장 적절한 때, 가장 깊은 방식으로 말씀하십니다. 고난 속의 침묵은 하나님의 부재라기보다, 하나님의 방식이 인간의 기대와 다를 수 있음을 보여 줍니다.

⑦ 중보의 신학

에필로그에서 하나님은 욥의 친구들을 책망하시고, 그들을 위해 욥에게 기도하라고 하십니다. 그리고 하나님은 욥의 중보기도를 들으신 후 친구들을 용서해 주십니다. 이는 욥기를 통해 드러나는 중보 신학의 중요한 장면입니다. 고난받는 자가 오히려 다른 사람을 위해 기도하는 위치로 세워집니다.

종합하면, 욥기의 신학은 이렇게 요약됩니다.

- 고난의 이유를 이해하는 것보다 고난 속에서도 하나님을 신뢰하는 것이 더 깊은 지혜이다.
- 하나님의 정의는 우리의 계산을 넘어서는 더 넓은 세계 안에서 이루어진다.
- 참된 신앙은 조건이 아니라 하나님과의 관계에서 나온다.

욥기에 대한 의문과 질문들

욥기가 오랜 편집기간을 거쳤고, 많은 사람들의 철학과 사상이 반영되다 보니 여러 의문과 질문이 생기게 됩니다.

① 욥기의 성격과 영감
- 욥기는 실화인가, 창작인가?(전승과 역사성)

- 욥기는 사람의 창작인가? 하나님의 영감인가?

- 산문(1~2, 42장)과 시(3~41장)의 차이는 무엇인가?

② 고난과 하나님의 침묵

- 왜 의인이 고난을 받는가?

- 왜 하나님은 고난의 이유를 욥에게 설명하지 않으시는가?

- 욥기는 고난 문제를 어떻게 해결하는가?

③ 인물과 논쟁의 신학

- 엘리후는 왜 갑자기 등장하고 사라지는가?

- 친구들은 왜 잘못되었는가?(42:7)

- 욥기 28장이 왜 중요한가?

④ 욥의 회개와 하나님의 정의

- 욥의 회개(42:6)는 무슨 의미인가?

- 욥기는 하나님의 정의를 어떻게 보여 주는가?

이런 질문들은 욥기가 주는 신학적 메시지를 더 분명하게 해 줍니다.

1. 욥기는 실화인가, 창작인가?(전승과 역사성)

에스겔 14:14과 14:20에서 욥은 노아·다니엘과 함께 '의로운 실존 인물'로 언급되는 것으로 볼 때, 전통적으로 욥은 역사적 인물로 이해되었습니다.

그러나 지금 우리가 가진 욥기는 매우 오래된 설화 전승을 바탕으로, 지혜 공동체가 신학적·문학적으로 성찰하고 확장하여 형성한 장문의 작품입니다.

따라서 욥기를 '실존 인물 욥에 관한 전승을 토대로 한, 신학적·문학적 발전을 거쳐 완성된 지혜 문학'으로 이해하는 것이 학문적으로도, 신앙적으로도 가장 균형 잡힌 관점입니다.

2. 욥기는 사람의 창작인가? 하나님의 영감인가?

성경은 하나님의 감동으로 기록되었으나(딤후 3:16), 그 기록은 인간의 언어와 문화, 문학양식을 통해 표현되었습니다. 그러나 그 모든 과정을 하나님께서 인도하셨기에 그 신학적 메시지는 하나님의 계시로 이해됩니다(벧후 1:21).

욥기의 시적 표현, 문학적 구조, 전승적 발전은 인간 저자의 창조적 작업이지만, 그 속에 담긴 하나님의 주권, 고난의 의미, 지혜의 본질에 대한 통찰은 하나님께서 성령으로 인도하신 결과입니다.

따라서 욥기는 인간의 문학적 표현을 통해 주어진 하나님의 영감된 말씀으로 이해하는 것이 가장 적절합니다.

3. 산문(1~2, 42장)과 시(3~41장)의 차이는 무엇인가?

문학 장르의 차이이며, 서로 다른 전승이 유래되어 한 권의 책이 되었다는 것을 보여 주고 있습니다.

- 산문: 고대 설화 전승의 흔적
- 시: 지혜문학적·철학적 논쟁(후대 문학)

이런 구조는 '간단한 설화'를 '신학적·철학적 대작'으로 확장시킨 것으로, 지혜 공동체가 '고난 문제'를 깊이 성찰하여 문학화한 형태로 볼 수 있습니다.

4. 왜 의인이 고난을 받는가?

욥기는 "고난이 죄의 형벌(보응 신학)이라는 공식이 언제나 맞는 것은 아니다" 라고 선언합니다. 고난은 하나님의 교육, 신앙의 순전함을 드러내는 과정, 보이지 않는 영적 전쟁의 현장, 하나님의 섭리 안에서 드러나는 미스터리가 될 수 있습니다.

욥기는 왜 고난이 있는지 '설명하지 않으면서', 하나님을 신뢰하는 것이 지혜임을 가르칩니다. 그러므로 고난은 단순히 죄의 결과가 아니라, 하나님의 더 깊은 목적과 주권 안에 있는 신비로 볼 수 있습니다.

5. 왜 하나님은 고난의 이유를 욥에게 설명하지 않으시는가?

하나님의 폭풍 속 말씀은 고난의 원인을 전혀 설명하지 않습니다. 욥 역시 진짜 필요로 했던 것은 '고난의 이유'가 아니라 '하나님의 임재'였습니다. "경외가 지혜의 본질"(28:28)이라는 말씀처럼 하나님은 '설명'보다 '자기 계시'를 통해 욥을 변화시키셨습니다.

고난은 인간의 언어와 이해로 완전히 설명할 수 없는 영역입니다. 그리고 고난의 해답은 '이유 설명'이 아니라 '하나님과의 관계 회복'과 '지혜에 대한 교육'에 있다는 것이 하나님의 목적이셨습니다.

6. 욥기는 고난 문제를 어떻게 해결하는가?

욥기는 고난을 죄의 결과나 징계, 혹은 단순한 축복의 통로로 규정하지 않습니다. 고난은 때로 이유가 설명되지 않는 신비의 영역이며, 하나님의 주권은 인간의 이해와 해석을 초월합니다. 그렇기에 지혜의 핵심은 고난의 원인을 파악하려는 데 있지 않고, 하나님을 경외하고 신뢰하는 데 있습니다(28:28).

결국 하나님께서 주시는 해답은 '이유 설명'이 아니라 하나님과의 관계 회복입니다. 욥의 회개 또한 고난의 이유를 깨달았기 때문이 아니라, 하나님의 광대하심 앞에서 자신의 한계를 인정하고 태도가 변화했기 때문입니다.

그러므로 욥기는 고난의 원인을 제시하는 책이 아니라, 고난 속에서 하나님을 어떻게 바라보고 어떤 태도로 서야 하는지를 가르치는 지혜서입니다.

7. 엘리후는 왜 갑자기 등장하고 사라지는가?

엘리후는 앞뒤 이야기 어디에서도 소개되지 않기 때문에, 그의 등장은 이야기 구조상 '삽입된 독립 단락'으로 보는 것이 타당합니다.

대부분의 학자들은 엘리후 연설을 후대 지혜 공동체가 추가한 부분으로 보는 데, 이는 보응 신학에 기울어진 친구들의 논리를 보완하고, 욥의 지나친 자기 의도 바로잡으며, 고난의 '교육적 의미'를 제시함으로써 하나님의 등장(38장)으로 자연스럽게 이어지도록 만드는 신학적 완충 장치 역할을 합니다.

다시 말해, 엘리후는 욥기 전체에서 친구들-욥-하나님 사이의 신학적 균형을 맞추는 장치로 기능합니다. 다만 엘리후 역시 하나님의 최종 말씀 이전의 인간적 해석이라는 점에서 절대적인 해답은 아닙니다.

8. 친구들은 왜 잘못되었는가?(42:7)

엘리바스·빌닷·소발 세 친구들은 하나님의 성품을 부분적으로만 이해하고, 그것을 잘못된 방식으로 적용했습니다. 그들의 생각이 부분적으로 맞지만 전체적으로 틀렸기 때문에 하나님은 그들에게 노하게 되신 것입니다.

- 하나님은 공의로우신 분 → 맞음
- 죄가 고난을 부를 수 있음 → 맞음
- 그러나 "모든 고난은 죄 때문이다" → 틀림
- 고난받는 사람에게 정죄를 적용 → 잘못

9. 욥기 28장이 왜 중요한가?

욥기 28장은 전체 욥기의 신학적 정점이자 중심부로, '지혜의 본질'을 선언하는 독립된 지혜 찬가입니다. 이 장은 고난의 이유를 밝히는 대신, "참된 지혜는 하나님을 경외하는 데 있으며"(28:28), 인간의 탐구나 논리로는 지혜에 도달할 수 없다는 사실을 강조합니다. 또한 욥기 전체의 정중앙에 배치되어, 앞선 논쟁과 뒤이은 하나님의 말씀을 연결하는 문학적 축 역할을 합니다. 전승 과정과 편집

층의 차이와 무관하게, 본 장은 욥기의 신학적 핵심을 요약하는 본문으로 보편
적으로 인정됩니다.

10. 욥의 회개(42:6)는 무슨 의미인가?

'죄에 대한 회개'라기보다 '자기 한계와 무지에 대한 회개'로 보는 것이 타당할
것입니다. 비록 욥의 고난이 죄로 인해 생긴 것은 아니지만, 욥이 하나님을 충분
히 이해했다고 생각한 '교만'은 분명히 있었기 때문입니다.

따라서 욥의 회개는 하나님 앞에서의 전적인 겸손과 자기를 낮추는 행위로 볼
수 있습니다. 즉 하나님의 광대함 앞에서 자신의 한계를 인정하는 회개인 것입
니다.

11. 욥기는 하나님의 정의를 어떻게 보여 주는가?

욥기는 하나님의 정의가 인간의 보응 신학처럼 '행위에 대한 자동적 보상'이 아
니라, 관계 속에서 드러나는 언약적 정의임을 보여 줍니다. 하나님은 의로운 욥
을 정죄하지 않으시고, 오히려 단순한 공식으로 하나님을 해석한 친구들을 책
망하십니다. 또한 욥의 회복 역시 기계적인 보상의 반복이 아니라, 하나님과의
관계 회복을 상징하는 신학적 행위입니다.

욥기는 고난의 '논리적 이유' 대신, 고난 속에서 하나님을 바라보는 '신앙적 해
답'을 제시합니다. 곧 고난의 이해보다 하나님과의 관계, 설명보다 신뢰, 해답보
다 경외를 강조하며, 하나님의 정의가 인간의 계산을 넘어서는 더 깊은 차원에
있음을 드러냅니다.

3.
시편

시편은 히브리 시가의 정점으로 평가되는 작품집으로, 약 500~1000년에 걸쳐 다양한 저자와 공동체가 경험한 기도, 찬송, 탄식, 지혜, 신뢰, 회개, 왕권, 제의 신앙 등이 집대성된 책입니다.

히브리어 제목 '테힐림(찬양들)'은 시편 전체가 궁극적으로 하나님을 찬양하는 목적·사명을 강조하며, 영어 Psalms는 '현악기 반주에 맞춘 노래들'에서 유래합니다.

시편은 단순한 노래 모음집을 넘어, 고난·감사·신앙의 투쟁 그리고 하나님의 통치에 대한 희망을 담은 신앙의 백과사전이라 할 수 있습니다. 다양한 신앙의 정서(희·노·애·락)를 온전히 담고 있어 개인 경건과 공동체 예배의 근간을 이루는 책입니다.

또한 시편은 히브리 시문학의 특징인 평행법을 중심으로 한 이미지와 은유의 시적 표현, 간결한 구조, 예배적 표시로 이해되는 "세라(Selah)[1]" 등의 특징을 지니며, 이는 시편이 원래 성전 예배와 성가적 현장에서 사용되었음을 보여 줍니다.

---

1) 세라의 정확한 의미는 확정되어 있지 않음

시편의 주요 유형(장르)

시편은 목적과 정서에 따라 여러 장르로 분류되며, 이는 시편 해석과 예배적·신학적 이해의 핵심 열쇠가 됩니다.

① 탄식 시

시편 전체에서 가장 큰 비중을 차지하며, '절망 → 부르짖음 → 신뢰 → 찬양의 서약'이라는 구조를 따르고 있습니다. 개인 탄식(13편)과 공동체 탄식(74편)이 모두 포함됩니다.

② 감사 시

하나님의 구원을 경험한 후 드리는 감사의 고백입니다(30, 116편 등).

③ 찬양 시

하나님의 창조·통치·은혜를 찬양하며, 시편의 신학적 정점입니다(8, 103, 145~150편).

④ 지혜 시

잠언적 요소를 담고 의인과 악인, 율법과 지혜로운 삶을 강조합니다(1, 37, 119편).

⑤ 왕·메시아 시

왕의 즉위와 통치, 고난, 하나님의 기름 부음 등을 노래하며(2, 45, 110편),

신약에서는 메시아적으로 해석되고 적용되기도 합니다.

⑥ 회개 시

죄 고백과 용서를 중심 주제로 삼은 시편으로, 전통적으로 일곱 개의 시편이 대표적입니다(6, 32, 38, 51, 102, 130, 143편).

⑦ 순례 시

성전 예배를 위해 예루살렘으로 올라가면서 부르던 노래(시 120~134편)로, 공동체적·예배적 색채가 강합니다.

시편의 전승과 편집 과정

전통적으로 다윗[1], 아삽, 고라 자손, 솔로몬, 모세, 에단/헤만 등 다양한 인물이 저자로 알려져 있으며, 실제로는 약 500~1000년에 걸쳐 축적된 신앙 노래들을 후대 편집자가 현재의 구조로 배열한 것으로 학계는 대체로 이해하고 있습니다.

편집 과정은 개인 기도가 예배 공동체에서 사용되었고, 이후 왕정 시대-포로기-포로후기에 걸쳐 재해석·재배열되면서 다섯 권의 책으로 완성된 것으로 보입니다.

---

1) 다윗 전통에 귀속된 것으로 표제에 나타나는 시가 73개

특히 시편 1~2편이 '시편집의 문(門)' 역할을 하며 '지혜 신학(1편) + 왕권 신학(2편)'이라는 두 기둥을 세움으로써, 전체 시편이 '의인의 길과 하나님의 통치'라는 신학적 틀 아래 읽히도록 배치된 것이 특징입니다.

① 시편의 기원: 개인의 체험에서 공동체의 예배로

시편은 처음부터 책으로 존재한 것이 아니라, 개인의 신앙 체험 → 구두 전승 → 성전 예배 → 문서 전승 → 편집이라는 긴 과정을 통해 형성되었습니다.

목동·전사·왕(다윗), 지혜자, 제사장 등 다양한 사람들이 삶 속에서 경험한 신앙 고백을 짧은 기도·탄식·찬양 형식으로 남겼고, 이것이 처음에는 구두 전승으로 이어졌습니다.

예루살렘 성전에서는 레위 음악가들(고라 자손, 아삽 가문)이 예배용 노래들을 체계적으로 사용하며 시편 전승에 역할을 하였고, 전쟁·재난·포로·귀환 등 공동체가 겪은 역사적 사건 속에서 공동체 탄식시가 형성되며 시편의 신학이 확장되었습니다.

시편은 결국 개인·성전·왕실·지혜 전통·포로 공동체가 모두 참여하여 만들어낸 다층적 신앙 기록의 집합체입니다. 그리고 처음에는 짧은 기도·찬양 형태로 존재했지만, 성전 예배에서 사용되며 문서화되고, 공동체의 역사적 사건 속에서 다양한 장르가 더해졌습니다.

② 문서화와 '소시편집'의 형성

구두로 전승되던 노래들은 점차 문서화되며 '작은 묶음(소시편집)'으로 이루어졌습니다.

- 다윗 시편집(3~41편 중심)
- 고라 자손 시편집
- 아삽 시편집
- 할렐루야 시편(146~150편)
- 순례 시편(120~134편)
- 왕의 즉위·통치 시편(2편, 72편, 110편 등)

이러한 소시편들은 원래 각각 독립적으로 존재하다가 후대 편집자들에 의해 합본·배열·신학적 재구성 과정을 거쳐 하나의 대시편집(Psalter, 즉 전체 시편집)으로 통합되었습니다. 이 편집은 단순한 문서적 배열이 아니라, 시편 전체를 '의인의 삶과 하나님의 통치'라는 신학적 틀 속에서 읽히도록 의도한 신학적·문학적 작업이었습니다.

편집 과정: 오늘의 '5권 구조' 형성까지

① 제1성전 시대(기원전 10~6세기)

다윗·솔로몬 시대부터 개인적·성전적 노래들이 수집되기 시작하였고,

'다윗의 시' 표제[1]는 당시부터 사용되었거나, 후대 편집자가 '다윗 전통'을 반영하여 부여한 것으로 보여집니다.

② 바벨론 포로기(기원전 586~538)

성전 파괴로 인해 전승 보존의 필요성이 커지고, 공동체적 탄식시와 이른바 신정론적[2] 시편(73~89편)이 집중적으로 생성된 것으로 보입니다. 이 시기에 시편의 신학적 재해석과 정리 작업이 촉진된 것으로 보고 있습니다.

③ 포로 귀환 후-제2성전 초기(기원전 538~400)

성전 재건과 함께 예배 체계가 재정비되며 시편 정리 작업이 수행되었고, 오늘날 시편 1~4권의 큰 틀(전반부 구조)이 이 시기에 형성된 것으로 보여집니다. 시편 90편 등은 포로기 이후 신학(하나님 주권·영원성 강조)을 반영하고 있습니다.

④ 제2성전 시대 말기(기원전 300~100)

다양한 소시편집이 하나의 대시편집으로 통합되면서 현재의 5권 구조(1~41편, 42~72, 73~89, 90~106, 107~150)가 확립되었습니다. 각 권의 끝에 송영(Doxology)이 붙어 있어 의도적 편집의 흔적을 보여 줍니다. 이 구조는 모세오경(창·출·레·민·신)을 반영한 것으로 이해되며, 큰 흐름에서 시편은 '탄식에서 찬양'으로 나아가는 여정을 보여 줍니다.

---

1)   표제는 저작 표시일 수도 있고, 헌정·음악적 지시·예배적 배치일 수도 있음
2)   왜 하나님이 침묵하시는가?, 왜 악인이 번성하는가? 등

시편의 구성과 주요 내용

시편은 150편의 기도·찬양·탄식·지혜·왕권 시들을 다섯 권으로 조직한 예배서이자 신앙 고백서입니다. 각 권은 송영(doxology)으로 끝나고 마지막 150편은 전체를 마무리하는 대송영 역할을 합니다.

① 제1권: 시 1~41편

개인의 고난과 신뢰, 의인의 길, 다윗의 신앙 투쟁 등을 내용으로 하며 다윗 시가 압도적으로 많습니다. 그렇다 보니 개인의 탄식, 영적 갈등, 원수로부터의 구원 요청, 하나님 신뢰 등으로 구성되어 있습니다.

특히 1편은 의인과 악인의 갈림길로 시편 전체의 '정문(正門)' 역할을 수행하며, 하나님은 고난 속에서도 의인을 기억하신다는 메시지를 주고 있습니다.

대표적인 시편은 1편(의인의 길), 8편(창조 찬양), 19편(자연과 율법의 계시), 22편(고난받는 의인[1]), 23편(여호와는 나의 목자), 27편, 32편, 34편, 40편 등이 있습니다.

② 제2권: 시 42~72편

고라 자손·아삽·다윗의 시가 혼합되어 있고 성전 예배의 색채가 강합니

---

1)   전통적으로 메시아적 시로 읽혀 온 시

다. 공동체 예배, 왕의 기도, 구원의 감사, 하나님 임재의 갈망 등을 노래하고 있습니다.

42~43편(임재 갈망-"사슴이 시냇물을"), 46편("하나님은 피난처"), 51편(다윗의 회개), 62편(오직 하나님만), 65편(감사), 67편(열방 찬양), 72편(메시아적 왕국) 등이 대표적인 시편입니다. 특히 72편은 제2권을 마무리하며, 이상적 왕과 하나님의 통치를 바라보는 메시아적 시편으로 읽힙니다.

③ 제3권: 시 73~89편

성전 파괴와 국가적 위기, 신정론(하나님의 정의 문제) 등에 대한 고뇌를 표현하고 있으며, 아삽 시편(73~83)이 중심을 이루고 있습니다. 이스라엘 역사 속의 고난, 열방의 공격, 하나님의 침묵에 대한 질문으로 가장 어두운 신학적 고민이 집중된 권입니다. 현실의 고난과 하나님의 침묵을 직면하며, 악인의 번성 문제, 언약 위기 등을 묻습니다.

84편과 같이 성전을 사모하는 찬양의 시도 포함되어 있으나, 전체적으로는 악인의 번성에 대한 신앙적 갈등(73편), 성전 파괴와 민족적 절망(74, 79편), 깊은 절망(88편), 하나님 언약의 흔들림에 대한 탄식(89편)과 같이 국가적 위기와 신정론적 고민이 중심을 이루고 있습니다. 하지만 이런 고통과 역사의 비극 속에서도 '하나님 언약 신실성'에 대한 믿음을 포기하지 않는 고백을 같이 담고 있어 욥기와 신학적으로 연결되어 있습니다.

④ 제4권: 시 90~106편

포로기 이후 신학인 하나님 왕권(YHWH mālak) 사상을 강하게 강조하며, 인간 왕의 몰락 이후 여호와의 영원한 통치를 선언합니다. 영원한 하나님의 통치("여호와는 왕이시다")와 광야 신앙을 재조명하며 신앙회복을 주제로 삼고 있습니다.

다윗 왕조의 회복이 보이지 않는 상황에서 하나님의 영원성(90편, 모세의 기도)과 역사의 주인은 인간 왕이 아니라 하나님께 왕권이 있음을 노래합니다(93~99편). 이에 따라 "여호와께서 다스리신다"라는 표현이 반복되어 등장합니다.

90편, 91편(보호 시편), 95~100편(여호와의 왕권 찬양), 103편(하나님의 인자와 긍휼), 104편(창조 찬양), 105~106편(이스라엘 역사 회고) 등이 대표적인 시편입니다.

⑤ 제5권: 시 107~150편

감사·찬양·율법 사랑·순례·하나님 나라의 희망의 절정 등을 노래하며, 가장 밝고 고양된 정서가 나타나는 권으로, 할렐루야 찬양(146~150편)이 반복됩니다. 순례 시편(120~134편)이 포함되어, 공동체적인 감사·기쁨·소망을 담고 있으며, 119편은 율법을 사랑하는 신앙의 정점을 보여 줍니다.

대표 시편으로는 107편(구원 감사), 110편(메시아적 왕·제사장), 116편, 118편, 119편(토라 찬양, 가장 긴 시편), 121편(도움 주시는 하나님),

126편(포로 회복의 기쁨), 130편(깊은 곳에서 부르짖음), 139편(전지·전능·친밀한 하나님), 146~150편(5편의 할렐루야 대찬양) 등이 있습니다.

150편은 "호흡 있는 자마다 여호와를 찬양할지어다 할렐루야"로 마무리되며, 시편 전체의 영적 목표인 '순수한 찬양의 회복'을 선포합니다.

⑥ 시편 전체의 흐름 요약

시편은 단순한 '노래 모음집'이 아니라 구원 역사 속에서 신앙이 성숙해가는 '영적 드라마'입니다.

권	정서	신학적 흐름
제1권	개인 고난 → 신뢰	의인의 길, 하나님 임재
제2권	공동체 갈망·왕권	메시아적 통치의 희망
제3권	국가적 절망	신정론·언약 위기
제4권	신앙 회복	하나님 왕권의 재선언
제5권	감사·찬양	우주적 찬양, 회복의 완성

따라서 시편은 '탄식 → 신뢰 → 왕권 → 절망 → 회복 → 찬양'이라는 거대한 신앙 여정을 이룹니다. 그리고 마지막 150편은 '조건 없는 순수한 찬양'이라는 절정으로 마무리되며, 이는 전체 시편의 영적 목표를 상징합니다.

시편의 신학적 의미

앞에서 언급된 것처럼 시편은 단순한 찬송집이 아니라, 구약 신학의 핵심 주제들을 노래로 표현한 신앙의 백과사전입니다. 시편의 신학은 '삶의 현실 → 하나님 경험 → 신앙 고백'이라는 역동적 흐름 속에서 형성된 것으로 보입니다.

① 하나님에 대한 신학: "여호와는 왕이시다"

시편 신학의 중심에는 '하나님의 통치(하나님 왕권)'가 있습니다. 하나님은 창조자이시며, 역사와 열방, 자연, 인간의 삶 전체를 주관하시는 우주적 왕이십니다. 하나님은 심판자이며 악과 거짓을 바로잡으시는 분(9, 75편)이시고, 구속자로서 자기 백성을 위기에서 건지십니다(18, 107편). 인간의 왕권(특히 다윗 왕조)은 하나님 통치의 그림자이자 도구일 뿐입니다. 시편 신학의 출발점은 '하나님이 다스리신다'는 믿음의 선언입니다.

② 인간 · 인생 신학: 정직한 고백이 신앙이다

시편은 성경에서 가장 심리적 · 감정적으로 솔직한 책입니다. 인간의 유한성(90편), 고통 · 상실 · 박해(22, 69편), 우울 · 불안 · 방황(42~43편), 죄와 회개(6, 32, 38, 51편) 등을 통해 인간이 하나님과 관계 속에서 존재한다는 사실을 깨닫게 합니다.

'솔직한 탄식'은 불신앙이 아니라 관계의 증거이며, 고난의 현실을 피할 수는 없지만, 하나님을 붙잡고 절망을 극복하며 신뢰로 나아가는 여정을 보여 줍니다. 시편은 인간의 모든 감정을 하나님 앞에 드리는 것이 신앙임을 가르칩니다.

③ 언약 신학: 하나님의 신실하심에 대한 확신

시편 전체는 하나님의 언약의 신실성을 강조하고 있습니다. 89편에서 언약의 위기조차 믿음으로 재해석하며, 72편·89편에서는 다윗 언약을 기억하고, 78·105·106편에서는 이스라엘의 역사 속 하나님의 인도와 징계를 회상합니다. 이렇게 시편에서의 신뢰, 탄식, 감사는 모두 언약의 관계성에서 출발합니다. 따라서 하나님은 "기억하시며", "신실하시며", "인자하심이 영원하다"라는 고백이 중심을 이루고 있습니다.

④ 예배 신학: 시편은 예배의 신학적 토대

시편은 이스라엘 예배의 핵심 교재였으며, 예배 신학의 근본 구조를 형성하고 있습니다. 찬양, 감사, 고백, 탄식, 간구, 회개, 말씀 듣기 등과 같은 예배 요소들이 모두 시편 안에 존재하며, 예배는 '삶 전체를 하나님께 드리는 행위'라는 예배의 구조와 본질을 신학적으로 정의합니다. 특히 성소는 하나님 임재의 자리이고, 순례 시편은 예배의 기쁨을 드러내고 있습니다(120~134편).

⑤ 지혜 신학: 의인의 길과 악인의 길

시편은 예배서이면서 동시에 지혜문학적 성격을 지니고 있습니다. 시편 1편은 시편 전체를 지혜의 관점으로 열어놓으며, 37편·49편·119편 등도 지혜적 요소가 강합니다. 시편은 잠언·욥기와 함께 '의인의 길과 악인의 길'을 대조하며, 하나님을 경외하는 것이 지혜의 본질임을 강조하고 있습니다.

⑥ 메시아 신학: 시편은 메시아 이해의 핵심 자료

시편은 신약성경에서 가장 많이 인용되거나 암시되는 구약성경 책으로 널리 인정됩니다. 이는 시편이 예수 그리스도에 대한 이해와 해석의 중요한 신학적 기초가 되었음을 의미합니다.

- 2편: 여호와의 아들, 왕
- 22편: 고난받는 의인—십자가 예표
- 45편: 왕의 영광
- 72편: 이상적 왕국
- 110편: 멜기세덱[1]적 제사장-왕(히 5~7장)

시편에 나타난 왕권·고난·승리·제사장적 역할은 예수님 안에서 성취되며, 시편은 예수님의 고난·기도·승리·통치를 이해하는 데 있어 핵심적인 신학적 틀을 제공합니다.

⑦ 구원 신학: 하나님은 고난 속에서 구원하신다

시편은 "하나님은 구원하신다"라는 메시지를 가장 다양한 방식으로 보여

---

1)   살렘 왕이자 지극히 높으신 하나님의 제사장으로, 아브라함을 축복하고 그의 십일조를 받은 인물(창 14:18~20)

줍니다. 구원은 개인적 구원(병, 박해, 죄, 외로움), 공동체적 구원(국난, 전쟁, 포로기), 역사적 구원(출애굽, 광야, 가나안 정착)을 포함하며, 구원은 단순한 문제 해결이 아니라 하나님과의 관계 회복이며, 하나님 통치 안에 들어가는 것이라고 가르치고 있습니다.

⑧ 신정론(악과 고난의 문제)

시편은 "왜 악인이 형통하는가?", "왜 의인이 고난받는가?"라는 질문에 대해 실존적이고 관계적인 대답을 제공합니다. 하나님은 침묵하시는 것 같으나 기억하시며(9편), 듣고, 때가 찬 후 응답하신다(40편)는 것과, 탄식은 불신앙이 아니라 믿음의 언어이며, 성소에서 하나님의 관점을 얻게 된다[1](73편)라는 것을 가르쳐 줍니다. 따라서 시편은 고난을 신앙의 깊이로 이끄는 통로로 해석할 수 있습니다.

⑨ 영성 신학: 기도와 묵상의 학교

시편은 기도·묵상·영성 형성에서 성도들의 영적 교과서 역할을 합니다. 두려움·분노·기쁨·희망 등의 감정을 숨기지 않고 하나님께 가져가는 정직성, 말씀(율법)에 대한 사랑(119편), 침묵·묵상·찬양·회개의 균형, 하나님의 임재를 갈망하는 영성(42~43편) 등을 보여 줍니다.

이런 이유로 초대교회와 수도원 전통에서 매일 시편을 기도하였으며, 예

---

1) 하나님의 시각·해석·가치관·시간표 전체가 내 안에 새롭게 형성되는 것을 의미

수님도 시편으로 기도를 하셨습니다[1]. 따라서 시편은 "하나님 백성이 어떻게 기도해야 하는지"를 가르치는 책입니다.

⑩ 종말론적·우주적 신학: 모든 피조물의 찬양

시편 후반부는 우주적 예배라는 종말론적 비전을 보여 줍니다.

- 열방이 하나님을 찬양할 것(67, 96, 117, 148편)
- 모든 피조물—해·달·별·바다·산·바람—이 하나님을 찬양(148편)
- 최종 목표는 "모든 호흡 있는 자가 여호와를 찬양하는 것"(150편)

시편은 고난, 죄, 감정, 역사, 언약, 우주라는 삶의 모든 현실을 하나님 통치 아래 재해석하며, 예배·언약·지혜·메시아·구원 신학의 중심을 형성하는 책입니다. 즉, 시편은 인간의 실존과 하나님의 통치가 만나는 신학의 교차점이며, 신앙이 탄식에서 찬양으로 성숙해 가는 여정을 기록한 영적 지도라고 할 수 있습니다.

시편에 대한 의문과 질문들

시편은 인간의 내면 감정과 예배적 고백, 고대 이스라엘의 역사·신학·문

---

1) 시 22:1절: 마 27:46·막 15:34, 시 31:5절: 눅 23:46, 시 41:9절: 요 13:18, 시 69:4절: 요 15:25, 시 8:2절: 마 21:16, 시 110:1절: 마 22:44 등외 다수

학적 요소가 결합된 독특한 책이기 때문에 다양한 질문이 생길 수밖에 없습니다.

① 표제

- 시편 표제("다윗의 시", "지휘자를 따라", "알둘레셰헷")의 기능은 무엇인가?
- 표제가 본문보다 후대의 것인지, 원래 그 시의 일부인지?
- 표제가 시편 해석에 어떤 영향을 미치는가?

② 시편의 형식비평·시적 구조

- 시편의 평행법 유형(동의·대조·계단식 등)은 해석에 어떤 영향을 주는가?
- 시편의 구조적 장치(치아즘, 인클루지오 등)는 메시지를 어떻게 강조하는가?
- '세라'는 실제 무엇인가? 음악적 신호인가, 묵상 표식인가?

③ 성전·예배·레위 전통

- 고라 자손과 아삽 가문은 누구이며, 그들은 성전 음악 전통 속에서 어떤 역할을 수행했는가?
- 시편이 실제 고대 예배에서 어떻게 사용되었으며 어떤 악기 편성과 형식이 있었는가?
- 시편의 예배적 환경은 제1성전과 제2성전 시대에 어떻게 달라졌는가?

④ 메시아 신학 · 신약 사용 관련

- 신약 저자들은 시편을 왜 '예언적 문서'로 보았는가? 그 해석 방법은 무엇인가?

- 신약에서 시편을 인용할 때 원문 의미가 변형되는 경우(확장 해석)가 있는데, 이것을 어떻게 이해해야 하는가?

⑤ 정경비평 · 본문비평

- 왜 70인역(LXX)과 히브리어 본문(MT)의 시편 번호와 내용이 일부 다른가?

- 사해사본(11QPs[a]) 등)의 '다른 시편 배열'은 무엇을 의미하는가?

- 왜 어떤 전승(동방정교회, 사해사본 등)에는 '시편 151편(비정경적 추가 시편)'이 포함되는가?

⑥ 신앙 · 영성적 적용

- 시편의 감정 표현(분노 · 슬픔 · 우울 · 적의 저주)을 오늘 신앙생활에 어떻게 적용할 수 있는가?

- '악인 형통' 문제를 현대 신자가 어떻게 현실적으로 이해 · 적용해야 하는가?

- 시편은 현대 그리스도인의 영성 형성에 어떤 실제적 훈련 구조를 제공하는가?

---

1) 쿰란 제11동굴에서 발견된 시편 사본 A(Psalms Scroll A)

이런 질문들은 시편이 담고 있는 신앙의 정서와 개인 경건, 공동체 예배
의 의미를 더 깊이 이해하도록 도와줍니다.

1. 시편 표제의 기능은 무엇인가?

시편의 표제는 단순한 제목이 아니라 여러 기능을 가진 '해석적 안내문'입니다.

- 저자 표기: 다윗, 아삽, 고라 자손 등

- 헌정 혹은 소유: "다윗에게 속한", "다윗을 위한", "다윗의 전통 안에서"

- 음악적 지시: "지휘자를 따라", "현악에 맞추어", "알둘레셰헷" 등

- 장르 지시: "마스길(지혜시)", "미그담(노래)", "시라(찬양)"

- 배경 설명: "다윗이 압살롬을 피할 때"

즉, 저작 정보, 예배·음악적 지시, 상황적 단서, 장르 표기를 종합적으로 제공하는 역할을 합니다.

2. 표제가 본문보다 후대의 것인가?

학계의 일반적 결론은 일부 표제는 원래 시에 붙어 있었을 가능성 있지만, 다수의 표제는 후대 편집자들이 붙였을 가능성이 크다는 것입니다. 특히 다윗 표기의 73개는 편집자가 '다윗 전통'을 강조하기 위해 붙였다는 견해가 강합니다. 그러나 표제를 완전히 무시할 근거는 없으며, 편집자들도 전승을 존중해 붙였기 때문에 고대 전승을 반영한 중요한 자료입니다.

3. 표제가 시편 해석에 어떤 영향을 미치는가?

표제는 해석의 길을 열어 주는 중요한 전승 정보이지만, 본문 자체보다 우선할 수는 없는 보조적 정보라고 할 수 있습니다. 따라서 표제가 본문과 모순되지 않

으면 그대로 따르고, 모순될 때는 본문을 우선하는 것이 좋습니다.

4. 평행법(동의·대조·계단식)은 해석에 어떤 영향을 주는가?

평행법은 히브리 시의 핵심으로, 의미를 풍성하게 만드는 구조입니다.

- 동의 평행법: 같은 내용을 다른 말로 반복 → 의미 강화

- 대조: 의인/악인의 길 같은 신학적 대조를 강조

- 계단식: 한 구절이 다음 구절로 의미가 상승되는 구조

따라서 평행법을 이해하면 시편 메시지를 보다 정확하게 이해할 수 있습니다.

5. 치아즘·인클루지오 같은 구조가 메시지를 어떻게 강조하는가?

치아즘(대칭 구조)은 A-B-C-B'-A'와 같이 중앙(C)에 핵심 메시지가 위치하며, 인클루지오("감싸기" 구조)는 같은 구절로 시작과 끝을 감싸며 전체 시의 주제를 테두리처럼 강조하고 있습니다. 시편의 많은 메시지는 이런 기법을 통해 신학적 중심을 드러냅니다.

6. '세라(Selah)'는 실제 무엇인가?

정확한 의미는 정의되지 않았지만 학자들은

- 음악적 신호(멜로디 전환·쉼표·합창 지시)

- 의미를 곱씹게 하는 멈춤(묵상을 위한 정지)

- "높여라/들어 올려라"(히브리어 설형에서 온 가능성)

등으로 의미를 파악하고 있습니다. 이 중 '음악적 쉼 또는 강조를 위한 묵상 표시'로 보는 견해가 가장 널리 받아들여지고 있습니다.

7. 고라 자손·아삽 가문은 누구이며 어떤 역할을 했는가?

고라 자손은 레위 지파 중 성전 문지기·음악가 전통을 가지고 있고, 아삽 가문은 다윗 시대 성전 찬양대장(대제창자)의 후손들입니다. 이들은 성전에서 전문 성가대, 악기 연주자, 예배 음악 작곡자로 활동하며 시편 전승에서 중요한 역할을 했습니다.

8. 시편은 고대 예배에서 어떻게 사용되었으며 악기·형식은 어떠했는가?

찬양대, 제사장, 악사들이 시편을 노래와 선창·응창 방식으로 사용하였습니다. 악기는 수금, 비파, 나팔, 소고, 제금, 현악·관악기 등이 활용되었던 것으로 추측됩니다. 형식은 개인 탄식, 구원 감사, 제목 없는 찬양, 왕 즉위식(2, 110편) 등 여러 상황에서 사용된 것으로 보여집니다.

9. 제1성전과 제2성전 예배 환경의 차이

제1성전 시대(다윗-솔로몬)는 왕정 중심 예배로 음악 전통이 발전하여, 성가대와 악기 사용이 활발하였습니다. 제2성전 시대(에스라-느헤미야 이후)에는 '율법 중심 예배'로 점차 재편되어 찬양은 더 문서화·전문화되면서 시편이 공동체 예배의 체계적 교본이 되었습니다.

10. 신약 저자들은 시편을 왜 '예언적 문서'로 보았는가?

시편 자체가 왕권·고난·승리·제사장직을 노래하고 있고, 다윗 언약(삼하 7장)의 성취로 시편을 읽었습니다. 그리고 유대 전승에서 시편은 '메시아적 기대'의 핵심 자료이므로, 신약은 시편을 예수 그리스도를 예표하는 문헌으로 읽었습니다.

11. 신약에서 시편을 인용할 때 원문 의미가 변형되는가?

신약은 시편을 예표로 해석하여 다윗을 메시아로 확장하기도 하였고, 성령이 드러내는 궁극적 의미라는 더 깊은 의미를 부여하기도 하였습니다. 나아가 시편의 패턴을 예수님에게 적용하기도 하였습니다. 이는 신약이 본문을 '왜곡'하는 것이 아니라, 시편의 신학적 깊이를 '완성'하는 방식으로 해석하는 것입니다.

12. 왜 70인역(LXX)과 히브리어 본문(MT)의 시편 번호가 다른가?

어떤 시는 둘로 나뉘고[1], 어떤 시는 합쳐졌기 때문에[2], 그 결과 두 판본의 시편 번호가 달라지게 되었습니다. 하지만 내용 자체는 거의 동일하고 정경 전통의 차이일 뿐입니다.

13. 사해사본(11QPsª)의 다른 배열 의미는?

11QPsª(쿰란 시편 두루마리)는 외경적 시나 다른 찬송들도 포함하고 있어 시편이 초기에 '완전히 고정된 책'이 아니었고, 하나의 '열린 찬송집'처럼 존재했음을 보여 주는 귀중한 증거입니다.

14. 왜 151편이 있는가?

동방정교회와 사해사본은 다윗의 어린 시절을 노래하는 짧은 시인 '시편 151편'을 포함하고 있지만, 유대 전승에서는 정경이 아니었기 때문에 개신교·가톨릭에서는 배제되었습니다. 이는 '정경 경계'의 다양성을 보여 주는 중요한 자료입니다.

---

1) MT의 116편은 LXX에서 114·115편으로 나뉨
2) MT의 시 114·115편이 LXX에서는 113편

15. 시편의 감정(분노·저주)은 어떻게 적용할 것인가?

시편의 저주시편(imprecatory psalms)은 악에 대한 하나님의 공의를 향한 열망을 담고 있습니다. 시인은 개인 보복을 실행하지 않고, 정의를 하나님께 맡기며, 악의 종말을 갈망하고 있습니다. 따라서 이는 개인적 보복 욕구가 아니라 심판을 하나님께 의탁하는 신앙 행위로 이해할 수 있고, 현대 신자는 이를 '악의 문제를 하나님께 맡기는 기도'로 적용할 수 있습니다.

16. '악인 형통' 문제를 어떻게 이해·적용할 것인가?

시편에서는 "형통은 잠시뿐"(시 37편), "하나님은 의인의 길을 아신다"(시 1편), "역사의 최종적 승리는 하나님의 정의"(시 73편)라고 기록하고 있습니다. 따라서 현대 신자는 "현실의 불공정이 곧 하나님의 침묵이 아니다"라는 확신을 붙잡아야 합니다.

17. 시편이 제공하는 영성 훈련 구조는 무엇인가?

시편은 기도·묵상·영성 형성의 가장 고전적인 학교입니다.

- 정직한 감정 표현-숨기지 않음
- 말씀 묵상-시 1편, 119편
- 탄식 → 신뢰 → 찬양의 영적 흐름
- 회개와 정화-시 51편
- 예배적 영성-순례 시편
- 침묵·기다림의 영성-시 62편

이처럼 시편은 "어떻게 기도하고, 어떻게 믿고, 어떻게 하나님을 기다릴 것인가"를 가르치는 영성 교과서입니다.

4.
잠언

잠언은 욥기·전도서와 함께 구약의 대표적 지혜문학으로, 특히 '지혜의 규범서(일반적 원리)' 역할을 합니다. 잠언의 목적은 "지혜와 훈계를 알게 하며 명철의 말씀을 깨닫게 하며, 지혜롭게, 공의롭게, 정의롭게, 정직하게 행할 일에 대하여 훈계를 받게 하며, 어리석은 자를 슬기롭게 하며 젊은 자에게 지식과 근신함을 주기 위한 것이니"(1:2~4절)라고 성경은 기록합니다.

그래서 잠언은 신학적 교리보다 성실, 근면, 말조심, 인간관계, 재물 사용, 자녀 교육 등과 같은 일상에서 적용할 수 있는 실천적 지혜를 강조합니다. 그래서 "손을 게으르게 놀리는 자는 가난하게 되고 손이 부지런한 자는 부하게 되느니라"(10:4)와 같은 2행 대구법(평행법)이 자주 사용되며, "의인은 복을 받고, 악인은 파멸한다"는 구조도 자주 등장합니다.

또한 지혜를 마치 한 인격체처럼 묘사해 사람들을 초대하고 교훈합니다(특히 8장). 이는 지혜를 단순한 지식이 아니라 하나님을 경외하는 삶의 태도로 본다는 의미를 담고 있습니다. 그리고 "여호와를 경외하는 것이 지식의 근본"(1:7)이라며 하나님을 경외하는 삶은 곧 올바른 윤리적 선택으로 나타난다고 말합니다. 종교적 색채가 비교적 약한 부분도 있어 신앙이 없는 사람들도 삶의 지혜로 받아들이기 쉬운 책입니다.

잠언의 전승 및 편집과정

잠언은 한 시기에 만들어진 단일 저작이 아니라, 솔로몬 전승을 중심으로 수백 년에 걸쳐 축적된 지혜 자료들이 후대 신앙 공동체의 손을 통해 편집·정리된 것으로 보입니다.

잠언의 기틀은 이스라엘의 가정교육, 궁정 내 교훈, 지혜자(스승들)의 교훈 등에서 비롯되었습니다. 이는 이집트·메소포타미아 등 고대 근동 지역의 지혜문학과도 맥락을 같이합니다. 특히 이집트의 '아메네모페의 교훈[1]'과 유사한 구절이 잠언 22:17~24:22에 존재한다는 점은 널리 알려져 있습니다.

솔로몬은 성경에서 '지혜로운 왕'의 상징적 인물로 묘사되며, 지혜문학 전반이 솔로몬 전승 아래 모이게 되었습니다. 이는 솔로몬이 모든 잠언을 썼다는 의미가 아니라, 지혜 전통의 권위를 '솔로몬'이라는 이름이 대표하는 구조였다고 보는 견해가 우세합니다.

이후 여러 세대에 걸쳐 지혜자들이 교훈을 모으고 보완한 것으로 보여집니다. 잠언 속에 등장하는 '지혜자들의 말'(22:17, 24:23)은 지혜 사상가들의 전승 집단이 존재했음을 시사합니다.

---

1) 고대 이집트 지혜문학으로, 30개 단락의 도덕적·윤리적 교훈을 아들에게 전한 문헌으로, 겸손·정직·근면·말조심 등 실천적 지혜를 강조

잠언은 몇 차례에 걸쳐 수집-정리-편집-재편집을 거쳐 오늘날의 형태가 형성된 것으로 추정됩니다.

① 1차 전승 모음: 솔로몬 잠언집(10:1~22:16)

이 부분은 잠언 가운데 가장 오래된 전승(기원전 10세기 이후)으로 평가됩니다. 짧은 2행 대구법 형식의 격언들이 주를 이뤄, 가장 '고전적 잠언' 형태를 가지고 있습니다.

② 히스기야 시대의 재편찬(25~29장)

잠언 25:1절에 "유다 왕 히스기야의 신하들이 편집한 것"이라고 명시적으로 언급되어 있습니다. 역사적으로 히스기야 왕(기원전 715~686년)은 종교개혁과 문헌 정리에 관심이 있었던 왕으로 평가되며, 이때 지혜문학도 함께 정리된 것으로 보입니다.

③ 지혜자들의 잠언 수집(22:17~24:34)

이집트 지혜문학과의 연관성이 강하며, 당시 국제적 지혜 전통과의 대화 속에서 형성된 것으로 보입니다. 비교적 후기인 왕국 말기에서 포로기 전후(기원전 7~6세기)의 자료로 보기도 합니다.

④ 아굴과 르무엘 전승의 편입(30장, 31장)

"아굴의 잠언"(30:1), "르무엘 왕이 말씀한 바"(31:1)와 같이 이스라엘이 아닌 이름이 등장하는 것으로 볼 때 잠언이 국제적 지혜 전통과 교류했던 증거로 읽힙니다. 전승 시기는 대체로 포로기 이후(기원전 6~5세기)로 보는 견해가 많습니다.

⑤ 지혜 서문(1~9장)의 형성

지혜가 인격화되어 말하는 형식(특히 8장)은 후기 지혜문학의 특징으로 학자들은 보고 있습니다. 이런 이유로 이 부분은 '포로기 이후-헬레니즘 초기(기원전 5~4세기)'에 해당 부분이 편집되었다고 봅니다.

⑥ 최종 편집 시기

최종 형태는 아마도 헬레니즘 시대 전후(기원전 4~3세기경)에 형성되었다는 것이 학계의 일반적 견해이나, 신앙 전통 내에서도 이를 수용하는 견해가 존재합니다. 이 시기는 이스라엘의 지혜 전통이 활발히 정리되던 때로 이해되며, 이에 따라 잠언의 다양한 전승이 하나의 책으로 편집·정리되었을 가능성이 있습니다.

요약하면, 잠언은

- 솔로몬 전승(기원전 10세기)을 토대로 하여,

- 히스기야 시대 편집(기원전 8세기),

- 왕국 말기 및 포로기의 지혜자 전승(기원전 7~6세기),

- 포로기 이후의 새로운 지혜 전승(기원전 6~5세기),

- 그리고 후기 신학적 서문 편집(기원전 5~4세기)을 거쳐,

- 헬레니즘 시대(기원전 4~3세기경)에

최종적으로 현재의 형태를 갖추게 된 것이라고 정리할 수 있습니다.

잠언의 구성과 내용

잠언은 보통 7개의 주요 단락으로 구분합니다.

- 서문: 지혜의 초대(1:1~7)

- 아버지의 교훈과 지혜의 인격화(1:8~9:18)

- 솔로몬의 잠언 1집(10:1~22:16)

- 지혜자들의 말 1집(22:17~24:22)

- 지혜자들의 말 2집(24:23~24:34)

- 히스기야 시대에 편집된 솔로몬 잠언 2집(25:1~29:27)

- 아굴의 말, 르무엘의 말, 현숙한 여인 노래(30~31장)

① 1:1~7절: 서문, 지혜의 목적 선언

잠언의 목적을 직접적으로 밝히며, '여호와 경외'라는 신앙적 기준이 잠언 전체의 기초임을 제시하고 있습니다. 이는 실천적 지혜(삶의 기술)와 신앙적 지혜(하나님 경외)를 하나로 묶고 있음을 알 수 있습니다.

② 1:8~9:18절: 아버지의 교훈과 지혜의 인격화

"내 아들아"라는 부름으로 시작되는 부모의 교훈 형태로 구성되어 있습니다. 문학적으로 가장 통일성이 높고 철학적 깊이가 있으며, 특히 '인격화된 지혜(Sophia)'는 후기 유대교와 신약 신학에도 영향을 주게 됩니다.

- 1장: 악인의 유혹 경계

- 2장: 지혜와 미련의 길 대조

- 5~7장: 간음의 유혹을 피하라는 경고

- 8~9장: 지혜를 여성으로 인격화하여 초대하는 시

③ 10:1~22:16절: 솔로몬의 잠언 1집

잠언 중 대표적인 2행 대구법 격언들이 등장합니다.

- 10장: 의인과 악인, 게으른 자와 부지런한 자 등

- 11장: 속이는 저울과 공평한 추, 교만과 겸손, 공의와 악 등…

이렇게 짧고 독립된 격언들의 모음이 이어지며, 의인과 악인의 길, 말의 사용, 근면과 게으름, 재물에 대한 태도, 분노와 절제, 사회정의와 공평 등 다양한 주제를 다루고 있습니다.

④ 22:17~24:22절: 지혜자들의 말

"너는 귀를 기울여 지혜 있는 자의 말씀을 들으며"(22:17)라는 문구로 시작하며, 비교적 긴 교훈적인 문단들이 등장합니다. 청중에게 직접 말하는 형식이 많으며 도덕적 권면이 강조되고 있습니다. 이 부분은 이집트의 '아메네모페의 교훈'과 내용·구조 면에서 여러 유사점이 있어 외국 지혜문학과 연결되는 부분도 존재합니다.

⑤ 24:23~24:34절: 지혜자들의 말 2집

"이것도 지혜로운 자들의 말씀이라"(24:23)로 시작하는 작은 단락으로 재

판의 공정성, 게으름의 결과 등에 관한 실천적 격언을 담고 있습니다. 짧은 소단락이지만 매우 실천적이고 사회적 현실감이 강한 내용들로 구성되어 있습니다.

⑥ 25~29장: 솔로몬 잠언 2집(히스기야 편집)

"이것도 솔로몬의 잠언이요 유다 왕 히스기야의 신하들이 편집한 것이니라"(25:1)로 시작하며, 사람들과의 관계(왕, 이웃, 원수)와 절제, 재판의 공정성 등 다양한 주제를 담고 있습니다.

문체는 10~22장의 격언들과 비슷하지만, 재판·지도자·권력 관련 지혜 등 왕과 정치적 질서에 관한 내용이 더 많이 강조되고 있습니다.

⑦ 30~31장: 아굴의 말, 르무엘의 말, 현숙한 여인 시

- 30장: 아굴의 말
  - 세계와 하나님에 대한 겸손한 태도
  - 인간 지식의 한계와 하나님 말씀의 신뢰성 강조
  - "서넛"(15·18·21·29절), "넷"(24절) 등과 같은 숫자 잠언이 등장
- 31:1~9절: 르무엘 왕의 말
  - 왕의 절제, 공의로운 판단, 가난한 자 보호에 대한 교훈
- 31:10~31절: 현숙한 여인(지혜로운 여인)의 시
  - 히브리어 '알파벳 순서(아크로스틱 시[1])'로 구성

---

1) 3행시와 같이 어떤 의미 있는 말의 첫 글자나 첫음절로 시작하여 전체의 큰 의미를 다시 창출해 내는 형식

- 지혜를 실제 삶에서 구현하는 이상적 인물의 모습
- "지혜의 삶"이 어떤 것인지 구체적으로 보여 주며, 잠언 전체의 결론 역할을 수행

잠언의 신학적 의미

잠언은 단순한 삶의 격언 모음이 아니라, 하나님과 인간의 관계 속에서 지혜로운 삶이 무엇인지에 대한 깊은 신학적 메시지를 담은 책입니다.

① 여호와 경외가 지식과 지혜의 근본이라는 선언

"여호와를 경외하는 것이 지식의 근본"(1:7)임을 강조하며, 잠언 신학의 중심은 지혜의 출발점이 하나님을 경외하는 신앙적 자세라는 것입니다. 따라서 지혜는 인간의 경험이나 기술 이전에 하나님과의 올바른 관계에서 시작되고, 하나님을 경외하는 삶이 곧 올바른 판단, 도덕, 윤리, 삶의 방향을 결정한다는 것으로, 잠언은 지혜가 종교적·신학적 기반 위에 놓여 있음을 일깨워 줍니다.

② 창조 질서에 대한 신학

잠언은 지혜를 하나님이 세상을 창조하실 때 함께했던 존재(특히 8장)로 묘사합니다. 따라서 지혜는 하나님이 세상을 '질서 있게' 만드실 때 작용한 원리이므로 잠언적 지혜는 창조 질서와 조화를 이루며 사는 삶을 의미하고 있습니다. 악인은 창조 질서를 거스르는 자이며 결국 자신을 파괴하

게 됩니다. 따라서 잠언은 지혜를 우주적 질서와 연결하고 있습니다.

③ 도덕적·윤리적 삶과 신앙의 통합

잠언은 신앙이 단순한 종교적 행위가 아니라, 매일의 삶에서 드러나는 도덕적·윤리적 행위라고 강조합니다. 성실·정직·근면, 말의 사용, 정직한 경제생활, 공의로운 재판, 가난한 자를 돌봄 등 잠언은 윤리적 삶이야말로 진정한 신앙의 열매라고 말하고 있습니다.

④ 보응 신학

잠언은 "의롭게 살면 복이 온다", "악하게 살면 파멸한다"라는 기본적인 사고를 가지고 있습니다. 이는 단순한 성공주의가 아니라, 하나님이 창조 질서를 통해 공의롭게 세상을 운영하신다는 믿음을 반영합니다. 물론 욥기나 전도서처럼 보응의 한계를 비판하는 책도 존재하지만, 잠언은 일반적·규범적 원리를 제시하는 지혜문학적 신학을 보여 줍니다.

⑤ 지혜의 보편성과 하나님의 일반 은총

잠언에는 이스라엘 고유 신앙뿐 아니라 하나님의 섭리 아래 보편적 인간 경험과 아메네모페와 같은 국제적 지혜 전통이 반영되어 있습니다. 이는 모든 참된 지혜가 하나님께로부터 나온다는 고백과 함께, 하나님께서 일반 은총을 통해 이방 문화 속에도 자신의 진리의 빛을 비추셨음을 보여 줍니다.

⑥ 공동체와 정의의 신학

잠언의 지혜는 '가난한 자와 약자를 억압하지 말 것', '공평한 재판과 정직한 판단', '지도자와 왕의 책임' 등을 강조하며, 개인적 성공보다 공동체 전체의 번영을 겨냥합니다. 이렇게 잠언의 신학은 공동체 전체에 공의가 흐르는 하나님 나라의 질서 확립을 목표로 하고 있습니다.

⑦ 지혜의 인격화와 메시아적 예표

잠언 8장에서 지혜가 인격화되어 등장하며, 후대 유대 전통과 기독교 신학은 이를 깊이 연구해 왔습니다. 그리고 초대교회는 잠언의 지혜를 그리스도의 예표로 보았습니다.

  - "오직 부르심을 받은 자들에게는 유대인이나 헬라인이나 그리스도는
    하나님의 능력이요 하나님의 지혜니라"(고전 1:24)
  - 창조에 함께하신 말씀(요 1장)의 배경

물론 잠언 8장을 직접적으로 예수님과 동일시하지는 않지만, 신학적 연결 가능성은 풍부합니다. 이처럼 잠언의 '지혜'는 신약에서 그리스도의 사역을 이해하는 신학적 토대가 됩니다.

⑧ 일상 신학

잠언의 중요한 신학적 가치는 신앙을 추상적 교리에 머물게 하지 않고, 하루하루의 실제 삶 속에서 실천하도록 이끈다는 점입니다. 가족 관계, 경제생활, 말과 행동, 직업과 노동, 사회적 책임 등 삶의 모든 영역에서 하

나님을 경외하는 삶을 강조하며, 이러한 잠언의 가르침은 오늘날의 신앙과 생활에도 여전히 깊은 의미를 갖습니다.

⑨ 잠언의 인간관

잠언은 인간을 단순히 행동하는 존재로 보지 않고, '마음(레브[1])'을 의지·지성·감정의 중심으로 이해합니다. "모든 지킬 만한 것 중에 더욱 네 마음을 지키라"(4:23)는 말씀처럼, 마음이 삶 전체의 방향을 결정한다는 인간론적 통찰이 잠언 전체에 흐르고 있습니다.

종합하면 잠언은 하나님을 경외하는 마음으로 창조 질서에 따라 살아가는 삶이 곧 지혜라는 사실을 가르치는 책입니다.

따라서 잠언을 읽을 때는
- 잠언이 제시하는 내용이 '원리'이지 문자적 의미의 '약속'은 아니라는 것,
- 상황 지혜를 요구하고 있다는 것,
- 그리고 잠언을 욥기·전도서와 함께 읽어 균형을 잡는 것이

중요하다는 점을 함께 기억하는 것이 좋습니다.

---

1) 레브: 단순한 마음이 아니라 지성·의지·감정을 포함한 '인간 존재의 통합적 중심'을 의미하는 히브리어 개념

잠언에 대한 의문과 질문들

잠언을 읽는 독자들은 실제 삶과 비교할 때 여러 신학적·실존적 질문을 자연스럽게 갖게 됩니다. 잠언이 제시하는 지혜의 이상과 현실 사이에는 때로 긴장이 존재하기 때문입니다.

① 지혜의 근원과 신학적 성격

- 잠언에서 '지혜'는 하나님과 어떤 관계에 있는가?
- 잠언에 반영된 이방 지혜 전통(예: 아메네모페)은 어떻게 하나님의 계시 안에 통합될 수 있는가?

② 지혜의 언어와 형식

- 잠언의 형식(격언, 대구법)은 메시지 이해에 어떤 역할을 하는가?
- 왜 잠언의 격언들은 서로 모순되는 것처럼 보이는가?(예: 잠 26:4 ↔ 26:5)

③ 지혜의 신학적 원리와 한계

- "의인은 형통하고 악인은 망한다"는 원리가 항상 성립하는가?
- 지혜와 율법의 관계는 무엇인가?
- 잠언과 욥기의 신학적 차이는 무엇인가?

④ 지혜의 현실적 적용과 인간 이해

- 잠언이 말하는 형통은 '번영 신학'과 연결되는가?

- 잠언은 인간의 '마음(레브)'을 어떻게 이해하며, 이는 현대적 심리 개
  념과 어떻게 다른가?

이러한 질문들은 잠언의 메시지를 더 깊이 이해하고, 그 지혜를 삶 속에
서 바르게 실천하는 데 큰 도움을 줄 수 있습니다.

1. 잠언에서 '지혜'는 하나님과 어떤 관계인가?

잠언의 지혜(호크마)는 단순한 생활 기술이나 인간적 처세술이 아니라, 하나님의 창조 질서 속에서 비롯된 신적 속성입니다. 잠언은 지혜를 '여호와의 창조 사역에 함께 한 존재'로 묘사하며(잠 8:22~31), 지혜의 근본을 "여호와를 경외하는 것"(1:7, 9:10)이라고 선언합니다.

즉, 지혜란 하나님이 세상을 창조하실 때 세워 놓으신 질서를 인식하고 그에 맞게 살아가는 방식이며, 인간의 지혜로운 삶은 바로 그 질서에 동참하는 행위입니다.

따라서 잠언의 지혜는 단순한 인간의 능력이 아니라 하나님께서 주신 창조 질서의 반영이며, 인간이 신적 지혜에 참여하는 것이라고 이해할 수 있습니다.

2. 잠언에 반영된 이방 지혜 전통(예: 아메네모페)은 어떻게 하나님의 계시 안에 통합될 수 있는가?

하나님은 천지를 창조하시면서 모든 인류에게 기본적인 도덕과 가치, 곧 '보편적 진리의 흔적(일반 계시)'을 허락하셨습니다. 그러므로 이방인이 이러한 가치를 정리하고 기록했다는 이유만으로 무조건 배척하는 것은, 오히려 하나님께서 모든 인류에게 베푸신 지혜를 축소시키는 결과가 될 수 있습니다.

잠언은 이러한 보편적 지혜를 그 자체로 받아들인 것이 아니라, '여호와 경외'라는 계시적 중심에서 재정돈하고 재의미화하여 이스라엘 신앙의 틀 안에서 사용한 것입니다.

따라서 이 문제를 지나친 배타주의로 보거나, 반대로 포용주의·혼합주의로 이해하는 것도 모두 하나님의 계시 방식에 대한 오해를 낳을 수 있습니다. 잠언은 하나님이 온 인류에게 허락하신 보편적 지혜(일반 계시)와 하나님이 언약 백성에게 주신 특별한 계시(여호와 경외), 이 두 가지가 조화롭게 만나는 자리라고 이해하는 것이 가장 바람직합니다.

3. 잠언의 형식(격언, 대구법)은 메시지 이해에 어떤 역할을 하는가?

잠언은 대부분 '2행 대구법(평행법)'의 문학적 구조로 이루어져 있으며, 이는 지혜의 메시지를 더욱 선명하게 전달하기 위한 중요한 장치입니다.

① 대조

- 윤리적 분별을 돕는 핵심 구조로 "의인은… / 악인은…"과 같이 두 대상을 대조시킴으로써, 인간이 선택해야 할 두 길(지혜의 길과 어리석음의 길)을 뚜렷하게 대비시킵니다.

② 보강

- 같은 의미를 다른 표현으로 반복하여 강조함으로써 독자의 기억과 이해를 강화하며, 지혜 교육을 위한 반복·강조의 기능을 가집니다.

③ 발전

- 두 번째 행이 첫 번째 행을 확장하거나 심화시켜 교훈의 의미를 점층적으로 드러냅니다. 이는 메시지의 흐름과 감정적 호소력을 높일 수 있습니다.

또한 짧은 격언 형식은 일상적 상황에 즉각 적용할 수 있는 실천 지혜의 특성을 강화하여, 독자가 한 구절씩 마음에 새기고 삶 속에서 계속 기억하도록 돕습니다.

따라서 잠언의 문학적 형식은 단순한 장식이 아니라, 지혜의 길과 어리석음의 길을 명확히 제시하고, 하나님의 지혜를 기억하고 실천하도록 돕는 교육적·신학적 장치라고 할 수 있습니다.

4. 왜 잠언의 격언들은 서로 모순되는 것처럼 보이는가?

잠언 26:4절과 5절은 나란히 위치하고 있음에도 "미련한 자의 어리석은 것을 따라 대답하지 말라"와 "대답하라"라고 기록되어 있어 겉보기에는 서로 모순되는 것처럼 보입니다.

그러나 이 두 구절은 서로 모순이 아니라, 상황에 따라 다른 지혜가 요구될 수 있음을 보여 주는 대조적 가르침입니다.

26:4절의 "대답하지 말라"는 어리석은 자의 논리에 휘말려 같은 수준으로 떨어지지 말라는 의미이며, 불필요한 논쟁을 피하라는 지혜를 가르칩니다.

26:5절의 "대답하라"는 그의 어리석음을 고치고 바로잡아 줄 필요가 있는 상황을 말합니다. 즉, 침묵이 오히려 미련함을 강화시키는 상황에서는 수정하고 교훈해야 한다는 뜻입니다.

잠언의 이러한 병행 구조는 지혜가 단순 공식이나 규칙이 아니라, 상황과 사람을 분별하여 적절한 원리를 선택하는 능력임을 보여 줍니다. 이를 '상황 지혜'라고 부르며, 지혜문학의 핵심적인 해석 원리이기도 합니다.

따라서 이 두 구절은 모순이 아니라 지혜는 상황에 따라 다르게 적용된다는 사실을 교육하기 위한 의도적인 문학적·교육적 배열로 이해할 수 있습니다.

5. "의인은 형통하고 악인은 망한다"는 원리가 항상 성립하는가?

잠언은 "의인은 형통하고 악인은 망한다"는 '일반적·규범적 원리'를 제시할 뿐, 이 원리가 언제나, 즉각적으로, 예외 없이 성립하는 '절대적 약속'으로 말하지 않습니다.

잠언이 말하는 보응의 구조는

① 경향성

- 의인은 형통하는 경향이 있고, 악인은 결국 파멸에 이르는 경향이 있다는 것으로 삶의 평균적 패턴, 전형적 현실을 말합니다.

② 창조 질서의 방향성

- 하나님이 세상을 공의로 다스리시는 창조 질서 속에서 선과 악은 각각 서로 다른 열매를 맺게 되어 있다는 것으로 '원리'이지 '공식'은 아닙니다.

그러나 실제 삶에서는 이 원리가 즉각적이고 기계적으로 적용되지 않는 경우가 존재합니다. 이러한 긴장은 지혜문학 내부에서 다른 책들이 보완하고 있습니다.

- 욥기: 의인의 고난이라는 예외를 통해 보응 원리의 한계를 드러냄

- 전도서: 삶의 모순과 불가해성을 강조하여 인간 지혜의 한계를 보여 줌

따라서 잠언의 보응 구조는 일반적 진리이지, 삶의 모든 순간에 예외 없이 자동으로 적용되는 기계적 보응 법칙은 아닙니다.

6. 지혜와 율법: 둘의 관계는 무엇인가?

지혜와 율법은 모두 '여호와를 경외함'이라는 동일한 토대 위에 있으며, 서로 대립하는 것이 아니라 하나님의 뜻을 드러내는 두 가지 방식입니다.

율법은 하나님의 뜻을 명령과 규범의 형태로 제시하여 "무엇이 옳은가?"를 알려 주고, 지혜는 그 뜻을 다양한 상황 속에서 어떻게 적용할지를 가르쳐 "언제, 어떻게 옳게 행할 것인가?"를 분별하게 합니다. 따라서 지혜는 율법을 대체하는 것이 아니라, 율법을 실제 삶 속에서 구현하고 구체화하는 능력이라고 할 수 있습니다.

한편, 바울은 율법이 구원의 조건이 될 수 없다고 가르쳤기 때문에 율법에 대해 부정적으로 보이는 표현을 사용하기도 합니다. 그러나 그것은 '율법의 남용(율법주의)'을 경계한 것이지, 예수님이 가르치신 사랑의 계명이나 하나님의 뜻에 합당한 삶을 부정한 것이 아닙니다.

따라서 잠언은 오늘날의 우리에게도 하나님의 뜻을 삶 속에서 지혜롭게 실천하는 법, 곧 거룩한 삶을 살아가는 지혜를 계속해서 가르쳐 주고 있습니다.

7. 잠언과 욥기의 신학적 차이는 무엇인가?

잠언과 욥기는 모두 지혜문학에 속하지만, 지혜를 다루는 관점과 강조점에서 서로 다른 신학적 역할을 수행합니다.

먼저 잠언은 하나님이 창조하신 질서 속에서 "지혜로운 자는 번영하고, 악인은 파멸한다"라는 일반적 보응 원리를 제시합니다. 이 원리는 삶의 평균적 경향성과 창조 질서의 방향성을 보여 주며, 지혜로운 선택과 올바른 삶의 규범을 제시하는 규범적 가르침입니다.

반면에 욥기는 의인이 고난을 받는 현실을 정면으로 다루며, 보응 원리가 항상 즉각적이고 기계적으로 적용되지 않는다는 점을 강조합니다. 즉, 욥기는 보응 원리의 예외를 통해 하나님의 지혜와 섭리가 인간의 단순한 공식을 넘어서는 더 깊은 차원에 있음을 드러냅니다.

따라서 두 책은 서로 충돌하는 것이 아니라, 잠언은 원리를, 욥기는 그 원리의 한계와 예외를 보여줌으로써 하나님의 지혜를 더욱 깊고 넓게 이해하도록 돕는 보완적 관계를 이루고 있습니다.

8. 잠언이 말하는 형통은 '번영 신학'과 연결되는가?

잠언이 말하는 형통은 단순한 물질적 성공이나 외적 번영을 약속하는 것이 아니라, 윤리적·관계적·영적 번성을 포함하는 더 넓은 개념입니다.

잠언은 오히려 물질적 풍요에 대한 지나친 의존을 경계합니다.

- "재물은 스스로 날개를 내어 날아가리라"(23:5)
- "불의한 재물은 무익하여도"(10:2)
- "가난한 자를 학대하는 자는 그를 지으신 이를 멸시하는 자요"(14:31)

이러한 가르침은 형통이 재물 자체에 있는 것이 아니라, 하나님과의 바른 관계와 공동체적 정의, 하나님이 주시는 평강과 질서 속에 있음을 보여 줍니다.

따라서 잠언의 형통은 번영신학이 말하는 "믿음 = 물질적 풍요"라는 단순 공식과는 전혀 다른 개념입니다. 잠언은 형통의 근원을 하나님 경외와 의로운 삶의 질에서 찾으며, 물질적 풍요는 그 결과가 될 수도 있지만 핵심은 아니며 보장된 약속도 아닙니다.

9. 잠언은 인간의 '마음(레브)'을 어떻게 이해하며, 현대적 심리 개념과 어떻게 다른가?

현대 심리학은 보통 감정·인지·의지를 구분하여 분석하지만, 잠언이 사용하는 히브리어 '레브'는 이 모든 요소를 포함하는 인간 존재의 통합적 중심을 의미합니다.

레브는 단순한 감정의 자리나 심리적 상태가 아니라, 생각하는 기능(지성), 선택하고 결단하는 기능(의지), 느끼고 반응하는 기능(감정)을 모두 포괄하는 인격의 핵심입니다.

따라서 "모든 지킬 만한 것 중에 더욱 네 마음(레브)을 지키라"(4:23)는 말씀은 감정을 잘 관리하라는 정도를 넘어, 삶 전체의 방향과 결정의 중심을 지키라는 의미가 됩니다.

레브는 인간의 성향, 도덕적 판단, 신앙의 태도까지 아우르는 '존재의 방향기관'
이라고 할 수 있습니다.

이처럼 잠언의 인간관은 사람을 파편화된 심리 요소들의 집합으로 보지 않고,
하나님의 지혜 안에서 통합된 존재로 본다는 점에서 현대 심리학과 중요한 차
이를 나타냅니다.

5.
전도서

전도서는 욥기·잠언과 함께 구약의 대표적인 지혜문학입니다. 그러나 잠언이 '정상적인 삶의 원리(일반적 지혜)'를 제시한다면, 전도서는 그와 대비되게 현실에서 경험하는 인생의 모순·불확실성·한계를 정면으로 바라보는 지혜를 담고 있습니다. 그래서 지혜문학 중에서도 가장 깊은 성찰적·철학적 성격을 띤 책으로 평가됩니다.

헤벨에 대한 이해

전도서를 제대로 이해하기 위해서는 우리말로 '헛되다', '헛됨', '헛것', '무의미함·무익함' 등으로 번역되는 히브리어 '헤벨'을 정확하게 알아야 할 필요가 있습니다.

헤벨은 히브리어로 '안개, 수증기, 연기, 숨결' 등을 뜻합니다. 즉 붙들 수 없고, 사라지기 쉽고, 안정적이지 않은 것을 의미하며, 문자적 이미지는 '손에 잡히지 않는 것'을 뜻합니다.

따라서 '의미 없음', '가치 없음', '절망' 등을 뜻하는 우리말 '허무'와는 다소 거리가 있습니다. 즉 '허무'가 감정·철학적 의미가 강하다면 헤벨은 '현상적 용어'입니다.

즉, 전도서는 "인생은 의미가 없다"라고 말하는 것이 아니라 "인생은 연기 같아서 붙잡을 수 없다"라고 말하는 것입니다. 따라서 전도서 안에서 헤벨의 의미는 단순히 '허무'가 아니라,

- 덧없음: 짧고 금방 사라짐
- 파악 불가능함: 모순과 역설
- 유익한 결과를 남기지 못함(No gain)

이라는 인간 중심의 의미 추구의 한계를 드러내는 말입니다.

그러므로 헤벨은 '해 아래'라는 전도서의 세계관에서만 성립합니다. 이러한 이유로 전도서에서 헤벨은 언제나 '해 아래'라는 표현과 연결되어 사용됩니다.

- 해 아래: 인간 중심 해석
- 해 위[1]: 하나님 중심 해석, 하나님의 때, 하나님의 섭리, 하나님의 기쁨·선물

---

1) 전도서 본문에는 '해 위'라는 표현은 직접 등장하지 않지만, 하나님을 중심에 둔 관점을 설명하기 위한 해석적 표현으로 사용

결국 전도서의 헤벨은 덧없음·불확실성·영속성 부재와 같은 인간의 한계를 폭로하는 동시에, 인간을 하나님 경외라는 진정한 의미의 자리로 이끄는 신학적 장치로 볼 수 있습니다.

이렇게 전도서는 인간의 헤벨을 드러내되, 그 헤벨을 통해 참지혜(하나님 경외)로 나아가게 하는 역설적 방식을 제시합니다. 또한 헤벨 속에서도 먹고 마시며 일상의 기쁨을 누리게 하시는 하나님을 강조함으로써, 허무를 넘어서는 '기쁨 신학'을 보여 줍니다.

이러한 헤벨에 대한 통찰은 결국 "하나님을 경외하고 그의 명령을 지킬지어다"(12:13)라는 전도서의 결론으로 우리를 인도합니다.

아말에 대한 이해

전도서에는 '헤벨'만큼 중요한 의미를 지닌 또 하나의 핵심 단어가 바로 '아말'입니다. 우리말 성경에서는 흔히 '노동'으로 번역되지만, 히브리어 아말('āmāl)은 단순한 노동이 아니라 고통·좌절·피곤함 등이 수반되는 인간의 모든 노력과 수고를 의미합니다.

따라서 전도서에서 아말은 '해 아래'에서 인간이 의미를 만들어 보려 애쓰는 모든 고된 수고를 가리키며, 결국 헤벨로 귀결되는 인간 노력의 한계를 드러내는 개념으로 이해할 수 있습니다.

전도서의 전승

전도서의 전승은 크게 세 단계로 이해할 수 있습니다.

① 솔로몬 전승의 사용

책 자체는 저자를 "전도자"라 부르고, "다윗의 아들, 예루살렘 왕"(1:1)이라는 표현을 사용해 솔로몬의 인격과 경험을 빌립니다. 실제로 본문에는 솔로몬을 연상시키는 요소가 많습니다.

② 지혜자의 관찰과 고민 기록

실제 저자는 자신이 직접 경험한 인생 관찰을 성찰적·철학적으로 기록합니다. "해 아래에서 보니…"라는 표현은 관찰 지혜의 전통을 보여 줍니다. 이 과정에서 다양한 격언과 시적 단락이 수집·구성되었을 가능성이 있으며, 전도서는 여러 지혜 전통의 '모음집' 성격을 부분적으로 가지고 있습니다.

③ 최종 편집자에 의한 정리

전도서의 결어(12:9~14)는 문체와 관점이 약간 다르다고 보아, 많은 학자들은 후대 편집자가 이를 정리하고 신앙적 결론을 덧붙였다고 봅니다. 여기서 강조되는 하나님 경외(12:13~14)는 전도서 전체의 성찰을 정통 신앙의 틀 안에 위치시키는 역할을 합니다.

전도서의 편집 및 정경화 과정

전도서의 집필 시기에 대해 전통적 견해와 현대 학계의 견해가 있습니다.

① 전통적 견해: 솔로몬 시대(기원전 10세기)

유대교와 초기 기독교 전통에서는 전도서를 솔로몬이 직접 기록했다고 보았습니다. 전도서 1:1절의 자기표현과 솔로몬의 지혜·부·업적이 다른 성경 기록(왕상 3~10장)과 일치하기 때문입니다. 그러나 오늘날 대부분의 학자들은 문체·어휘·사상적 배경으로 볼 때 이 견해를 지지하지 않고 있습니다.

② 현대 학계의 주류 견해: 페르시아-헬레니즘 초기 시대(기원전 5~3세기)

대부분의 구약학자들은 전도서를 포로기 이후의 지혜문학으로 보고, 기원전 450~250년 사이에 기록·정리된 것으로 추정합니다.

전도서에는 후기 히브리어가 많이 포함되어 있고, 아람어와 페르시아어 표현도 존재하기 때문입니다. 그리고 회의주의·실존적 성찰 등은 헬레니즘 철학의 시대적 분위기와 맞물렸을 가능성이 있고, 결론(전 12:9~14)의 신학적 강조점(하나님 경외·심판)은 포로기 이후 유대 공동체의 신학적 색채와 일치합니다. 그러나 전도서의 사상은 여전히 '여호와 경외'라는 신앙적 축 안에 서 있습니다.

따라서 전도서는 후기 히브리어를 사용하는 지혜자가 솔로몬 전승을 빌려 기록한 후, 후대 편집자가 신앙적 결론을 보완하여 최종 형태로 정리 된 것으로 보는 것이 현대 학계의 일반적인 견해입니다.

한편 전도서는 허무·불확실성·죽음 등 비관적 요소가 많고, 사후 세계에 언급이 희박하여 정경성 논쟁이 유독 많았던 책입니다. 그럼에도 정경으로 확정된 이유는 전도서의 결론(12:13~14)이 신앙적으로 균형을 잡아주었고, 솔로몬 전승과 지혜문학 전통의 권위, 유대 랍비 전통에서 "젊은이에게 위험하지만, 지혜로운 자에게 필요하다"는 평가를 받았기 때문입니다.

결과적으로 기원후 1세기 말 얌니아(Jamnia) 지역의 랍비 학자들 사이에서 전도서에 대한 논의가 있었으며, 이 시기를 전후하여 전도서는 유대 공동체 내에서 사실상 정경으로 자리 잡게 되었습니다. 이후 기독교 교회도 이 전통을 이어 정경으로 받아들이게 되었습니다.

전도서의 구성과 내용

전도서는 크게 서론(1장), 본문(2~11장), 결론(12장)의 3부 구조로 이해할 수 있습니다. 그러나 본문 속에는 여러 '지혜 단락'과 '관찰 묘사'들이 교차하며 배치되어 있어 순환적 구조가 특징입니다.

① 1장: 서론

'헛되다'고 선언하며, 인간 '노동(아말)'의 무익함을 제기하고, 헤벨의 문제를 본격적으로 드러냅니다.

② 2~4장: 본문 Ⅰ

전도자는 솔로몬적 경험을 나열하며, 지혜·쾌락·부·성취 모두 '해 아래'
에서는 궁극적 의미가 없음을 설명합니다.

③ 5~6장: 본문 Ⅱ

부와 성공의 허무를 다루며, 하나님 앞에서의 경외심과 신중한 태도의 중
요성을 강조합니다.

④ 7~11장: 본문 Ⅲ

지혜의 유익과 한계, 인생의 불확실성에 대해 설명합니다.

⑤ 12장: 결론

노년·죽음을 묘사하며, "하나님을 경외하라"는 신학적 결론으로 전도서
가 마무리됩니다.

전도서의 신학적 의미

전도서는 지혜문학 중에서도 매우 독특한 신학을 가진 책이며, 그 메시지
는 인간 이해·하나님 이해·삶의 의미에 대한 중요한 통찰을 제공합니다.

① 인간의 한계를 드러내는 '해 아래' 신학

전도서는 인간이 사는 세계를 '해 아래'라고 부릅니다(1:3, 2:11 등). 여기서 해 아래는 하나님 없는 인간 세계, 혹은 인간 중심의 영역을 뜻합니다.

이곳에서 인간은 노동·지혜·부·성공으로 자기 인생에 절대적 의미를 부여할 수 없을 뿐만 아니라, 인생을 붙잡으려 하면 할수록, 잡히지 않는 연기(헤벨)를 붙드는 것과 같고, 죽음·불확실성·통제 불가능한 사건 앞에서 무기력하다는 절대적 한계를 깨닫게 합니다.

② 하나님의 주권 신학: '해 위의 관점'

전도서는 하나님 언급이 많지 않아 보이지만, 하나님을 절대적·주권적 존재로 그린다는 특징이 있습니다.

- 하나님은 모든 때를 정하신 분(3:1~11)
- 인간의 일을 심판하시는 분(12:14)
- 인간에게 기쁨을 주시는 분(2:24, 3:13, 5:19)
- 인간이 이해하지 못하는 방식으로 역사하시는 분(8:17, 11:5)

따라서 인간이 겪는 해 아래 허무(헤벨)의 극복은 '해 위에 계신 하나님'만 가능하다는 메시지를 주고 있습니다.

③ '헤벨(헛됨)'의 신학—실존적 통찰

전도서 전반을 지배하는 단어 '헤벨'은 절망으로 끝내지 않고, 헤벨을 통하여 진정한 의미로 인도하는 역설적 신학을 보여 줍니다. 즉, 헤벨은 인간의 한계를 깨닫게 하는 은혜의 통로가 될 수 있다는 것입니다.

④ 죽음 신학: 인간 존재의 결정성

전도서는 죽음을 철저히 현실적으로 다룹니다(3:19, 9:1~6).

- 죽음은 모든 인간의 공통된 종착점이다.
- 죽음은 인간의 계획·지혜·재산을 상대화시킨다.
- 죽음을 직면할 때 비로소 인간은 참된 지혜에 이른다.
- 죽음 인식은 하나님 경외로 돌아가게 만드는 신학적 기능을 한다.

⑤ 지혜의 유익과 한계를 모두 보여 주는 '균형 지혜' 신학

전도서는 지혜에 대해 잠언과 다른 관점을 제시합니다. "지혜가 우매보다 뛰어남"(2:13)이라며 지혜의 유익을 이야기하기도 하지만, "지혜자의 죽음이 우매자의 죽음과 일반이로다"(2:16)라며 지혜도 죽음을 막지 못하고, 지혜로운 사람도 세상의 부조리와 악을 피할 수 없다고 기록하고 있습니다.

이처럼 전도서는 지혜 자체를 절대화하지 않는 지혜 신학을 제시하며, 잠언의 "지혜는 성공을 낳는다"라는 일반 원리를 보완해 줍니다.

전도서는 지혜는 필요하지만, 지혜 자체가 해답은 아니고, 하나님께 해답이 있다는 것을 신학적 관점을 제시하고 있습니다.

⑥ 기쁨 신학—하나님이 주시는 작은 일상의 선물

전도서는 허무만을 강조하는 책처럼 보이지만, 실제 메시지 중 가장 중요한 부분 중 하나는 '기쁨 신학'입니다. 전도서에는 "먹고 마시는 것과 수고함으로 낙을 누리는 그것이 하나님의 선물"이라는 구절들이 자주 등장합니다(2:24, 3:13, 5:18, 8:15). 이는 쾌락주의가 아니라 하나님 앞에서 현재를 감사로 받아들이는 영성입니다.

이것은 현실의 허무(헤벨) 속에서도 하나님이 주시는 선물(삶·관계·밥상)에 감사할 수 있는 자리로의 초대를 의미하며, 기쁨은 쟁취하는 것이 아니라 하나님의 은혜로 받는 것임을 알려 줍니다.

⑦ 신앙의 핵심: 하나님 경외

전도서의 신학은 "하나님을 경외하고 그의 명령을 지킬지어다 이것이 모든 사람의 본분이니라"(12:13)라는 말로 완성됩니다. 이는 잠언 1:7절의 "여호와를 경외하는 것이 지식의 근본"이라는 말씀으로 연결되며 지혜문학 전체의 핵심으로 다시 돌아가고 있습니다. 이는 단순한 명령이 아니라 존재의 방향성을 제시하며 전도서의 최종 종착점이 '하나님을 경외'하는 것임을 알려 줍니다.

따라서 전도서의 전체 신학을 한 문장으로 요약하면 "해 아래의 인생은 허무하지만, 해 위 하나님을 경외할 때 의미와 기쁨이 열릴 수 있다"라는 것으로, 이것이 전도서가 성경 전체 안에서 주는 독특한 신학적 목소리입니다.

전도서에 대한 의문과 질문들

전도서는 독특한 표현과 신학 때문에 여러 오해를 불러일으키기도 합니다.

- 헤벨은 허무주의이다
- 전도서는 잠언과 모순된다
- 전도자는 절망한 인물이다
- 즐거움 명령은 쾌락주의다
- 결론(12:13~14)은 나중에 억지로 가져다 붙였다

이런 오해가 생기는 이유는 전도서는 지혜문학 중에서도 독특한 신학과 철학을 담고 있기 때문입니다. 그래서 전도서는 자연스럽게 여러 중요한 질문들을 우리에게 던지게 됩니다.

① 용어와 개념

- 전도서가 말하는 '헤벨(헛됨)'은 허무주의인가, 다른 의미인가?
- 전도서가 말하는 '노동(아말)'은 왜 유익(gain)을 남기지 못하는가?
- 전도자가 말하는 '해 아래'는 무엇을 의미하는가?

② 기쁨과 삶의 태도

- 전도자가 말하는 기쁨은 쾌락주의인가, 하나님께서 주시는 신학적 감사인가?

③ 인간 이해와 죽음

  - 전도서의 죽음 이해는 구약 전체와 어떻게 다른가?

  - 전도서가 제시하는 죽음 인식은 어떤 신학적 기능을 하는가?

④ 본문 해석 문제

  - 전도서의 모순처럼 보이는 구절들을 어떻게 이해해야 하는가?

  - 전도자는 실제로 절망했는가, 아니면 전략적·문학적 언어를 사용하
    는가?

  - 전도서의 문학적 장르는 무엇이며, 이것이 해석에 어떤 영향을 주는가?

⑤ 신학적 위치

  - 전도서의 신학은 언약·율법 중심의 구약 신학과 어떤 관계인가?

  - 전도서의 지혜는 잠언의 지혜와 어떤 방식으로 조화를 이루는가?

⑥ 결론과 통합 신학

  - 전도서의 결론(12:13~14)은 전체 메시지를 제한하는가, 통합하는가?

이러한 질문들을 따라가다 보면, 전도서는 허무를 말하는 책이 아니라, 허무를 넘어서는 지혜, 인간의 한계를 드러내어 하나님에 대한 경외로 이끄는 신앙적 성찰, 일상의 기쁨을 회복하게 하는 깊이 있는 신학을 제시하는 책임을 확인하게 됩니다.

1. 전도서가 말하는 '헤벨(헛됨)'은 허무주의인가, 다른 의미인가?

헤벨의 뜻은 단순한 허무주의가 아니라, '안개·숨결·수증기처럼 덧없고 붙잡을 수 없는 현실의 성질'을 말합니다. 헤벨은 짧음(덧없음), 파악 불가(모순·역설), 남지 않음(No gain) 등을 의미하며, 이는 하나님이 없는 '해 아래' 인생의 구조적 한계를 가리킵니다. 따라서 전도서는 인생이 "의미 없다"라고 말하지 않고, 하나님이 없는 '해 아래'에서는 인간 스스로 의미를 만들 수 없다는 사실을 드러내고 있는 것입니다.

2. 전도서가 말하는 '노동(아말)'은 왜 유익(gain)을 남기지 못하는가?

아말은 단순한 노동이 아니라, 고통·좌절·피곤함이 동반된 인간의 고된 수고를 의미합니다. 그러나 전도서에서 이러한 아말이 '유익(gain)'을 남기지 못하는 이유는 '해 아래'라는 한계 때문이라고 봅니다. '해 아래'에서는 죽음이 모든 성취를 상대화하고, 세상은 불확실하며 통제가 불가능하고, 결과는 예측할 수 없고, 성공도 영속하지 않기 때문에 아무리 노력해도 인간은 궁극적 의미(유익)를 만들어낼 수 없기 때문입니다.

3. 전도자가 말하는 '해 아래'는 무엇을 의미하는가?

'해 아래'는 단순한 시적 표현이 아니라, 하나님을 배제하고 인간의 지혜·능력·노력으로만 삶의 의미를 찾으려는 인간 중심 세계관을 가리킵니다.

전도서에 따르면 '해 아래'의 세계에서는 모든 것이

– 덧없고(헤벨),

- 통제 불가능하며,

- 궁극적 의미(유익)를 남기지 못합니다.

반대로 '해 위'의 관점, 즉 하나님 중심의 세계 이해 안에서는 비로소 의미가 회복되고 삶의 기쁨이 자리 잡게 됩니다.

4. 전도자가 말하는 기쁨은 쾌락주의인가, 하나님께서 주시는 신학적 감사인가?

전도자가 말하는 기쁨은 쾌락주의가 아니라, 하나님께서 일상 속에 허락하신 선물에 대한 신학적 감사입니다. 이는 전도서 전체에서 매우 중요한 신학적 주제로 드러납니다.

전도서의 기쁨은 세 가지 특징이 있습니다.

- 하나님께서 주시는 선물이다(2:24, 3:13, 5:19).
- 세상 허무를 부정하는 것이 아니라, 허무 속에서도 감사로 누리는 기쁨이다.
- 현재의 일상—먹고 마심, 일상의 수고, 관계—을 긍정하게 한다.

따라서 전도서의 기쁨은 쾌락이 아니라 현실의 허무 속에서도 하나님이 주시는 선물을 감사로 누리는 신학적 영성입니다.

5. 전도서의 죽음 이해는 구약 전체와 어떻게 다른가?

전도서는 구약 전체에서 가장 현실적이고 철저한 방식으로 죽음을 다룹니다. 전도자에게 죽음은

- 모든 인간에게 동일하게 임하는 보편적 현실이며(3:19),

- 지혜자와 우매자의 차이마저 지워 버리고(2:16),

- 인간의 모든 계획과 성취를 무의미하게 만드는 힘을 가집니다(9:1~6).

구약의 다른 책들이 종종 언약의 복, 장수, 번영을 강조하는 것과 달리, 전도서
는 죽음을 통해 인간의 한계를 깊이 성찰하게 만들며, 결국 하나님을 경외하는
자리로 이끄는 신학적 목적을 가지고 있습니다.

6. 전도서가 제시하는 죽음 인식은 어떤 신학적 기능을 하는가?

전도서는 구약에서 가장 현실적이고 철저한 방식으로 죽음을 다루며, 사후세계
에 대해 거의 말하지 않습니다. 이는 사후세계에 대한 계시가 점진적으로 주어
지던 구약 신학의 흐름 속에서, 죽음을 통해 '현재의 삶'을 성찰하게 하려는 의
도된 전략으로 이해할 수 있습니다.

전도자에게 죽음은 인간의 지혜·노력·부를 무의미하게 만들어 인간의 자만을
해체하고, 사후세계에 대한 확실한 희망이 없던 시대적 배경 속에서 오히려 현
재의 삶을 더욱 진지하게 받아들이게 하며, 결국 "하나님을 경외하고 그의 명령
을 지키라"(12:13)는 지혜의 자리로 이끄는 핵심 신학적 기능을 합니다.

따라서 전도서의 죽음 인식은 구약 시대에 모호하고 불확실하게 남아 있던 사
후세계에 대한 이해보다, 바로 지금 여기에서 책임성과 하나님 경외의 가치를
더욱 극대화하는 역할을 합니다.

7. 전도서의 모순처럼 보이는 구절들을 어떻게 이해해야 하는가?

전도서는 단선적 도덕 원리를 제시하는 잠언식 지혜서가 아니라, 현실의 복잡

성과 불확실성, 서로 다른 관찰 결과가 동시에 존재하는 삶의 실제 모습을 지혜적으로 묘사하는 책입니다.

따라서 본문에서 서로 상반되거나 모순처럼 보이는 표현들은 신학적 충돌이 아니라 문학적 역설로 이해해야 합니다.

실제로 전도서는

- 상황에 따라 다른 지혜가 필요하고(7:16~18),

- 때로는 지혜가 유익하지만(2:13),

- 때로는 지혜도 아무것도 해결하지 못하고(2:15~16),

- 의인이 고난받고 악인이 형통하는 현실을 인정하며(7:15, 8:14),

- 인생의 예측 불가능함을 강조합니다(9:11).

이 모든 표현은 모순이 아니라 다층적 지혜의 표현이며, 고대 근동 지혜문학의 공통적 방식이기도 합니다. 전도서는 일관된 논리를 제공하려는 책이 아니라, 현실의 다양한 관찰을 충돌시키며 독자가 더 깊은 지혜에 도달하도록 의도적으로 긴장과 역설을 만들어내는 책입니다.

따라서 전도서의 '모순'은 오히려 지혜로 초대하는 문학적 장치이며, 독자가 단순한 도덕 공식이 아닌 성숙한 성찰과 신앙의 자리로 나아가도록 돕는 역할을 합니다.

8. 전도자는 실제로 절망했는가, 아니면 전략적·문학적 언어를 사용하는가?

대부분의 학자들은 전도자를 단순히 절망한 인물이 아니라, '절망의 언어를 신학적으로 활용하는 지혜자'로 이해합니다. 그는 인생의 허무와 모순을 깊이 경험했지만, 그 경험을 독자를 절망으로 끌어내리기 위한 것이 아니라 절망을 통로로 삼아 하나님 경외의 지혜로 이끄는 전략적 장치로 사용합니다.

전도서는 "헛되다!", "수고가 무슨 유익이 있는가?"와 같은 실존적 탄식과, "하나님을 경외하라"는 신학적 통찰이 교차하는데, 이는 전도자가 실제로 혼란스러운 사람이기 때문이 아니라 '문학적 페르소나(특히 솔로몬적 가면)'을 사용하여 독자에게 현실의 복잡성을 체감하게 하려는 의도입니다.

따라서 전도자의 절망은 실제 심리 상태가 아니라, 독자로 하여금 현실의 복잡성을 체험하게 하려는 문학적 장치이자 지혜적 교육 방법으로 보아야 합니다. 전도자는 절망을 말하지만 절망에 머물지 않으며, 오히려 절망을 이용해 참된 지혜—하나님 경외—로 나아가도록 독자를 설득하는 지혜적 장치를 구사하는 것입니다.

9. 전도서의 문학적 장르는 무엇이며, 이것이 해석에 어떤 영향을 주는가?

전도서는 단일 장르에 속하지 않습니다. 관찰 보고서, 지혜 격언 모음, 왕의 회고록, 철학적 에세이, 후대 편집자의 결론이 하나의 텍스트 안에 복합적으로 결합된 다층적 지혜문학입니다.

전도서의 주요 장르 요소

- 관찰 지혜: "내가 해 아래에서 본즉…"
- 경험 회고: 솔로몬적 자아를 사용한 회상(1~2장)
- 격언 모음: 7~10장의 난해한 잠언들

- 철학적 성찰: 인생의 허무, 죽음, 기쁨 등 주제 전개

- 편집자 결론: 12:9~14의 신학적 정리

이처럼 전도서는 하나의 일관된 논리적 논문이 아니라, 여러 장르가 교차하는 문학적 모자이크입니다.

10. 전도서의 신학은 언약·율법 중심의 구약 신학과 어떤 관계인가?

전도서는 언약과 율법을 직접 강조하지 않습니다. 하지만 전도서 12:13절 "하나님을 경외하고 그의 명령들을 지킬지어다"라는 메시지는 언약적 순종의 요약문과 동일합니다.

하나님 경외라는 핵심 신학을 통해 구약 신학의 중심과 연결됩니다.

- 하나님 경외는 지혜문학의 핵심(잠 1:7)

- 경외는 언약 신학의 심장(신 6:1~5)

그리고 "명령을 지킬지어다"는 신명기적 핵심 명령(신 10:12~13)과 사실상 같은 구조를 가지고 있습니다.

즉, 전도서는 언약·율법을 재해석하여 인간 한계와 하나님 중심성을 강조하는 역할을 합니다.

11. 전도서의 지혜는 잠언의 지혜와 어떤 방식으로 조화를 이루는가?

잠언은 '지혜는 성공', '악은 실패'라는 일반 원리를 강조합니다. 전도서는 그 원

리를 부정하지 않지만, 삶의 예외·불확실성·모순 등을 강조하여, 잠언의 지혜를 보완합니다.

따라서 잠언이 '원리와 이상'을 제시하고 있다면 전도서는 '현실과 예외'를 인정하고 있어, 두 책은 충돌하는 것이 아니라 보완 관계에 있다고 보는 것이 적절합니다.

12. 전도서의 결론(12:13~14)은 전체 메시지를 제한하는가, 통합하는가?
전도서는 결론에 이르기 전 이미 여러 차례 '하나님 경외'를 강조하고 있습니다 (3:14, 5:7, 7:18, 8:12~13). 따라서 12:13~14를 후대 편집자가 억지로 붙여 둔 결론으로 보기는 어렵습니다. 오히려 결론은 전도서 전체 메시지를 통합하고 방향을 제시하는 신학적 완성으로 보는 것이 타당합니다.

전도서의 핵심 흐름은 인간의 한계(헤벨)와 하나님 경외라는 참된 지혜로 요약될 수 있습니다. 전도자는 인생의 덧없음, 불확실성, 모순을 철저히 드러내지만 그 끝에서 독자를 허무로 떨어뜨리지 않고, 하나님 경외라는 지혜의 자리로 초대합니다. 바로 그 초대의 문장이 12:13~14입니다.

결론적으로 12:13~14는 전도서가 말해 온 모든 고민과 성찰을 신학적으로 통합하고, 인간 지혜의 한계를 넘어설 수 있는 유일한 해답을 제시하며, 전도서 전체를 하나의 여정으로 묶어 주는 종착점의 역할을 합니다.

따라서 12:13~14는 단순한 편집 삽입이 아니라, 전도서 전체 메시지를 꿰뚫고 완성시키는 타당한 결론입니다.

결국 전도서는 현실을 있는 그대로 직면하게 하면서도, 허무를 넘어 하나님 경외로 이끄는 지혜의 책입니다.

결국 전도서는 현실을 있는 그대로 직면하게 하면서도, 허무를 넘어 하나님 경외로 이끄는 지혜의 책입니다.

6.
아가서

아가서는 인간의 사랑과 하나님의 사랑이 서로를 비추며 겹쳐 읽히는 이중적 구조를 가진 책입니다. 무엇보다 아가서는 한 남자와 한 여자의 사랑을 다룹니다. 이 사랑은 감정적·신체적 요소를 포함하지만, 단순한 욕망이 아니라 서로를 존중하고 헌신하며 책임을 지고, 사랑을 때에 맞게 지키는 언약적 사랑의 특징을 보여 줍니다.

특히 사랑이 "여호와의 불"(8:6)처럼 강하다고 말하는 대목은, 인간의 사랑이 창조 질서 속에서 주어진 거룩한 선물임을 강조합니다. 이는 "내 뼈 중의 뼈요 살 중의 살이라"(창 2:23)는 아담의 고백처럼, 사랑과 몸과 욕망이 모두 하나님이 만드신 선한 세계의 일부임을 보여 줍니다.

아가서는 하나님을 직접적으로 언급하지는 않지만, 정경 전체의 맥락 속에서 읽으면 자연스럽게 '하나님과 인간' 혹은 '그리스도와 교회'의 관계를 비유적으로 비춥니다. 신실하심, 기다리심, 사랑의 배타성과 헌신, 찾고 부르고 응답하는 관계성 등은 성경 전체에 나타나는 언약적 사랑의 패턴과 긴밀히 연결됩니다.

아가서의 감각적 이미지들—향기, 포도원, 동산, 아름다움—은 단순한 영적 상징 코드가 아니라, 하나님께서 창조 세계 속에서 사랑을 계시하시는 방식으로 이해될 수 있습니다. 하나님은 인간의 언어와 정서, 아름다움의 감각을 통해 당신의 사랑을 드러내십니다.

따라서 아가서는 인간의 사랑 이야기이면서 동시에 하나님의 사랑 이야기입니다. 이 사랑은 문자적 의미에서는 실제 남녀의 관계를 묘사하지만, 정경 안에서는 자연스럽게 하나님의 언약적 사랑을 비추는 거울이 됩니다.

아가서는 단순한 연애시집이 아니라, 창조 질서 안에서 회복된 사랑의 아름다움과 하나님과 그의 백성 사이의 언약적 친밀함을 겹겹이 드러내는 책입니다. 세속적 사랑의 언어 속에서도 하나님은 당신의 변치 않는 사랑과 양육하심, 거룩한 교제의 삶을 드러내십니다.

이처럼 아가서는 인간 사랑의 세밀한 감정과 언약적 사랑의 신학이 겹쳐 있는 독특한 책이지만, 바로 이러한 특징 때문에 역사적으로 많은 논란과 다양한 해석을 낳았습니다.

아가서가 왜 특별한가: 논란의 원인

아가서는 성경 안에서 매우 독특한 위치를 차지합니다. 하나님에 대한 직접적인 언급이 거의 없을 뿐 아니라, 감각적이고 육체적인 표현, 구조적 난해함, 장르의 불확실성 등으로 인해 정경성 논쟁의 중심에 자주 서 왔습니다.

또한 해석사적으로도 시대마다 다른 방식으로 읽혀졌기 때문에, 아가서를 해석하려는 시도는 자연스럽게 다양한 접근들을 낳았습니다. 이러한 배경 속에서 아가서에 대한 대표적인 해석방법들은 다음과 같이 정리될 수 있습니다.

[아가서에 대한 해석 방법들]

해석방법	핵심 내용
문자적(실재적)	아가서는 실제 남녀의 사랑 노래
드라마적(극적)	여러 인물과 장면이 등장하는 연극적 구조
제의적(결혼 의식)	고대 근동의 결혼 축제, 풍요 제의, 신성 결혼 의식과 연관
알레고리(풍유적)	신랑=하나님/그리스도, 신부=이스라엘/교회/영혼
예표론적	문자적 의미 유지 + 그 구조가 그리스도와 교회를 예표
지혜문학적	사랑·관계에 대한 지혜문학적 가르침
여성주의적	고대 문헌 중 드물게 여성의 목소리가 강하게 나타나는 문학적 텍스트로 해석
심리적/문학 치료	사랑의 욕구-상실-추구-회복의 내면 여정
사회·역사적	고대 이스라엘의 결혼·성문화·가족구조를 반영
정경적/신학적	아가서의 최종 의미는 성경 전체(창조-언약-메시아-혼인잔치)의 흐름 속에서 결정

아가서는 또한 여러 오해들을 불러일으켜 왔습니다.

- 감각적인 표현 때문에 에로시즘으로 오해되기 쉽다.
- 성경이 노골적인 신체 표현을 사용한 것은 부적절하다고 여겨지기도 한다.
- 아가서는 단순한 연애 이야기일 뿐 영적 의미가 없다고 주장하는 이

들도 있다.

- 이런 표현들을 하나님과 연결시키는 것은 신성모독이라는 비판도 있었다.

- 아가서가 성 개방, 자유 연애를 지지한다고 오해되기도 한다.

- 청소년이나 아동에게 적합하지 않은 책이라고 평가받기도 한다.

- 반대로, 이러한 우려 때문에 신체 묘사를 모두 영적으로 상징화하려는 과도한 알레고리 해석도 등장했다.

이러한 다양한 오해와 접근들 속에서 자연스럽게 제기되는 질문이 있습니다. "그렇다면 아가서가 어떻게 성경의 정경으로 자리 잡을 수 있었는가?" 이 질문은 단순한 역사적 문제가 아니라, 아가서의 본질을 규정하는 중요한 신학적 논쟁이었습니다.

정경화 논란: 아가서는 어떻게 성경이 되었는가

아가서는 성경 안에서 가장 아름답고 독특한 사랑의 시이지만, 동시에 가장 많은 논란을 불러온 책 중 하나였습니다. 감각적 언어, 노골적인 신체 묘사, 하나님 언급의 부재 등은 아가서가 과연 성경의 일부로 받아들여질 수 있는가에 대한 근본적인 질문을 제기했습니다. 이러한 논란은 유대 전통과 초기 교회에서 모두 중요한 신학적·해석학적 쟁점이 되었습니다.

① 유대교 내 논쟁: 랍비들의 정경 논쟁

아가서는 유대교 내부에서도 정경성 여부가 가장 많이 논의된 책 중 하나였습니다. 초기 랍비들은 아가서를 세속적인 연애시로만 읽힐 위험을 우려하며, 이를 정경에서 제외해야 한다는 의견을 제시하기도 했습니다.

이런 논쟁 속에서 랍비 아키바(Rabbi Akiva, 1~2세기)는 아가서를 강력히 옹호한 대표적 인물입니다. 그는 다음과 같이 선언했습니다.

- "모든 성경은 거룩하나, 아가서는 지성소와 같다"
  (미쉬나 야다임, Mishnah Yadayim 3:5)

아키바의 이 말은 정경 논쟁에서 매우 중요한 신학적 근거로 작용했습니다. 그는 아가서를 인간의 연애시로 보지 않고, 하나님과 이스라엘의 언약적 결합을 노래한 책으로 해석했습니다. 이렇게 알레고리적 해석은 정경 안에서 아가서를 읽어 내는 대표적 방식으로 자리 잡았고, 정경 수용을 뒷받침하는 중요한 해석 틀이 되었습니다.

② 감각적 표현과 에로틱 오해: 배제하려는 시도들

아가서를 정경에서 제외하려 했던 주요 논거들은 다음과 같습니다.

- 노골적인 신체 묘사(유방, 허벅지, 입술 등)가 성경에 적절하지 않다.
- 하나님 언급이 없으므로 영적 메시지가 뚜렷하지 않다.
- 젊은이들을 자극할 위험이 있다.

- 단순한 연애시집이며 영적 메시지가 없다.

이러한 이유로 일부 랍비들은 아가서를 '세속적' 혹은 '위험한 책'으로 간주했습니다. 그러나 이러한 반대 의견은 언약적·상징적 해석의 확립과 함께 반박되었습니다.

③ 알레고리 해석이 정경성 확립에 기여하다

아가서는 문자적으로 읽으면 단순한 러브스토리처럼 보입니다. 그러나 유대교 전통은 문자적 의미 너머에 있는 언약적·상징적 의미를 강조했습니다.

- 신랑 = 하나님
- 신부 = 이스라엘
- 사랑의 여정 = 하나님과 그의 백성의 언약 관계

이 알레고리적 해석은 단순한 해석 방식이 아니라, 아가서가 정경에 포함될 수 있는 신학적 이유가 되었습니다. 즉, 아가서는 '연애시집'이 아니라 하나님과 그의 백성 사이의 언약적 사랑을 노래한 가장 깊은 시로 재해석되었습니다.

④ 초기 기독교의 수용: 그리스도-교회 해석

초대 교회는 유대교가 사용하던 아가서 해석을 자연스럽게 이어받아 그리스도 중심적으로 확장했습니다.

- 신랑 = 그리스도
- 신부 = 교회 또는 영혼

오리겐, 그레고리우스, 아우구스티누스 등 교부들은 아가서를 영적 결혼의 신비를 드러내는 책으로 읽었습니다. 이러한 신학적·알레고리적 해석 덕분에, 아가서는 기독교 전통에서 가장 사랑받는 영성 교재가 되었습니다.

⑤ 아가서가 결국 정경으로 확립된 이유

아가서의 정경성은 단순한 전통의 관습이 아니라, 여러 요인이 함께 작용한 것으로 이해됩니다.

먼저 아가서의 지혜문학적 성격입니다. 아가서는 인간의 사랑과 삶의 지혜를 다루는 지혜문학의 한 형태로 이해되었고, 잠언·전도서와 함께 지혜문학적 전통 안에 자리 잡았습니다.

그리고, 성경 전체의 큰 이야기—창조, 타락, 선택, 언약, 회복—에서 '사랑과 헌신'은 중심적 주제입니다. 아가서는 이 언약적 사랑을 시적·문학적 방식으로 드러냅니다.

이스라엘을 '하나님의 신부'로 묘사하는 전통(호세아, 이사야, 에스겔 등)과 맞닿아 있어, 이스라엘과 하나님의 관계를 비유적으로 반영하면서 아가서는 그 계시 전통의 일부로 자연스럽게 수용되었습니다.

신약은 교회를 그리스도의 신부로 묘사합니다(엡 5장, 요 3:29, 계 19~21장). 아가서는 이러한 혼인 언약의 종말론적 성취를 예표하는 텍스트로 이해되었습니다.

아가서는 감각적 언어로 인해 오해받고 논란이 많았지만, 그 안에 담긴 언약적 사랑의 깊이, 정경 전체와의 구속사적 연속성, 초기 유대교와 기독교의 영성 전통, 신약 계시와의 조응성 덕분에 결국 성경의 한 책으로 자리 잡게 되었습니다.

정경으로 확립된 아가서를 더 깊게 이해하려면, 이 책이 어떤 문화적·문학적 배경에서 형성되었는지를 살펴보아야 합니다. 아가서는 갑작스럽게 등장한 문헌이 아니라, 오랜 전승과 편집 과정을 거쳐 오늘의 모습을 갖추게 되었기 때문입니다.

아가서의 전승 배경

아가서는 고대 근동의 사랑 노래 전통과 긴밀한 관련을 지닌 작품으로 종종 평가됩니다. 이집트와 메소포타미아 문헌 속 사랑 노래들과 비교하면, 아가서와 매우 유사한 구조·이미지·주제가 나타납니다.

- 이집트 사랑 노래(기원전 1300년경): 남녀의 대화, 자연 이미지, 감각적 표현에서 아가서와 흡사

- 메소포타미아 신성 결혼(Hierogamy) 시가: 신과 여신의 결합을 묘사
  한 사랑 노래

그러나 아가서는 이러한 전통을 단순히 모방한 것이 아니라, 이스라엘의
신학적·문학적 세계관 안에서 독창적으로 재창조한 작품으로 보는 견해
가 설득력이 있습니다. 아가서의 형성 과정은 대체로 다음과 같은 네 단
계로 설명됩니다.

① 초기 사랑 노래들의 구전 전승(기원전 10~7세기?)

초기 이스라엘 농경 사회에서 결혼 축제, 춤과 노래가 있는 잔치, 수확철
계절 축제 등에서 불리던 연가들이 아가서의 원형이 되었을 가능성이 큽
니다. 이 시기에 솔로몬의 명성(지혜·사랑·풍요)이 높아지면서, 사랑 노
래에 솔로몬 전통이 결합되기 시작했을 것으로 보입니다.

② 솔로몬 전통과의 결합(왕정 후기~포로기 이전?)

아가서 1:1의 "솔로몬의 아가"는 저작권 선언이라기보다는 솔로몬 전통에
속하는 지혜문학적 사랑시라는 문학적 표지로 이해하는 것이 일반적입니
다. 즉, 솔로몬이 실제 저자는 아니더라도, 그의 이름은 지혜와 사랑의 상
징적 권위를 대표하는 문학적 표지로 사용되었음을 시사합니다.

③ 문학적 편집과 모음집 형성(포로기 이후~헬라 시대 전후)

아가서는 하나의 연속적 이야기라기보다 사랑시 모음집 형태가 강합니
다. 이 과정에서 편집자는 다양한 시편들을 사랑의 탄생, 추구, 결합, 갈

등, 회복, 성숙이라는 흐름을 갖도록 주제적 통일성 아래 배열하여 지금의
형태를 만든 것으로 보입니다.

④ 정경화 이전의 유대 전통에서의 사용(헬라 시대~1세기)

헬라 시대 이후 유대 공동체는 아가서를 결혼 축제, 유월절 등에서 읽기
시작했습니다. 이는 아가서가 이미 이 시기에 하나의 통일된 문학 작품으
로 여겨졌음을 보여 줍니다.

아가서의 편집 시기

학자들은 아가서가 오늘날의 형태로 편집된 시기를 두 시기 중 하나로 보
는 견해가 가장 많습니다.

① 포로기 이후~페르시아 시대(기원전 5-4세기)

후기 히브리어 형태, 자연·도시·군사 이미지가 결합한 문체, 지혜문학적
배경, 고대 근동 사랑 노래의 영향과 이스라엘 신학의 융합 등이 이 시기
의 문학적 특징들과 가깝습니다.

② 헬라 시대 초기(기원전 3~2세기)

일부 학자들은 아가서의 세련된 시적 표현, 왕궁적·귀족적 이미지, 다양
한 식물·향료에 대한 묘사, 여성의 강한 목소리, 국제적 문화교류의 흔적
등을 근거로 헬라 시대 초기 편집을 주장합니다.

아가서의 구성과 내용

아가서는 연속적 서사가 아니라 사랑의 감정과 관계의 여정을 담은 시들의 모음집입니다. 그럼에도 편집자는 전체 시들을 사랑의 성장과 깊이를 표현하는 하나의 흐름으로 배열했습니다. 가장 설명력이 높은 구조는 다음의 6단계입니다.

① 1:1~2:7절: 사랑의 탄생

- 서로의 매력을 발견하고 찬양하는 단계.
- 사랑의 열정과 이상적 아름다움이 강조됨.

② 2:8~3:5절: 사랑의 추구와 만남

- 사랑하는 이가 찾아오며 둘 사이가 점점 가까워짐.
- 신부의 환상적 꿈과 사랑의 추구가 묘사됨.

③ 3:6~5:1절: 결혼과 결합

- 행렬, 혼인 이미지, 신랑의 사랑 노래(와스프[1]).
- 신랑이 신부를 "온전한 자"로 찬양함.

④ 5:2~6:3절: 사랑의 위기

- 문을 열지 않은 신부, 오해 속에서 사라진 신랑.

---

1) Wasf: 고대 근동 시 문학에서 사용되는 '신체 묘사 찬가' 형식

- 갈등과 상실, 그 후의 재발견.

⑤ 6:4~7:10절: 사랑의 회복

- 서로를 다시 발견하고 찬양.

- 사랑이 더 깊고 안정된 상태로 발전함.

⑥ 7:11~8:14절: 성숙한 사랑

- 서로에 대한 헌신, 함께 가기를 요청.

- 사랑은 "죽음처럼 강한" 불같은 힘(8:6~7)으로 선언됨.

- 동산의 결말에서 관계의 완성과 열려 있는 미래가 함께 암시됨.

아가서의 신학적 의미

아가서의 신학적 주제는 문학적 형태를 넘어 '창조-언약-지혜-영성-종말'
이라는 구약 전체의 큰 신학 구조와 연결됩니다. 다음의 네 가지 신학적
축을 중심으로 이해할 수 있습니다.

① 창조 신학적 의미: 성(性)과 사랑의 선함 회복

아가서는 성경에서 가장 감각적으로 사랑과 성(性)을 묘사하는 책입니다.
그런데 타락 이후의 왜곡된 성이 아니라, 성·육체·친밀감이 하나님의 선
한 창조의 결과임을 드러내며 창세기 1~2장의 창조 질서에 가까운 사랑
을 보여 줍니다.

아가서의 사랑은 부끄러움의 은폐(창 3장)가 아닌 상호 노출과 수용(창 2:25)에 가깝습니다. 상대의 몸을 존귀하게 여기는 언어(4장, 7장)는 상대의 타자성에 대한 존중이며 창조 질서의 회복입니다.

따라서 성은 욕망의 방출이 아니라 '상호 헌신'의 맥락에서 이해되며, 아가서는 성을 전적으로 부정하거나 금욕적으로 억압하지 않습니다. 그러나 사랑을 "때가 이르기 전에는 흔들지 말라"(2:7; 3:5; 8:4)고 하여 성이 관계적 책임 속에서 자리해야 함을 강조합니다.

② 언약 신학적 의미: 그리스도와 교회 관계의 예표
비록 아가서는 하나님을 거의 언급하지 않지만, 이 책이 정경으로 받아들여진 이유 중 하나는 '언약적 사랑'을 묘사하는 방식 때문입니다.

아가서에는 구약 전체에 흐르고 있는 배타성과 전인적 헌신에 기반을 둔 하나님과 이스라엘의 관계, 즉 헤세드(언약적 사랑)가 표현됩니다.

- 사랑은 죽음처럼 강하고… 불같이 일어나니(8:6~7)
- 상대의 유일성 강조(6:9)
- 오해와 갈등 속에서도 계속 찾고 회복함(5~6장)

그리고 아가서는 '애굽에서 구원 → 광야에서의 사랑 → 배신 → 다시 회복'이라는 '언약의 드라마'를 인간 사랑 안에서 재현하고 있습니다.

이렇게 이스라엘의 역사적-신학적 구조와 비슷한 패턴이 아가서 내에서도 일어나다 보니, 아가서는 자연스럽게 그리스도와 교회의 사랑, 주님과 영혼의 친밀함이라는 영성적 해석으로 확장되어 왔습니다.

③ 인간 존재론적 의미: 사랑하는 존재로서의 인간

아가서는 인간 존재의 핵심 중 하나가 관계적 사랑임을 보여 줍니다. 신부는 신랑의 시선을 통해 자신의 가치를 더 깊이 인식합니다(1:5, 2:1~2). 이렇게 사랑은 자아 발견, 정체성 형성, 타자와의 상호성을 일깨워 주며, 사랑을 주고받을 때 진정한 '나'가 완성된다는 것을 보여 줍니다.

그리고 사랑의 여정—시작, 위기, 회복, 성숙—은 인간 삶의 은유로 사랑의 경험은 단순한 감정이 아니라 인간 존재 전체를 형성하는 근원적 경험임을 보여 줍니다.

따라서 아가서는 인간이 고립된 존재가 아니라, 사랑 속에서 자신을 완성하는 존재라는 성경적 인간관을 드러냅니다.

④ 지혜문학적 의미: 사랑을 '지혜'의 영역 안에서 이해

아가서는 지혜문학(잠언·욥기·전도서)에 속합니다. 지혜문학은 하나님을 삶의 실제 영역에서 경험하게 하는 방식으로 가르칩니다.

잠언은 성·관계에 대한 지혜(음녀의 길 / 지혜로운 사랑)를 강조합니다. 아가서는 그 반대편 극치에 있는 올바르고 선한 사랑의 모델을 제공합니다.

사랑은 훈련되고 배워야 하는 삶의 기술입니다. 그리고 사랑은 감정이 아니라, 분별·헌신·성숙·자기절제를 포함하는 지혜의 행위입니다.

- 사랑의 인내(5~6장)
- 사랑의 언약적 성숙(8장)
- 때를 분별하는 지혜(2:7)

⑤ 정경적·구속사적 의미

비록 하나님에 대한 언급이 거의 없지만, 아가서는 타락 이후의 세계 안에서도 사랑과 친밀함이 구속의 방향을 향해 조명될 수 있음을 보여 줍니다. 이는 하나님의 창조 질서와 언약적 사랑이 여전히 인간의 관계 속에서 의미를 가질 수 있음을 시적으로 드러내는 방식입니다.

이렇게 아가서는 '동산', '물', '향기', '열매' 등 에덴의 이미지를 반복적으로 사용하여, 타락 이후의 현실 속에서도 사랑과 기쁨이 넘치는 관계가 에덴을 기억하고 그 방향을 가리키는 방식으로 경험될 수 있음을 보여 줍니다. 이는 에덴의 완전한 회복이라기보다, 구속사적 전망 속에서 에덴을 향한 갈망과 방향성을 환기하는 문학적 장치로 이해할 수 있습니다.

또한 호세아, 이사야, 예레미야가 하나님과 이스라엘의 관계를 결혼으로 묘사한 전통과 맞닿아, 아가서는 그 결혼 모티프[1]의 긍정적이고 이상화된

---

1) motif: 작품 속에서 반복되는 핵심 주제·상징·이미지

모습을 시적으로 제시합니다.

이러한 사랑의 언어는 그리스도와 교회의 혼인, 곧 어린양의 혼인 잔치 (계 19~21장)로 나아가는 구속사적 흐름 속에서 예표적·전조적 역할을 합니다.

⑥ 영성적 의미(고대 교부들의 강조)

오리겐, 아타나시우스, 그레고리오스, 베르나르도 등은 아가서를 신앙의 최고봉, 곧 영혼과 하나님 사이의 깊은 사랑의 여정으로 읽었습니다.

특히, 교부들은 사랑의 부르심(2장), 부재와 그리움의 시기(5장), 다시 만 남과 기쁨의 회복(6장 이후) 등을 하나님을 향한 전형적인 영혼의 여정을 상징한다고 해석하였습니다. 이렇게 아가서는 '하나님을 향한 사랑의 여 정'이라는 영성 신학의 핵심 서적으로 발전했습니다.

아가서에 대한 의문과 질문들

앞에서 살펴본 것처럼 아가서는 감각적 표현, 하나님 언급의 부재, 구조적 특이성 등으로 인해 역사적으로 많은 논란을 낳았고, 정경화 과정에서조 차 중요한 신학적 논쟁의 대상이 되었습니다. 그만큼 아가서를 읽는 독자 들에게는 자연스럽게 여러 의문과 질문이 생기게 됩니다.

① 본질적 질문

- 하나님 언급이 거의 없는데 어떻게 성경이 될 수 있는가?

- 아가서의 성적 묘사는 어디까지 문자이고 어디까지 상징인가?

- 아가서의 구조가 왜 이렇게 파편적이고 혼란스럽게 느껴지는가?

- 이 이야기는 실제 사건인가, 아니면 문학적 구성인가?

- 솔로몬이 저자인가? 그의 수많은 아내들과 아가서의 사랑 노래는 어떻게 조화되는가?

② 해석학적 질문

- 알레고리란 무엇이며, 아가서에서는 어떻게 적용되어 왔는가?

- 오늘날 널리 인정되는 아가서의 해석 방법은 무엇인가?

- 문자적 해석만으로 충분한가? 그렇지 않다면 영적 의미는 왜 필요한가?

- 왜 시대마다 아가서가 전혀 다르게 읽혀 왔는가?

- 지혜문학으로서의 아가서는 다른 지혜서들과 무엇이 다른가?

- 아가서를 읽는 데 필요한 해석 원리 5가지는 무엇인가?

이러한 질문들은 아가서를 더 깊이 이해하도록 도와주는 출발점이며, 결국 하나님의 언약적 사랑과 인간을 향한 그분의 신실하심을 새롭게 깨닫게 하는 중요한 관문이 됩니다.

1. 하나님 언급이 거의 없는데 어떻게 성경이 될 수 있는가?

아가서는 하나님을 직접 언급하지 않지만, 창조 질서 속에서 주어진 사랑의 선함과 언약적 헌신의 원리를 강하게 드러냅니다. 이스라엘과 하나님, 그리스도와 교회의 관계를 상징적으로 비추는 전통적 해석이 정경성의 기반이 되었으며, 정경 전체 속에서 읽을 때 자연스럽게 신학적 의미가 드러납니다.

2. 아가서의 성적 묘사는 어디까지 문자이고 어디까지 상징인가?

아가서의 신체 묘사는 고대 근동 사랑시의 시적 언어로, 실제 감정과 신체적 아름다움을 묘사하는 문자적 의미가 우선입니다. 그러나 문학적 이미지들은 정경 전체와 연결될 때 언약적 사랑·인격적 헌신을 상징하는 신학적 의미로 자연스럽게 확장됩니다.

3. 아가서의 구조가 왜 이렇게 혼란스럽게 느껴지는가?

아가서는 연속적 서사라기보다 사랑의 순간들을 엮은 시 모음집입니다. 따라서 이야기의 시간 순서가 직선적으로 흐르지 않고, 감정·꿈·대화·찬양이 교차하며 구성적 파편성이 나타납니다.

4. 이 이야기는 실제 사건인가, 아니면 문학적 구성인가?

아가서는 특정 역사적 사건을 기록한 것이 아니라, 문학적·시적 작품으로 이해하는 것이 일반적입니다. 실제 인물이 배경이 되었을 수는 있지만, 시 자체는 특정 사건의 기록이 아니라 사랑의 본질을 묘사하는 문학적 구성입니다.

5. 솔로몬이 저자인가? 그의 수많은 아내들과 아가서의 사랑 노래는 어떻게 조화되는가?

고대 전통은 솔로몬을 저자로 여겼지만, 오늘날 학계는 솔로몬 전통을 따르는 문학적 표기로 보는 견해가 우세합니다. 솔로몬의 다처성은 이 책의 이상적이고 독점적인 사랑과 일치하지 않기에, 실제 저자로 보기 어렵습니다.

6. 알레고리란 무엇인가? 아가서에 어떻게 적용되었는가?

알레고리는 문자적 의미를 넘어 다른 영적·상징적 의미를 대응시키는 해석 방식입니다. 유대교와 교회 전통은 신랑을 하나님·그리스도로, 신부를 이스라엘·교회·영혼으로 이해하여 아가서를 언약 사랑의 비유로 읽었습니다.

7. 오늘날 널리 받아들여지는 아가서의 해석방법은 무엇인가?

오늘날 다수의 학자들은 문자적·문학적 읽기를 기초로, 정경 맥락에서 신학적 의미를 확장해 읽는 접근 방법이 널리 받아들여집니다. 즉, 남녀 사랑이라는 문학적 의미를 존중하면서도, 정경 안에서 드러나는 언약 신학과 연결하여 읽습니다.

8. 문자적 해석만으로 충분한가? 영적 의미는 왜 필요한가?

문자적 의미는 아가서의 본래 문학적 의도를 존중한다는 점에서 필수적입니다. 그러나 아가서는 정경의 일부로 주어졌기 때문에, 성경 전체의 언약·예배·지혜 신학과 연결될 때 전승적·신학적 의미가 더욱 풍성해집니다.

9. 왜 시대마다 아가서가 완전히 다르게 읽혀 왔는가?

시대마다 사랑·성·결혼·신앙 이해가 달랐기 때문입니다. 유대교는 언약의 비유로, 교부들은 영적 결혼으로, 중세는 신비주의적으로, 종교개혁은 문자적·윤리적으로, 현대는 문학적·정경적으로 읽습니다.

10. 지혜문학으로서의 아가서는 다른 지혜서들과 무엇이 다른가?

잠언이나 전도서가 삶의 지혜·인생의 의미를 논리적으로 설명하는 반면, 아가서는 사랑·관계·몸·정서를 통해 지혜를 보여 주는 시적 지혜문학입니다. 즉, 교훈이 아니라 관계의 아름다움을 통해 지혜를 드러냅니다.

11. 아가서를 읽는 해석 원리 5가지는 무엇인가?

① 문자적·문학적 의미를 먼저 존중할 것

- 아가서는 시이므로, 시가 가진 이미지·감정·리듬을 통해 의미를 전달합니다.

② 정경 전체 속에서 읽을 것

- 창조, 언약, 지혜, 예언, 신약의 혼인 모티프와 연결하여 해석합니다.

③ 시적 상징과 문자적 현실을 구분할 것

- 신체 묘사는 문학적 이미지이므로, 이를 지나치게 영적으로 해석하거나 문자적으로 이해하지 않도록 주의해야 합니다.

④ 언약적 사랑의 원리를 중심축으로 해석할 것

- 헌신, 배타성, 상호성, 책임의 원리가 핵심입니다.

⑤ 영적 적용은 문학적 의미 위에서 진행할 것

- 문자적 의미를 무시하지 않고, 그 의미가 정경 전체 속에서 확장되는 방식으
  로 적용해야 합니다.

6부

예언서

- 하나님의 메시지와 미래의 소망 -

1.

예언서: 심판에서 구원으로

예언서는 전통적으로 16명의 예언자에게 귀속된 17권의 말씀으로, 이스라엘의 역사 위기 속에서 선포된 하나님의 음성입니다.

예언자들은 주로 나라가 분열되던 시기, 북이스라엘 멸망 전후, 남유다 멸망 직전, 바벨론 포로기, 포로 귀환 이후에 활동하였습니다. 따라서 예언서는 멸망 직전의 부패, 외세의 위협, 포로기의 절망, 귀환기의 혼란 등 역사적 위기 속에서 선포된 하나님 말씀의 기록이라 할 수 있습니다.

독자가 구약을 순서대로 읽을 때 마지막 부분에서 예언서를 연속적으로 접하면, 구약 전체가 '심판 중심의 성경'처럼 느껴질 수 있습니다. 그러나 이는 하나님의 진노를 강조하기 위한 구조가 아니라, 인간을 구원하시려는 하나님의 거룩한 열심과 안타까움을 드러내는 신학적 장치입니다.

예언서는 심판을 넘어 구속과 회복을 향한 하나님의 지속적인 사랑의 역사를 보여 줍니다. 예언서는 단순히 '위기 속의 기록'이 아니라, 그 위기를 하나님의 시각으로 해석한 신앙 해설서입니다. 선지자들은 정치·사회적 사건을 인간의 시각이 아닌 하나님의 관점에서 해석하도록 백성의 시선을 이끌었습니다. 따라서 예언서의 핵심은 역사적 사건을 기록하는 데 있지 않고, 그 사건을 언약의 관점에서 신학적으로 해석하는 데에 있다고 할 수 있습니다.

예언은 사건을 해석하는 '하나님의 언어'입니다. 예언자들은 미래를 점치는 사람이 아니라, 하나님과 백성 사이에서 언약의 관계를 회복시키는 중재자였습니다. 그들은 율법(토라)에 기초하여, 언약을 잊은 백성을 하나님의 말씀으로 현재의 자리로 불러내는 사명자였습니다.

[예언자들의 역할]

관계	역할	설명
하나님 앞에서는	대언자	하나님의 뜻을 듣고 받아 전함
백성 앞에서는	언약의 파수꾼	죄를 책망하고 회개를 촉구함
미래 앞에서는	약속의 해석자	하나님의 계획과 희망을 선포함

예언서는 심판의 메시지 속에서도 늘 회복의 씨앗을 품고 있습니다. 그 구조는 대부분 '죄의 고발 → 심판의 경고 → 회개의 초청 → 회복의 약속'으로 이어집니다. 이 흐름은 단순한 도덕적 훈계가 아니라, 언약을 회복시키려는 하나님의 적극적 사랑의 행위를 드러냅니다.

따라서 예언서의 무게 중심은 '인간의 불순종'이 아니라, 그 불순종 속에서도 하나님이 얼마나 변함없이 신실하신가에 있습니다.

- 하나님의 거룩: 죄를 눈감지 않으시는 공의의 하나님

- 하나님의 인내: 회개할 때까지 기다리시는 자비의 하나님

- 하나님의 신실: 언약을 끝내 지켜 내시는 구속의 하나님

즉, 예언서는 약속이 흔들린 기록이 아니라, 약속이 어떻게 지켜졌는가의 증언서입니다. 하나님의 심판은 약속의 실패가 아니라 거룩의 표현이며, 죄의 폭로는 하나님의 구속 계획이 진행되고 있음을 보여 주는 신학적 증거입니다.

이렇게 기독교 정경에서 예언서는 구약의 마지막에 배치되어, 전체 성경을 심판에서 구원으로, 율법에서 약속으로, 역사에서 소망으로 이끌어 줍니다.

[예언서의 기능]

기능	설명
율법의 해석자 언약의 갱신자	모세 율법의 언약을 해석하고 갱신함
역사의 해석자	이스라엘의 실패를 하나님의 계획 안에 위치시킴
메시아의 준비자	새로운 언약과 하나님의 나라의 도래를 예비하며 선포함
신약의 교량	예수 그리스도의 복음으로 연결되는 예언적 토대

그리고 예언서는 위기 속에서 기록된 책이지만, 그 목적은 심판이 아니라 언약의 회복이며, 인간의 죄를 드러내는 동시에 하나님의 거룩과 신실함을 증언하는 복음의 서곡입니다. 그래서 예언서는 구약의 끝에서 신약의 빛으로 이어지는 구속사의 다리 역할을 하고 있습니다.

결론적으로 예언서는 단순히 과거의 위기 속에서 주어진 경고의 말씀이 아니라, 하나님께서 언약 백성을 통해 자신의 거룩과 신실을 드러내신 구속사의 기록입니다. 따라서 예언의 본질은 미래를 예견하는 데 있지 않고, 하나님 나라의 회복을 향해 지금도 말씀하시며 역사하시는 하나님의 뜻을 선포하는 데 있습니다.

2.
예언서의 시대와 구조

예언자들은 주로 국가적 혼란기마다 등장했습니다. 그들의 메시지는 하나님께 돌아오라는 간절한 부르심이었고, 하나님 안에서 혼란을 극복하라는 신앙적 요청이었습니다.

[예언자 활동시기]

시대 구분	기간(추정)	주요 선지자
분열왕국 시대 초기 (북이스라엘·남유다)	기원전 850~750	오바댜, 요엘[1], 요나
북이스라엘 멸망 전후(사회·정의)	기원전 760~720	아모스, 호세아, 미가, 이사야[2]
남유다 멸망 직전(개혁·심판)	기원전 640~586	나훔, 하박국, 스바냐, 예레미야
바벨론 포로기	기원전 605~538	에스겔, 다니엘
포로 귀환 이후(회복기)	기원전 520~430	학개, 스가랴, 말라기

대예언서와 소예언서

기독교 전통에서는 예언서를 대예언서와 소예언서로 구분해 왔습니다.

---

1) 오바댜와 요엘의 활동시기에 대해서는 학자들 사이에 다양한 견해가 존재하며, 정확한 연대를 특정하기 어려움
2) 아모스, 호세아: 북이스라엘 중심
   미가, 이사야: 남유다 중심이나 같은 시대에 활동

이는 내용이나 신학적 깊이가 아니라, 단순히 분량에 따른 편의적인 구분입니다.

- 대예언서 5권: 이사야(66장), 예레미야(52), 예레미야 애가(5), 에스겔(48), 다니엘(12)
- 소예언서 12권: 호세아(14장), 요엘(3), 아모스(9), 오바댜(1), 요나(4), 미가(7), 나훔(3), 하박국(3), 스바냐(3), 학개(2), 스가랴(14), 말라기(4)

여기에서 예레미야 애가와 다니엘서의 분량이 상대적으로 적은데, 어떻게 대예언서에 포함될 수 있었는가 하는 의문이 생깁니다.

예레미야 애가와 다니엘서는 히브리 성경(타나크)에는 모두 예언서가 아니라 성문서(케투빔)로 분류되어 있습니다. 애가(哀歌)는 시편과 같이 '시' 형태로 쓰여졌고, 다니엘서는 지혜 전통과 묵시문학적 성격을 함께 지닌 책으로 이해되기 때문입니다.

예레미야 애가의 저자는 본문에는 직접적으로 명시되어 있지는 않지만, 유대와 기독교 전통에서는 예레미야로 여겨져 왔습니다. 따라서 예레미야 전통에 속한 책으로 간주되어 기독교에서는 저자 중심 분류로 예레미야서 바로 뒤에 배치하게 되었습니다.

히브리 성경에서는 다니엘이 '예언자'가 아니라 '지혜자'로 분류되어 있습니다. 다니엘이 왕실 내시이자 현자, '계시 해석자'로 여겨졌기 때문입니다. 하지만 기독교 전통은 다니엘서가 환상(단 7장)을 기록하고, 예언(단 9장)을 담고 있기 때문에 종말론적·예언적 책으로 보게 되었습니다. 특히 메시아와 종말에 대한 환상은 신약의 묵시 예언(특히 요한계시록)과 직접 연결됩니다. 따라서 기독교는 다니엘서를 이사야·예레미야·에스겔 다음의 대예언서로 포함시킨 것입니다.

그리고, 현재 소예언서로 분류되어 있는 12권이 히브리 성경에는 '열두 예언서[1]'라는 이름으로 한 권으로 편집되어 있었기 때문에, 이를 분책하는 과정에서 분량에 상관없이 자연스럽게 12권 모두 소예언서로 분류되게 된 것도 이유가 될 수 있습니다.

따라서 예언서의 구분은 단순히 문학적 편제의 차이일 뿐, 그 안에 담긴 예언의 깊이와 하나님의 메시지의 본질은 동일합니다. 예언서는 모두 시대를 초월해 하나님의 뜻과 구원의 계획을 증언하는 말씀입니다.

---

1)   히브리어 Trei Asar, 영어 The Book of the Twelve

3.

이사야서

이사야의 활동 시기는 주전 8세기, 남유다의 웃시야-요담-아하스-히스기야 왕 시대입니다. 이 시기는 아시리아 제국의 급속한 팽창, 북이스라엘의 멸망(기원전 722년), 남유다의 정치·종교적 위기 등으로 매우 격동적인 시대였습니다.

이러한 역사적 상황 속에서 이사야서는 하나님의 절대적 거룩함과 불의에 대한 심판을 중심 주제로 선포합니다. 그러나 동시에 이 책은 하나님의 심판이 끝이 아님을 보여 주며, '남은 자(Remnant)'를 통한 구원과 회복의 약속도 함께 제시합니다. 즉, 이사야서는 심판과 구원이라는 두 축을 통해 하나님의 구속사적 의지를 드러내는 예언서입니다.

역사적 현실은 암울했지만, 이사야서는 거기서 머무르지 않고 종말론적 구원을 전망합니다. 특히 마지막 부분(65~66장)은 새 하늘과 새 땅이라는 장엄한 비전을 보여 주며, 하나님 나라의 완전한 회복을 향해 나아갑니다.

회복의 약속을 확증하기 위해 이사야서는 장차 오실 메시아에 대한 풍부한 예언을 포함하고 있습니다. 이 예언들은 신약에서 예수 그리스도의 사역을 이해하는 핵심 본문이 되었으며, 이사야서가 신약에서 특히 많이 인용되는 구약 예언서가 되도록 만들었습니다. 대표적인 예는 다음과 같습니다.

- 임마누엘 예언(7:14)
- 평화의 왕의 도래(9:6~7)
- 고난받는 종의 노래(특히 53장)

문학적으로도 이사야서는 매우 탁월합니다. 시(詩), 예언, 상징 행위, 서사적 기록 등 다양한 문학 장르가 사용되며, 비유·상징·대구법 등 풍부한 문학적 장치가 정교하게 짜여 있습니다. 이러한 이유로 이사야서는 히브리 문학의 정점, 혹은 가장 아름답고 고급스러운 표현을 지닌 예언서로 평가받습니다.

이사야서의 전승

전통적 관점에서는 이사야서를 단일 저작물로 보기도 하지만, 다수의 학자들은 이사야서가 단일 시대의 산물이 아니라, 여러 시대를 거치며 축적된 전승과 편집 과정을 통해 형성된 예언서로 이해하기도 합니다. 이러한 관점에서는 이사야서의 전승을 크게 다음의 세 흐름으로 구분합니다.

① 1차 전승: 이사야와 그의 제자들(기원전 8세기, 아시리아 시대)

- 주요 내용: 이사야서 1~39장
- 예언자 이사야의 실제 발언, 상징 행위, 환상, 정치적 조언 등이 포함

- 아시리아 제국의 위협을 배경으로 강력한 심판 선포와 회개 촉구가 중심을 이룸
- "내 제자들 가운데에서"(사 8:16)라는 언급처럼, 이사야의 메시지를 보관·정리한 전승 공동체[1]가 존재했을 가능성이 높음

② 2차 전승: 바벨론 포로기 공동체(기원전 6세기)

- 주요 내용: 40~55장(소위 '제2이사야')
- 포로기라는 역사적 상황을 배경으로 위로와 구원, 해방의 약속, 새 출애굽 등 새로운 신학적 전망 제시
- 고레스(페르시아 왕)를 직접 언급하는 등 포로 시대의 정황이 뚜렷 (44:28; 45:1)

③ 3차 전승: 귀환 이후 공동체(기원전 6~5세기, 페르시아 시대)

- 주요 내용: 56~66장(소위 '제3이사야')
- 귀환 공동체가 직면한 경제적 어려움, 사회적 갈등, 성전 재건 문제 등이 반영
- 이사야 신학을 계승하면서도 공동체 재편이라는 상황 속에서 종말론적 구원, 새 하늘과 새 땅, 열방의 구원 등을 강조
- 미래 지향적 비전 강화, 이사야서 전체 신학을 확장하는 단계

---

1) '전승 공동체(이사야 학파)'는 이사야의 신학을 보존·정리하고 후대 현실에 적용한 집단을 의미

이사야서의 편집과정

학자들은 이 세 전승의 흐름이 하나의 책으로 묶이는 과정을 다음과 같이
설명합니다.

① 초기 편집(기원전 7세기 직후)

이사야 사후, 그의 말과 활동 기록을 제자 집단이 정리하여 핵심 예언을
모음집 형태로 만들었을 것으로 보여집니다. 이때 1~39장의 대부분의 내
용이 정리되었을 것으로 추정됩니다. 그리고 히스기야 시대 사건(36~39
장)은 열왕기 등 다른 역사 자료를 재편집한 것으로 보이기도 합니다.

② 포로기 편집(기원전 6세기)

포로기 선지자들의 메시지로 독립된 예언 컬렉션으로 존재하던 제2이사
야(40~55장) 부분이, 이사야 신학의 큰 틀 안에서 결합되면서, 이사야서
의 범위가 확장된 것으로 보여집니다. 이 단계에서 이사야서가 '심판-위
로-구원'이라는 구조로 재정렬하는 전환점이 되었던 것으로 보입니다.

③ 페르시아 시대 최종 편집(기원전 5세기 전후)

제3이사야(56~66장)가 귀환 공동체의 현실과 종말론적 비전을 담아 형성
되었고, 이 시기에 이사야 1~66장을 통일된 신학적 메시지를 지닌 한 권
의 책으로 묶는 최종 편집이 이루어진 것으로 보입니다. 많은 학자들이
이 시기를 이사야서의 최종 형성 시기로 보고 있습니다.

④ 전통적 관점과 현대 역사비평

전통적인 관점은 이사야서 전체가 아모스의 아들 이사야 한 사람이 기록되었고, 후대 편집은 있어도 핵심 메시지는 모두 이사야에게 기원한다는 것입니다. 포로기, 고레스, 귀환, 메시아 등과 같은 미래사건도 예언적 영감에 의해 미리 이사야에게 계시되었다고 이해하고 있습니다.

반면 현대 역사비평 관점에서는 여러 시대의 전승이 수세기 동안 누적되었고, 이사야 전승 공동체(학파)의 활동과 편집의 결과로 1~39장, 40~55장, 56~66장이 한 권의 책으로 구성되었다는 것입니다. 실제적으로 세 부분은 문체·신학·역사 배경이 뚜렷하게 구분되기 때문입니다.

그러나 오늘날 많은 학자들은 단일 저자 또는 다중 저자라는 이분법을 넘어서, 이사야의 신학이 여러 시대를 거쳐 창조적으로 계승·발전된 '전승 공동체의 책'이라는 통합적 관점을 선호합니다.

이 관점은 이사야서가 다양한 시대의 목소리를 담으면서도, 하나님의 거룩, 심판과 구원, 메시아·새 창조라는 통일된 신학적 흐름을 유지한다는 사실을 잘 설명해 줍니다.

특히 최종 형태의 이사야서는 유대와 기독교 공동체 안에서 정경으로 수용되어, 하나님의 구속사와 메시아적 약속을 증언하는 권위 있는 말씀으로 읽혀 왔습니다.

이사야서의 구성과 내용

이사야서는 단순히 1~66장의 배열이 아니라, 심판 → 위로 → 새 창조라는 구원사적 구조를 따라 전개되는 것이 가장 큰 특징입니다. 이렇게 이사야서는 전통적으로 심판과 소망, 위로와 구원, 새 공동체와 새 창조 등 세 부분으로 나누어 설명됩니다.

① 1~39장: 제1부, 유다와 열국의 심판과 구원 약속

- 1장: 유다의 타락과 회개 촉구
  - 형식적 예배를 꾸짖고, "공의를 배우라"는 회개의 요구를 제시
- 2~5장: 시온 비전과 심판 선언
  - 장차 모든 민족이 시온으로 모여드는 종말론적 평화의 모습(2장)
  - 그러나 현실의 불의로 인해 심판이 임할 것이라는 경고와 병행됨.
- 6장: 이사야 소명
  - 성전 환상: "거룩하다 거룩하다"
  - 이사야의 사명과 메시지의 출발점 제시
- 7~12장: 임마누엘과 메시아 왕국의 약속
  - 임마누엘 예언(7장), 다윗계열 메시아의 탄생(9장)
  - 이새의 줄기에서 나올 메시아(11장), 구원의 찬송(12장)
- 13~23장: 열방에 대한 심판 선언
  - 바벨론, 아시리아, 블레셋, 모압, 다메섹, 이집트 등 주변 열국 심판
  - 하나님은 이스라엘뿐 아니라 열방의 역사도 주권적으로 다스리는 분임을 강조

- 24~27장: 이사야 묵시록

    • 우주적 심판과 보편적 구원 선포

    • 시온 산에서의 잔치(25장), 악의 세력에 대한 최종 승리

    • 구약 묵시문학의 초기적·전조적 형태

- 28~35장: 유다 지도자들에 대한 경고와 구원의 약속

    • 애굽을 의지한 정치적 선택 비판

    • 장차 오실 왕과 구원 약속

    • 심판 가운데에서도 하나님의 구원 계획이 지속됨을 강조

- 36~39장: 히스기야 역사 이야기

    • 산헤립의 침공과 하나님의 기적적 구원(36~37장)

    • 히스기야의 병과 회복(38장)

    • 바벨론 사자의 방문—포로기의 도래를 예고(39장)

② 40~55장: 제2부, 포로기 백성을 위한 위로와 구원

  - 40~48장: 위로와 해방 약속

    • "위로하라, 내 백성을 위로하라"(40:1)

    • 하나님은 창조주이자 통치자

    • 고레스를 통한 역사적 구원 약속(45장)

    • 우상과 야훼를 대비하여 하나님의 유일성을 강조

  - 49~55장: 여호와의 종과 구원의 절정,

    • 네 개의 '여호와의 종의 노래'(42:1~4, 49:1~6, 50:4~11, 52:13~53:12), 특히 네 번째 노래는 고난받는 종의 대속적 사역을 분명하게 드러냄

• 55장: "오호라 너희 목마른 자들아…"—언약의 갱신과 구원의 초대

③ 56~66장: 제3부, 새 공동체의 삶과 새 창조

- 56~59장: 공동체 윤리와 참된 예배
  • 안식일 준수, 이방인·고자도 하나님의 백성에 포함
  • 형식적 금식·예배를 꾸짖음(58장)
  • 정의와 공동체 회복의 필요성 강조
- 60~62장: 시온의 영광과 회복
  • 열방이 시온의 빛 가운데 모여듦
  • "일어나라 빛을 발하라"(60:1)
  • 메시아적 구원을 통한 공동체 재건
- 63~66장: 하나님의 최종 심판과 새 창조
  • 하나님의 구속 역사와 긍휼 회고(63장)
  • 새 하늘과 새 땅 선포(65~66장)
  • 열방과 모든 피조물이 참여하는 보편적 회복의 비전

이렇게 이사야서는 심판-구원-새 창조라는 구속사적 흐름을 갖춘 구조를 지니고 있습니다.

제1부(1~39장)는 역사적 상황을 배경으로 한 심판과 소망을,

제2부(40~55장)는 포로기 백성을 향한 위로와 구원을,

제3부(56~66장)는 귀환 이후 또는 종말론적 맥락에서 새 공동체와 새 창조를 선포하면서,

전체적으로는 메시아, 여호와의 종, 시온, 새 창조라는 신학적 주제가 유

기적으로 연결되어 있습니다.

이사야서의 신학적 의미

이사야서를 관통하는 신학은 크게 네 가지 축으로 정리할 수 있습니다.

1) 하나님의 거룩하심과 주권

  - 역사와 열방을 다스리시는 하나님

2) 심판과 구원의 변증법적 구조

  - 남은 자 신학

3) 메시아와 여호와의 종 신학

  - 신약의 그리스도 이해의 핵심 토대

4) 보편적 구원과 새 창조

  - 성경 전체를 아우르는 구원사 종말론

이 네 축은 이사야서 전체를 관통하는 신학적 구조를 이루며, 본문 속에서는 일곱 가지 중요한 주제로 구체화되어 나타납니다. 이사야서는 이를 통해 하나님의 구원 역사, 곧 하나님의 이야기를 가장 깊이 있고 아름답게 들려주는 예언서가 됩니다.

① 하나님의 거룩하심—이사야 신학의 중심

이사야서는 하나님을 약 25회 이상 '이스라엘의 거룩하신 하나님'으로 부

릅니다. 이는

- "하나님은 절대적이며 도덕적·존재론적으로 구별되신 분이다"라는
  것과
- "그 거룩하심은 죄를 심판하게 하지만, 동시에 구원을 이루는 원천이
  된다"

라는 두 가지 신학적 의미를 갖습니다.

따라서 이사야의 하나님은 심판의 하나님이자 구원의 하나님이시며, 이 두 측면은 서로 모순되는 것이 아니라 모두 하나님의 거룩하심에서 비롯된 것입니다.

② 심판과 구원—'남은 자 신학(Remnant Theology)'
이사야서가 보여 주는 가장 중요한 신학 구조 중 하나는 심판 속에서도 구원이 이어지는 것입니다.

우상숭배, 사회 불의(1:17, 23), 형식적 예배, 하나님에 대한 불신, 애굽을 의지한 외교 정책 등이 심판의 원인이 되었지만, 그러나 하나님은 심판으로 모든 것을 끝내지 않으시고, "남은 자가 돌아오리라"(10:21) 하신 것처럼 남은 자를 통해 구원을 이어 가십니다. 이 남은 자 사상은 이후 구약과 신약 전체를 관통하며, 로마서 9:27절에도 인용될 만큼 구속사적 핵심 원리가 됩니다.

③ 메시아 신학—구약 메시아론의 핵심

이사야서는 구약에서 가장 풍부한 메시아 예언을 담고 있습니다.

- 임마누엘의 오심(7:14)

- 평강의 왕의 도래(9:6)

- 정의와 공의로 다스리는 왕(9:7)

- 이새의 줄기에서 나올 메시아(11장)

또한 이사야는 '주의 종' 개념을 다층적으로 사용하여 이스라엘 민족, 신실한 개인, 장차 오실 메시아 등을 나타냅니다. 특히 고난받는 종 (52:13~53:12)은 신약에서 그리스도의 십자가 고난을 이해하는 데 결정적 본문이며, 사도행전, 베드로전서 등에서 직접 인용됩니다.

이러한 이유로 이사야서는 신약에서 특히 많이 인용되는 구약 예언서가 되었습니다.

④ 구원과 해방의 신학—'새 출애굽'

제2이사야(40~55장)는 바벨론 포로 해방을 새로운 출애굽으로 묘사합니다.

- "여호와의 길을 예비하라"(40:3)

- "광야에 길을… 사막에 강을 내리리니"(43:19)

- "여호와께서 기름 부은 자 고레스"(45:1)

이 구절들은 출애굽의 구원 패턴이 반복·확장되는 구속사적 구조임을 보여 줍니다.

신약에서는 이 패턴이 그리스도를 통한 구원으로 성취되며, 세례 요한의 사역(마 3:3; 요 1:23)에서도 이사야 40:3이 직접 인용되었습니다.

⑤ 보편적 구원—열방을 향한 구속사적 비전

이사야서는 구약 중 가장 선교적·보편적 비전을 강하게 제시하는 예언서입니다.

- "그날에… 애굽과 앗수르가 복이 되리라"(19:24~25)
- "나의 구원을… 땅끝까지 이르게 하리라"(49:6)
- "나라들이 네 빛으로 나아오리라"(60:3)

이는 창세기 12:3절(아브라함 언약: 모든 족속에게 복)과 연결되며, 아브라함 언약이 모든 민족에게 확대되는 종말론적 실현을 보여 줍니다. 신약의 선교 신학(특히 사도행전과 바울서신)은 이사야적 비전을 바탕으로 전개됩니다.

⑥ 참된 예배와 사회 정의 강조

이사야서는 예배의 본질을 깊이 있게 다루며, 예배와 삶을 분리하지 않습니다.

- "입술로는 나를 공경하나 마음은 멀도다"(29:13)
- "정의를 구하며… 약자를 도우라"(1:17)
- "내가 기뻐하는 금식은… 압제 받는 자를 자유하게 하는 것"(58:6)

이사야는 참된 예배가 의와 정의의 실천이라는 선지자 신학의 핵심을 가장 뚜렷하게 보여 줍니다. 신약에서도(마 15:7~9, 약 1:27 등) 이사야의 이 비전이 재강조됩니다.

⑦ 새 창조의 비전—종말론적 신학의 절정

이사야 65~66장은 구약의 종말론 가운데 가장 높은 정점을 이루는 본문입니다.

- "보라 새 하늘과 새 땅을 창조하나니"(65:17)
- 고난의 종결, 열방의 예배, 피조 세계의 회복
- 요한계시록 21~22장의 직접적 배경 제공

이사야서는 '창조 → 구원 → 새 창조'라는 성경 전체의 거대한 구조를 연결하는 중심적 역할을 합니다.

결론적으로 이사야서는 구속사 전체의 구조 속에서 하나님 나라의 구원 역사를 가장 깊이 있게 드러내는 예언서이며, 동시에 신약 신학(특히 그리스도론·선교론·종말론)의 결정적 토대를 이루는 책입니다.

이사야서에 대한 의문과 질문들

이사야서는 신약에서도 자주 인용되고, 다양한 설교에서 반복적으로 등장하기 때문에 익숙하게 들릴 수 있습니다. 그러나 이사야가 사용한 상징적 표현, 심판과 회복의 구조, 메시아 예언 및 미래적 비전들은 독자들에게 자연스럽게 여러 의문과 질문을 일으킵니다.

① 역사·배경과 신학적 해석에 관한 질문

- 히스기야 이야기(36~39장)는 왜 예언서 한가운데 포함되었는가?

- 고레스(45:1)는 왜 '기름 부음 받은 자'로 불리는가?

- 고레스에 대한 예언은 실제로 고레스 이전에 주어진 것인가?

- 이사야서에서 '시온'은 어떤 신학적 의미를 갖는가?(역사적 장소인가? 종말론적 이상인가?)

② 문학·장르 해석에 관한 질문

- "이리가 어린 양과 함께"와 같은 비유·시적 표현들은 어떻게 해석해야 하는가?

- '이사야 묵시록'(24~27장)은 일반 예언과 어떤 차이가 있는가?

③ 메시아·종 신학에 관한 질문

- 메시아 예언은 역사적으로 누구를 가리키는가?

- 예수님 이전 시대 사람들은 메시아를 어떤 모습과 역할로 기대했는가?

- '고난받는 종'(52~53장)은 누구를 의미하는가? 이스라엘 개인인가, 공

동체인가, 혹은 메시아인가?

④ **신학적 핵심 질문**

- '남은 자'는 누구를 가리키는가?
- 이미 심판을 받고 흩어진 이들에게 '남은 자'라는 개념은 어떤 의미가 있는가?
- 하나님의 구원 계획은 왜 즉각 이루어지지 않고, '지연된 성취'의 형태를 보이는가?

⑤ **영적·목회적 질문**

- 고난의 시대에 신자는 어떻게 하나님의 위로를 경험할 수 있는가?
- 이사야서에서 역사적 사건과 신학적 메시지는 어떤 방식으로 결합되는가?

이러한 질문들은 이사야서가 단순한 역사 기록이나 미래 예언이 아니라, 국가의 위기 속에서도 신앙을 지키고자 했던 공동체의 고백, 장차 오실 메시아를 바라보며 살아간 신실함의 신학을 더욱 깊이 깨닫도록 이끌어 줍니다.

1. 히스기야 이야기(36~39장)는 왜 예언서 한가운데 포함되었는가?

히스기야 이야기는 역사적 사건 속에서 이사야의 예언이 실제로 어떻게 성취되었는지를 보여 주는 신학적 사례입니다.

- 아시리아의 침공 → 이사야의 예언이 성취됨
- 히스기야의 기도 → 구원의 하나님이 드러남
- 바벨론 사절 방문 → 포로기의 도래가 예고됨

즉, 히스기야 이야기는 제1부의 결론이자 제2부의 도입부 역할을 하며, 이사야서 전체를 관통하는 '심판과 구원'의 메시지를 역사 속에서 증거하는 중요한 연결 고리입니다.

2. 고레스(45:1)는 왜 '기름 부음 받은 자'로 불리는가?

고레스는 이방인이었지만, 하나님은 그를 이스라엘 회복을 위한 도구로 사용하셨습니다. '기름 부음 받은 자'라는 표현은 원래 직무적·사명적 의미로, '하나님이 특정 목적을 위해 세우신 자'라는 뜻을 담고 있습니다.

고레스는 역사 속에서
- 바벨론을 무너뜨리고
- 유다 포로의 귀환을 허용하며
- 성전 재건을 가능케 한
역사적 '해방자'의 역할을 수행했습니다.

따라서 그는 직임적 의미에서 하나님의 기름 부음 받은 자라고 볼 수 있습니다.

3. 고레스에 대한 예언은 실제로 고레스 이전에 주어진 것인가?

전통적 관점에서는 이사야가 미래를 예언적으로 내다본 것으로 이해합니다. 이 관점에 따르면, 고레스가 등장하기 약 150년 전에 이미 그의 이름이 성경에 기록된 것입니다.

현대 비평적 관점에서는 포로 말기와 귀환기에 형성된 고레스 관련 전승이 이사야 전승 안에 편집적으로 결합되었다고 봅니다.

그러나 두 관점의 차이에도 불구하고 "고레스의 등장은 하나님의 역사적 주권과 섭리 속에서 이루어진 사건이다"라는 핵심 메시지는 동일합니다.

4. 이사야서에서 '시온'은 어떤 신학적 의미를 가지는가?

시온은 단순히 예루살렘 산 이름이 아니라 하나님의 통치, 임재, 구원, 회복을 상징하는 신학적 중심 개념입니다.

- 역사적 시온: 실제 예루살렘
- 신학적 시온: 하나님 나라의 중심, 미래적 평화의 도시
- 종말론적 시온: 열방이 모여드는 새로운 하나님의 나라

따라서 시온은 이스라엘의 회복과 열방의 구원을 함께 상징하는 이사야서의 핵심 주제입니다.

5. "이리가 어린 양과 함께" 같은 표현은 어떻게 해석하는가?

이것은 시적·상징적 표현입니다. 문자적 동물 묘사라기보다 메시아 시대의 평화와 조화를 상징합니다. 악과 선, 강한 자와 약한 자, 억압자와 피억압자가 조화를 이루는 새 창조의 질서를 비유적으로 보여 줍니다.

6. '이사야 묵시록'(24~27장)은 일반 예언과 무엇이 다른가?

이사야 24~27장은 묵시문학의 초기 형태로, 일반 예언과 다음 점에서 다릅니다.

- 범위: 한 나라가 아닌 온 세상
- 표현: 상징·우주적 이미지
- 초점: 역사 너머의 최종 구원과 심판
- 성격: 현재 문제를 넘어 종말적 미래를 비전으로 제시

즉, 묵시문학은 '하나님이 최종적으로 악을 멸하고 세상을 새롭게 하시는 날'을 바라보는 문학입니다.

7. 메시아 예언은 역사적으로 누구를 가리키는가?

이사야의 메시아 예언은 중층적 의미를 가집니다.

- 1차적 의미: 다윗 왕조의 회복을 기대하는 역사적 왕
- 2차적 의미: 이상적·성령의 왕으로서의 미래 메시아
- 궁극적 성취: 신약에서 예수 그리스도 안에서 완성

따라서 '임마누엘', '평강의 왕', '이새의 줄기'는 예수님이 메시아이심을 예표합

니다.

8. 예수님 이전 시대 사람들은 메시아를 어떻게 이해했는가?

대부분 정치·군사적 구원자, 즉 다윗 왕조를 회복하고, 이방 나라를 물리치며, 이스라엘을 회복하는 왕으로 이해했습니다. 그러나 이사야는

- 평강의 왕(9장)
- 영적 통치자(11장)
- 고난받는 종(53장)

이라는 새로운 메시아 이해를 열어 주었습니다.

9. '고난받는 종'(52~53장)은 누구인가?

본문 자체는 다층적 정체성을 가집니다.

- 이스라엘(하나님의 종으로서)
- 신실한 개인
- 고난을 지는 메시아

그리고, 신약에서는 예수 그리스도의 십자가 고난의 예표로 확정적으로 읽습니다. 이는 초대교회의 일관된 해석이기도 합니다.

10. '남은 자'는 누구인가?

'남은 자'는 단순한 생존자가 아닙니다. 심판 가운데서도 하나님께 충성하는 신실한 공동체입니다. 이들은 심판을 통과했고, 하나님께 의지하며 돌아왔으며, 미래 구원의 씨앗으로 남겨진 사람들입니다.

이들이 '남은 자'로 불리는 이유는, 하나님께서 이들을 통해 새로운 구원의 역사를 계속 이어 가시기 때문입니다. 하나님은 언제나 '남은 자'를 통해 구원의 역사를 새롭게 세워 가십니다.

11. 이미 심판받아 사라진 공동체에게 '남은 자' 개념은 어떤 의미인가?

'남은 자'는 하나님께서 역사 속에서 자신의 언약을 지속시키기 위해 남겨 두시는 공동체적·언약적 개념입니다. 이는 하나님의 백성이라는 언약 공동체의 지속성을 의미하며, 하나님께서 바로 이 남은 자들과 함께 새로운 시작을 이루겠다는 약속을 보여 줍니다.

이 개념은 심판이 끝이나 파멸이 아니라, 정화의 과정이며 회복을 향한 하나님의 구원 계획이라는 사실을 드러냅니다. 하나님은 심판을 통해 남은 자를 정결케 하시고, 그들을 통해 새창조를 이루십니다.

이를 개인의 차원에서 적용하면, 아직 최후의 심판을 받지 않은 사람은 누구든지 '남은 자'가 될 수 있는 가능성을 지니고 있습니다. 즉, 구약의 '남은 자'가 언약 공동체의 신실한 무리였다면, 신약에서는 예수 그리스도 안에서 믿음으로 남는 자들이 곧 '남은 자'가 됩니다. 그러므로 누구든지 회개와 믿음을 통해 이 남은 자 공동체에 참여할 수 있는 은혜의 문이 열려 있습니다.

12. 하나님의 구원 계획은 왜 즉각 이루어지지 않는가?

성경의 구원사는 시간을 두고 성취되는 특징을 가지고 있습니다.

– 인간의 준비와 회개

- 공동체의 정화

- 하나님의 때

- 역사 속 조건들이 성취되는 과정

하나님의 구원은 순간적이기보다 역사 속에서 점진적으로 드러나는 구원입니다.

이 과정이 하나님의 주권과 목적을 더 선명하게 보여 줍니다.

13. 고난의 시대에 신자는 어떻게 하나님의 위로를 체험할 수 있는가?

이사야 40~55장은 고난의 시대 신자들에게 다음 메시지를 줍니다.

- 하나님은 창조주이자 통치자이시다.

- 하나님은 "너를 잊지 않겠다"(49:15)고 약속하셨다.

- 상황보다 더 큰 하나님의 성품을 바라볼 때 위로가 온다.

- 구원은 느리게 보일 수 있지만, 확실히 오며 반드시 이루어진다.

14. 역사적 사건과 신학적 메시지는 이사야서에서 어떻게 결합되는가?

이사야서는 역사를 단순한 사건 나열이 아닌 하나님의 구원 계획을 드러내는 무대로 해석합니다. 산헤립 침공, 고레스 등장 역시 하나님의 섭리를 보여 주는 신학적 사건으로 재해석됩니다.

따라서 이사야서의 역사와 신학은 분리되지 않고 역사 속에서 하나님의 뜻이 드러나는 방식으로 결합되어 있습니다.

4.
예레미야서

예레미야는 남유다 왕국 아나돗(예루살렘 근교) 출신의 제사장 집안에서 태어나 약 40년 이상(기원전 627년경~586년 이후) 활동한 예언자로, 남유다의 마지막 다섯 명의 왕[1]과 같은 시대에 살며 사역하였습니다.

이때의 국제 정세는 앗수르 제국이 몰락하고(기원전 612년), 바벨론이 급부상하던 시기로, 유다는 그야말로 강대국 사이에 끼어 흔들리던 작은 나라에 불과했습니다.

예레미야는 요시야 시대의 일시적 종교개혁을 경험했지만, 여호아하스가 기원전 609년에 애굽에 의해 폐위되는 모습을 보았고, 여호야긴이 기원전 597년 1차 포로기 때 바벨론으로 끌려가는 일도 목격했습니다. 그리고 시드기야 시대에는 기원전 586년에 성전이 파괴되고 남유다가 멸망하는 비극을 직접 보아야 했습니다.

가장 가까이서 민족의 몰락을 바라보았던 예레미야는 누구보다 깊이 애통하였고, 그래서 '눈물의 선지자'로 불리기도 합니다.

---

1)   요시야(기원전 640~609), 여호아하스(기원전 609), 여호야김(기원전 609~598), 여호야긴(기원전 598~597), 시드기야(기원전 597~586)

예레미야서는 이러한 역사적 격변 속에서 예레미야가 전한 말씀과 사역을 기록한 책으로, '역사적 기록·예언·설교·기도·서사'가 함께 어우러진 독특한 문학적 구성을 지니고 있습니다.

예레미야서 전승

예레미야가 예언의 원천적 저자로 전승되었으며, 그 기록 과정에는 서기관 바룩이 중요한 역할을 한 것으로 전해집니다. 예레미야서는 히브리 성경 중에서도 전승과 편집이 가장 복잡한 책 중 하나입니다.

그 이유는 다음 두 가지 때문입니다.

- 예레미야가 평생에 걸쳐 다양한 방식으로 예언을 남겼고
- 그 기록들이 여러 시기와 여러 사람(특히 바룩)에 의해 편집되었기 때문입니다.

하지만 이는 인간적 편집의 복잡성 속에서도 하나님의 계시가 역사적으로 어떻게 보존·전달되었는지를 보여 주는 대표적 사례이기도 합니다.

① 예레미야의 구두 예언

예레미야의 활동 초기에는 대부분의 메시지가 구두로 선포되었습니다. 유다 왕궁, 성전, 거리, 성문 등에서 선포한 말들이 먼저 존재했습니다. 따라

서 가장 첫 단계는 '구전 전승'입니다. 이 시기의 구전 전승은 예언자의 말뿐 아니라, 이를 기억하고 반복한 공동체의 신앙적 응답까지 포함합니다.

② 바룩(서기관)에 의한 기록

예레미야서에는 예레미야가 바룩에게 자신의 말을 구술하도록 하고 바룩이 두루마리에 기록을 하는 장면이 기록되어 있습니다(36:4). 하지만 이 두루마리는 여호야김에게 낭독은 되었으나 왕이 불로 태워버리고 맙니다.

이후 예레미야는 다시 작성하도록 하였고, 바룩은 이전보다 더 많은 내용을 추가하여 다시 작성하게 됩니다(36:32). 즉, 기록본이 최소 2회 이상 존재했고 내용이 확장됨을 알 수 있습니다. 이는 예언의 동적 성격을 보여주며, 하나님의 말씀은 단순한 고정 기록이 아니라, 역사적 상황 속에서 새롭게 갱신되고 재해석되는 살아 있는 말씀임을 보여 줍니다.

③ 바벨론 포로 전후의 보완·편집

예레미야는 유다 멸망 이후에도 계속 활동했고, 메시지도 이후에 추가되었으며, 공동체는 이를 보존·정리했습니다.

전승의 주요 참여자들:
- 예레미야 자신(후기 예언 포함)
- 바룩(주요 기록자)
- 포로기 편집자들
- 포로 후기(페르시아 시대) 유다 공동체(최종 정리)

이러한 편집은 단순한 자료의 집합이 아니라, 심판과 희망이라는 이중 메시지를 통합하려는 신학적 의도 아래 진행된 것으로 보입니다.

따라서 예레미야서의 전승은 단순한 역사 기록이 아니라, 신앙 공동체가 위기 속에서 하나님의 뜻을 새롭게 이해하고 재구성한 신학적 응답이라 할 수 있습니다. 이 시기에 예레미야의 상징행위, 역사 이야기, 예언집들이 하나로 묶이기 시작합니다.

④ 두 개의 전통으로 나뉜 예레미야서

예레미야서는 다른 책에 비해 본문 차이가 가장 큰 책입니다. 히브리 마소라 본문(MT)은 현재 우리 성경의 예레미야서와 같이 52장으로 구성되어 있는 반면, 헬라어 70인역(LXX, Septuagint)은 마소라 본문보다 약 1/8 정도 더 짧고, 장의 배열 순서도 다릅니다[1]. 이는 전승의 여러 단계에서 상이한 계열의 예레미야 전집이 형성되었음을 시사합니다.

따라서 예레미야서는 성경 본문이 전승되는 과정에서 신앙 공동체의 신학적 해석과 편집적 수용이 어떻게 함께 작용했는지를 보여 주는 대표적 사례라 할 수 있습니다.

---

1) 열방 심판(46~51장)이 LXX에서는 25장 근처에 위치하며, 본문 전체 분량이 약 2,700단어 이상 짧음. 어떤 학자들은 LXX가 더 원형 형태에 가까운 예레미야 전승을 보존하고 있다고 평가. 이는 전승 단계에서 서로 다른 편집 계열이 존재했음을 보여주는 중요한 증거가 됨

예레미야서의 편집 시기

성서학자들은 예레미야서가 한 번에 완성된 책이 아니라, 여러 시기에 걸쳐 편집된 책이라는 데 대부분 동의합니다.

① 1차 편집: 예레미야 생전(기원전 620~586)
예레미야와 바룩이 직접 기록한 초기 문헌을 의미합니다. 예레미야 자신의 소명 이야기(1장), 초기 설교 모음(2~6장), 성전 설교(7장), 상징 행위 자료, 왕들에 대한 예언(21~24장 일부), 두루마리 사건(36장) 등은 예레미야가 살아 있을 때 정리된 문서로 볼 수 있습니다.

② 2차 편집: 유다 멸망 직후(기원전 586~580년대)
예루살렘 함락 이후 상황을 반영하는 부분입니다. 예루살렘 함락 기록 및 애굽 도피 사건(39~44장), 역사의 결말[1](52장) 등의 기록은 바룩이 중심적 역할을 했을 가능성이 큽니다. 특히 52장은 바룩이나 후대 역사 편집자의 손길로 보입니다.

③ 3차 편집: 바벨론 포로기(기원전 580~530년경)
포로 공동체가 예레미야의 메시지를 재정리합니다.

- 열방 심판 예언(46~51장)

---

1)   열왕기 내용과 유사

- 회복 예언(30~33장 '위로의 책')

- 예언 모음집 주제별 재배열

이 시기에 70인역 계열과 히브리 마소라 본문 계열이 다른 편집 전통을 형성하게 된 것으로 보입니다.

④ 4차 편집: 포로 후기~초기 페르시아 시대(기원전 530~450년경)

최종 편집 단계로 전체 분량이 확정되면서, 내용 배열이 정리되고, 신학적 강조점이 통합된 것으로 보여집니다. 이 시기에는 유다 공동체가 예레미야의 심판과 회복 메시지를 포로기 신학과 연결하여 정리한 것으로 여겨집니다.

이렇게 예레미야서가 복잡한 이유는 예레미야서의 문학적 다양성[1]과 비연대적 배치, 여러 전승의 복합적 결합 때문으로 보여집니다. 그리고 이런 이유로 이후 편집 과정에서 폭넓은 신학적 편집 작업과 배열의 재구성이 필요하게 됩니다.

예레미야서는 '구전 설교 → 기록 → 재기록 → 편집'의 과정이 비교적 명확히 드러나서 '한 사람이 쓴 책'이라기보다는 예레미야 전승 공동체가 구성한 예언 자료집에 가깝습니다.

---

1) 산문과 시적 단락이 혼재, 예언자 탄식이라는 독특한 장르, 상징행위의 빈번한 등장

따라서 예레미야서는 예언자의 직접적 말과 후대 공동체의 신학적 성찰
이 함께 담긴, 복합적 형태의 예언 문서라고 할 수 있습니다.

예레미야서의 구성과 내용

예레미야서는 구조가 복잡하지만 네 개의 단락으로 나누어 이해할 수 있
습니다.

① 1~25장: 예레미야의 소명과 유다의 죄 고발

유다가 하나님을 떠나 우상과 불의로 가득 차 있고, 회개하지 않을 경우
심판이 임박했음을 선포하는 내용입니다.

- 1장: 예레미야의 소명
  - 하나님은 예레미야를 "모태에서부터 택한" 선지자로 부르심
  - 사명: "… 너를 여러 나라와 여러 왕국 위에 세워 네가 그것들
    을 뽑고 파괴하며 파멸하고 넘어뜨리며 건설하고 심게 하였느니
    라…"(렘1:10)

- 2~6장: 유다의 죄와 배반
  - 우상숭배
  - 사회 정의의 붕괴
  - 부정한 재판과 착취, 도덕적 타락

- 반복되는 부르심: "돌아오라!"

- 7~10장: 성전 설교(성전 신앙 비판)
  - '여호와의 전'에만 의지한 잘못된 안전 신앙 비판
  - 종교행위의 형식화 비판

- 11~20장: 언약 파기와 예레미야의 고난
  - 언약을 버린 유다의 죄
  - 예레미야의 생명의 위협
  - 예언자 탄식 등장
  - 하나님의 부르심과 개인적 고통사이의 갈등

- 21~24장: 왕들과 지도자에 심판
  - 시드기야와 악한 왕들에 대한 심판
  - '좋은 무화과, 나쁜 무화과' 비유:
    → 포로로 잡혀간 자 = 회복의 대상
      남아 있는 자 = 심판의 대상

- 25장: 바벨론 포로 70년 예언
  - 70년 동안 바벨론 왕을 섬길 것(25:11)
  - 열방 심판의 서막

② 26~45장: 예레미야의 사역 이야기와 유다의 멸망

예언자와 왕의 갈등, 거짓 예언자와의 충돌, 예루살렘 멸망, 그 이후의 혼란을 담고 있습니다.

- 26장: 성전 설교로 체포
  - 예레미야의 생명 위협
  - 미가 예언[1]을 근거로 간신히 목숨을 보존

- 27~29장: 거짓 예언자들과의 충돌
  - 바벨론 멍에 상징행위
  - 하나냐의 '평안' 예언과의 대립
  - 예레미야: "바벨론의 왕을 섬기라"(27:17)

- 30~33장: 회복과 새 언약(위로의 책)
  - 이스라엘과 유다의 회복 약속
  - 땅의 회복과 번성
  - 새로운 언약(31:31~34): 율법을 마음에 기록하여 관계 회복

- 34~35장: 지도자들의 불순종

---

1) 예레미야보다 앞서 히스기야 시대에 "이러므로 너희로 말미암아 시온은 갈아엎은 밭이 되고 예루살렘은 무더기가 되며 성전의 산은 수풀의 높은 곳이 되리라"(미 3:12)라는 유사한 예언을 전한 미가가 처형되지 않았으므로, 예레미야의 예언 역시 '참예언'의 전통에 속하며 그를 죽여서는 안 된다는 논리였음

- 해방 약속을 어긴 지도자들

- 레갑 사람들[1]의 충성과 대비

- 36장: 바룩의 두루마리

- 예레미야의 예언이 기록으로 정리됨

- 여호야김이 두루마리를 태움

- 바룩이 더 많은 내용을 담아 재기록

- 37~39장: 예루살렘 최후와 함락

- 시드기야의 우유부단

- 바벨론 군대의 포위

- 예루살렘 성 함락(기원전 586년)

- 시드기야 실명 후 포로됨

- 40~45장: 멸망 이후의 혼란

- 남은 자들의 정치적 혼란

- 그다랴 총독 암살

- 백성들이 예레미야를 데리고 이집트로 도피

- 이집트에서 계속되는 우상숭배 책망(44장)

- 바룩에게 주어진 위로와 약속(45장)

---

1) 레갑 사람들(Rechabites): 유목 공동체(씨족 집단)로, 모세 율법보다는 조상 요나답이 세운 생활
규범을 여호와 신앙 안에서 수백 년 동안 철저히 지켜 온 사람들

③ 46~51장: 열방에 대한 심판 예언

이스라엘 주변의 열방뿐 아니라, 심판의 도구였던 바벨론까지도 결국 하나님의 심판 아래 있음을 선포합니다.

심판 대상은 애굽, 블레셋, 모압, 암몬, 에돔, 다메섹, 게달/하솔, 엘람, 바벨론 등으로 하나님은 모든 나라와 역사를 다스리는 보편적 주권자이심을 강조합니다.

④ 52장: 역사적 결말(52장)

열왕기하 24~25장과 평행한 역사 기록입니다.

- 성전과 왕궁 약탈
- 시드기야의 비참한 최후
- 느부갓네살이 유다 지도층을 포로로 끌고 감

마지막에 여호야긴이 풀려나 왕의 상에서 대접받는 장면으로 마무리되어, 완전한 멸망 속에서도 '희망의 불씨'로 해석되기도 합니다.

예레미야서의 신학적 의미

예레미야서는 구약 성경 가운데서도 신학적으로 가장 깊고, 포로기 신학 형성의 핵심을 이루는 책입니다. 예레미야서의 신학은 크게 언약·심판·회복·새 창조라는 네 단어로 요약될 수 있습니다. 예레미야서는 여섯 가지 신학적 의미를 보여 주고 있습니다.

① 언약신학: 파기된 언약과 '새 언약'의 약속

예레미야서는 언약을 중심으로 유다의 역사를 해석합니다. 유다는 우상숭배, 정의의 실종, 사회적 불의 등으로 하나님의 언약을 지속적으로 배반하였으며, 성전과 제사라는 외적 종교행위로 하나님을 달랠 수 있다고 여겼습니다. 그 결과 언약 관계가 근본적으로 파괴되었습니다.

이에 대해 예레미야서는 '새 언약'(31:31~34)을 약속합니다. 율법이 돌판이 아니라 마음에 기록되며, 하나님과의 내면적이고 친밀한 관계가 회복됩니다. 이 언약은 포로기와 제2성전기 신학에 큰 영향을 주었고, 기독교에서는 예수님의 복음과 성령의 내적 사역과 연결되며 매우 중요한 신학적 토대를 형성합니다. 따라서 예레미야 신학의 중심은 '언약의 갱신'입니다.

② 종교 비판: 성전과 제사의 무력화

예레미야는 "성전만 있으면 안전하다"는 당시의 종교적 확신을 강하게 비판했습니다. 그는 성전신앙이 미신화되었다고 지적하며, 형식적 제사와 종교행위는 아무 힘이 없다고 선언합니다.

하나님이 요구하시는 것은 의와 공의, 내면의 순전성이며, 성전과 제사장이 부패하면 심판은 오히려 그곳에서 시작됩니다. 이러한 종교 비판은 후대 예언자 전통과 예수님의 성전 정화 사건에까지 이어집니다.

③ 정의와 공의(사회 윤리)의 신학

예레미야는 우상숭배뿐 아니라 사회적 불의를 강하게 고발했습니다. 가난한 자와 고아, 과부의 억압, 부정한 재판, 탐욕, 지도자와 제사장의 부패, 거짓 예언자들의 기만 등이 대표적인 죄악으로 지적됩니다.

예레미야에게서 '악'이란 단순한 종교적 배신이 아니라, 공동체 전체의 정의가 무너진 상태를 의미합니다. 이는 아모스, 이사야 등과 더불어 예언자 전통의 사회 윤리 신학을 대표합니다.

④ 역사의 신학: 바벨론을 하나님의 도구로 본 관점

예레미야는 바벨론 침공을 단순한 국제정세의 결과가 아니라, 하나님의 주권적 역사 행위로 해석했습니다. 그는 "바벨론 왕을 섬기라"(27:17)고 선포했는데, 이는 패배주의가 아니라 하나님의 심판을 인정하고 받아들이라는 신학적 강조였습니다.

또한 열방 심판(46~51장)을 통해 바벨론마저 심판의 대상임을 보여 줍니다. 이로써 하나님은 모든 민족과 역사를 주관하시는 보편적 주권자임이 드러납니다.

⑤ 예언자 신학: 예언자의 고통과 하나님과의 갈등

예레미야는 '눈물의 예언자'로 불립니다. 그의 '예언자 탄식'은 성경에서 가장 인간적이고 고통스러운 신앙 고백입니다.

- "… 사람마다 종일토록 나를 조롱하나이다"(20:7)

- "왜 나를 이런 사명에 부르셨습니까?"

- "나는 고독하고 미움을 받습니다."

예레미야는 사명과 고통 사이에서 끊임없이 갈등했지만, 하나님의 말씀을 버릴 수 없었습니다. 이러한 내적 여정은 예언자 신학의 정점으로 평가됩니다.

⑥ 심판 속에서도 남아 있는 '희망의 신학'

예레미야는 심판의 선지자로 알려져 있지만, 그 중심에는 회복과 새 창조의 희망이 있습니다. '위로의 책'(30~33장)은 이스라엘의 회복, 공동체 재건, 땅의 회복, 다윗 왕조의 회복, 새 언약을 통한 관계 회복을 약속합니다.

이 희망은 단순한 낙관주의가 아니라, 심판을 거쳐 새로운 창조가 일어나는 신학입니다. 포로 공동체는 이 희망을 통해 정체성과 신앙을 회복했습니다. 따라서 예레미야의 희망은 '폐허 위의 새 창조', '부활적 희망'에 가까운 신학입니다.

예레미야서에 대한 의문과 질문들

예레미야서는 남유다의 심판을 예언하였고, 그 예언의 대부분은 역사 속에서 실현되었습니다. 그러나 그 과정에서 독자들은 여러 깊은 신학적·역사적 질문을 마주하게 됩니다.

① 하나님의 심판과 도구로서의 바벨론

- 하나님은 왜 심판의 도구로 '바벨론'을 사용하시는가?

- 왜 예레미야는 바벨론 왕을 섬기라고 선포했는가?

- 왜 성전이 있는 예루살렘도 멸망해야 했는가?

- '70년 포로'는 문자적인가, 상징적인가?

- 예레미야서는 이스라엘과 유다의 회복을 예언하는데, 북이스라엘은

  왜 회복되지 않았으며 북이스라엘의 '열 지파'는 어떻게 된 것인가?

② 예언자의 소명과 고난

- 예레미야는 왜 이렇게 많은 고난을 겪어야 했는가?

- 예레미야의 '탄식'은 신앙적 회의인가, 아니면 신앙의 또 다른 깊이인

  가?

- 예레미야와 다른 예언자들은 왜 서로 다른 메시지를 전했는가?

- 고난 가운데 어떻게 신앙을 붙들 수 있는가?

③ 새 언약과 신앙의 본질

- '새 언약'은 무엇이 새롭고, 무엇을 대체하는가?

- '마음에 기록된 율법'은 무엇을 의미하는가?

- 형식적 종교와 참된 신앙의 차이는 무엇인가?

④ 본문 전승과 신학적 적용

- 70인역의 전통을 존중하는 가톨릭과, 마소라 본문을 따르는 개신교
  의 예레미야서는 어떻게 다른가?
- 예레미야의 사회정의 비판은 오늘날 어떻게 적용되는가?
- 예레미야의 예언은 모두 성취되었는가?

이러한 질문들은 예레미야서를 더 깊이 이해하게 할 뿐 아니라, 새 언약을
주신 하나님의 뜻과 구원의 계획을 더욱 분명하게 바라보도록 돕습니다.

1. 하나님은 왜 심판의 도구로 '바벨론'을 사용하시는가?

예레미야는 바벨론 침공을 단순한 국제정세의 결과가 아니라, 하나님의 주권적 심판 행위로 해석합니다(25장).

유다의 우상숭배와 사회적 불의가 오래도록 경고를 무시했기 때문에, 하나님은 바벨론을 "내 종 바벨론 왕"(27:6)이라 부르며 징계의 도구로 사용하십니다. 그러나 바벨론도 결국 교만 때문에 하나님의 심판 아래 놓이며(50~51장), 이는 모든 역사가 하나님의 통치 아래 있다는 보편적 신학을 드러냅니다.

2. 왜 예레미야는 바벨론 왕을 섬기라고 선포했는가?

이는 패배주의나 정치적 굴복이 아니라, 하나님의 심판을 수용하는 신학적 순종입니다(27:12~17). 바벨론의 패권은 하나님이 허락하신 것이므로, 이를 받아들이는 것이 유다가 심판을 통과하는 길이었습니다(38:2).

거짓 예언자들이 "평안하다"고 외칠 때, 예레미야는 현실 회피 대신 현실 수용을 요구했습니다.

3. 왜 성전이 있는 예루살렘도 멸망해야 했는가?

유다는 성전이 있으니 안전하다고 믿었습니다(7장). 하지만 하나님은 형식적 성전신앙, 종교적 무감각, 부패한 제사 제도를 심판하셨습니다.

성전은 반드시 하나님과의 참된 언약 관계 위에서만 의미가 있으며, 죄악이 가득하면 오히려 심판의 대상이 됩니다.

4. '70년 포로'는 문자적인가, 상징적인가?

'70년'은 완전한 심판 기간, 세대가 완전히 바뀌는 시간 등을 상징하는 동시에, 역사적으로는 기원전 605~536년(바벨론 패권 기간)에 상당히 근접합니다. 그리고 일부 신학자들은 기원전 586년에 성전이 파괴되고 정확히 70년 후인 기원전 516년에 성전이 완공되었다는 것을 들어 예언이 직접적으로 성취된 것으로 보기도 합니다.

따라서 상징성과 역사성이 함께 담긴 표현으로 보는 것이 균형 잡힌 해석입니다.

5. 북이스라엘의 '열 지파'는 어떻게 되는가?

예레미야는 이스라엘과 유다의 영적·언약적 회복을 예언했습니다(30~33장). 포로 귀환 시 실제 북이스라엘 지파 일부는 흩어진 상태였지만, 성경은 회복을 육적 혈통이 아닌 언약 공동체의 회복으로 이해합니다.

따라서 '열 지파 문제'는 신학적 회복과 역사적 회복의 차이에서 이해해야 합니다.

6. 예레미야는 왜 이렇게 많은 고난을 겪어야 했는가?

예레미야는 유다가 듣고 싶어 하는 '평안' 메시지를 전한 것이 아니라, 회개와 심판이라는 불편한 메시지를 전했기 때문입니다(26장).

예언자의 고난은 그가 전하는 말씀의 진정성을 드러내며, 말씀을 대적하는 시대의 영적 어둠을 반영합니다. 예레미야의 고난은 예언자 사명의 본질이 말씀의 진리를 끝까지 붙드는 순종과 충성임을 보여 줍니다.

7. 예레미야의 '탄식'은 신앙적 회의인가? 아니면 깊이인가?

예레미야의 탄식은 불신이나 회의가 아니라,

하나님과의 솔직한 대화, 정직한 신앙의 깊이입니다(11, 12, 15, 17, 20장).

고통과 절망 속에서도 하나님을 떠나지 않고, 다시 말씀을 붙드는 모습은 성숙한 신앙의 본보기이며, 예언자 내면의 영성을 보여 줍니다.

8. 예레미야와 다른 예언자들은 왜 서로 다른 메시지를 전하는가?

당시 유다에는 '평안(샬롬)'을 남발하는 거짓 예언자들이 많았습니다(28장). 그들은 민심과 권력자들의 요구에 맞추어 긍정적인 메시지만 전했습니다. 반면 예레미야는 하나님의 말씀을 따라 불편한 진실을 선포했습니다.

따라서 차이는 하나님의 말씀을 따르느냐, 시대의 요구에 맞추느냐의 차이였습니다.

9. 고난 가운데 어떻게 신앙을 붙들 수 있는가?

예레미야는 고난 속에서도 하나님께 솔직히 부르짖고, 동시에 말씀을 포기하지 않는 신앙을 보여 줍니다. 신앙은 감정의 억압이 아니라, 고통 속에서도 하나님을 찾는 내면의 끈기로 유지됩니다.

10. '새 언약'은 무엇이 새롭고, 무엇을 대체하는가?

새 언약(31:31~34)은 공간 중심(성전, 제사)이 아니라 마음에 기록된 율법, 외적 형식이 아니라 내면적 순종, 민족적 경계를 넘어서는 언약 공동체의 확장 등을 강조합니다.

따라서 이는 기존 언약을 폐기한 것이 아니라, 그 본래 목적이 새로운 방식으로 드러나는 갱신된 언약입니다.

11. '마음에 기록된 율법'은 무슨 뜻인가?

이는 율법이 더 이상 외적 규정에 머무는 것이 아니라, 내면의 성품, 인격, 삶의 방향으로 자리 잡는 것을 의미합니다. 실천적 순종과 성령의 역사, 관계적 순종을 강조하는 표현입니다.

12. 형식적 종교와 참된 신앙의 차이는 무엇인가?

형식적 종교란 예배는 드리지만 마음은 멀어 있는 신앙, 제사/성전/행위로 안전을 확보하려는 태도입니다.

참된 신앙은 마음의 순전성, 정의 실천, 하나님과의 살아 있는 관계 등을 의미합니다(7장).

13. MT와 LXX의 예레미야서가 다르다면 가톨릭(LXX 전통 반영)과 개신교(MT 중심)의 예레미야서도 다른가?

모두 52장으로 구성되어 있고 본문의 신학도 동일하지만,
장 배열, 본문 길이, 표현 일부 등에서 차이가 있습니다. 이는 가톨릭 성경은 70인역(LXX) 전통을 어느 정도 반영하고, 개신교는 히브리 마소라(MT) 본문을 근간으로 삼고 있기 때문입니다. 그러나 핵심 메시지와 신학적 의미는 동일합니다.

14. 예레미야의 사회정의 비판은 오늘날 어떻게 적용되는가?

예레미야의 사회 정의는 약자 보호, 정직한 재판, 지도자의 청렴, 권력의 남용 금지 등 매우 구체적입니다.

오늘 교회와 사회에 대해 하나님의 정의를 삶에서 구현하라는 동일한 도전을 줍니다.

15. 예레미야의 예언은 모두 성취되었는가?

주요 심판 예언(멸망, 포로)은 역사적으로 성취되었습니다. 회복 예언(귀환, 땅의 회복, 언약 갱신)도 포로 귀환과 이후 공동체 재건을 통해 성취되었으며, '새 언약'의 궁극적 성취는 예수 그리스도 안에서 확장적으로 이해됩니다.

5.

예레미야 애가

예레미야 애가는 예루살렘 멸망을 예언자적 정서와 신앙의 언어로 표현한 시적 기록입니다. 예레미야서가 멸망의 원인과 하나님의 메시지를 선포했다면, 애가서는 그 멸망을 실제로 겪은 공동체의 고통과 신앙을 담아냅니다.

다시 말해 예레미야서는 멸망의 원인과 하나님의 메시지를 선포하고, 애가서는 그 멸망을 실제로 겪은 공동체의 눈물과 신앙을 기록한 것입니다.

앞에서 말씀드렸던 것처럼 히브리 성경(타나크)에서는 애가가 시적·예배적 성격 때문에 '성문서(케투빔)'에 포함됩니다. 그러나 70인역(LXX)에서는 고대 전승에서 애가의 저자를 예레미야로 여겼던 이유와, 예레미야서의 멸망 예언이 애가에서 실제로 다루어지는 주제의 연속성 때문에 자연스럽게 예레미야서 뒤에 배치되었습니다.

애가의 전승과 편집과정

애가는 기원전 586년 예루살렘 멸망이라는 엄청난 비극적 경험에서 나온 시적 전승입니다. 성전 파괴, 굶주림·폭력·전쟁의 참상, 선지자적 애통,

하나님 부재에 대한 탄식 등을 기록하고 있습니다.

전통적으로 예레미야가 저자로 알려져 있으나, 본문 자체에 저자 이름은 없으며, 문학적 형태(아크로스틱 구조)와 시적 음성 때문에 후대의 시인이 기록했을 가능성도 제기되고 있습니다.

다만 예레미야 전승의 정서와 신학을 깊이 반영하고 있어 '예레미야적 전승의 산물'로 보는 것이 학문적으로 가장 균형 있는 입장입니다.

예레미야서와 비슷하게 포로 후기~초기 페르시아 시대(기원전 530~450년경)에 재편집되어 현재의 형태가 된 것으로 추정됩니다.

애가의 구성 및 내용

다섯 편의 독립적인 시(1장~5장)로 구성되어 있습니다.

① 1장: 고난당하는 시온의 울부짖음
예루살렘이 버림받은 과부처럼 비유되며, 죄와 심판의 결과가 통렬하게 묘사됩니다.

② 2장: 하나님의 진노 아래 무너진 성전
하나님의 집이 파괴되는 충격을 통해 심판의 무게가 강조됩니다.

③ 3장: 고난 속에서 찾는 소망('여호와의 자비와 긍휼')

애가서의 정점이자 신학적 중심으로, 개인의 고난 고백에서 시작해 공동체의 회복 신앙으로 확장됩니다. 절망 속에서도 하나님의 자비가 새롭다는 고백(3:22~23)은 포로기 신학 전체를 대표하는 신앙 고백입니다.

④ 4장: 멸망의 참상에 대한 묘사

백성, 제사장, 지도자들의 몰락을 생생하게 그리고 있습니다.

⑤ 5장: 공동체의 기도와 회복의 요청

공동체는 죄를 고백하며 하나님께로 돌아가기를 간구하고, 회복을 향한 간절한 기도로 이 책은 마무리 됩니다.

애가와 예레미야서의 신학적 연관성

애가의 신학적 의미는 예레미야서와 함께 보아야 더 의미가 있습니다. 두 책은 심판과 회복이라는 하나님의 구원 이야기를 '말씀'과 '현실'이라는 두 축에서 완성하는 상호 보완적 문학으로 볼 수 있기 때문입니다.

① 예언의 성취

예레미야서가 경고한 심판은 애가서에서 역사적 사실로 드러나게 됩니다. 두 책은 '말씀 → 현실'이라는 구조적 연결을 가지고 있습니다.

② 정서의 일치: 예언자의 눈물 ↔ 공동체의 눈물

예레미야는 '눈물의 선지자'로 불립니다(렘 9:1). 애가서는 예레미야의 눈물과 백성의 눈물이 합쳐진 기록으로 볼 수 있습니다.

③ 성전의 신학적 붕괴와 회복의 필요

예레미야서에서는 성전을 우상처럼 신뢰하는 문제가 지적되었고, 애가에서는 성전 파괴를 통해 잘못된 성전 신앙이 드러나게 됩니다. 두 책은 모두 왜곡된 성전 신앙의 해체와, 언약에 기초한 성전 신앙의 회복을 연결하고 있습니다.

④ 하나님의 공의와 자비의 긴장

예레미야서가 공의의 심판을 선포하고 있다면, 애가는 심판받은 자가 하나님의 자비를 다시 붙잡는 모습을 그리고 있습니다.

⑤ 회복 신학과 새 언약

예레미야 30~33장의 '새 언약'은 애가서의 희망의 근거가 됩니다. 그리고 예레미야 31장의 '영원한 사랑'은 애가 3장의 "여호와의 자비와 긍휼은 무궁함"과 직접적으로 연결되어 있습니다.

두 책은 심판과 회복을 다루면서도 장르가 달라, 예레미야서는 '선포된 신학', 애가는 '체험된 신학'이라는 대비를 이룹니다.

애가에 대한 의문과 질문들

애가는 예레미야서와 긴밀히 연결되어, 고난과 고통 속에서 새로운 언약을 갈망하는 신앙을 보여 주지만, 문학적 특성과 내용 측면에서 여러 질문이 생기게 됩니다.

① 애가의 문학적 구조와 표현

- 애가는 왜 알파벳 아크로스틱(히브리 자모 순서)을 사용했는가?
- 애가 3장의 '개인의 목소리'는 누구를 대표하는가?

② 하나님의 침묵과 신학적 긴장

- 하나님을 "원수같이"(2:4)라는 표현은 신학적으로 어떻게 이해해야 하는가?
- 고난을 신앙적 언어로 표현하는 것은 원망인가, 신앙인가?

③ 고난 속의 열린 신앙

- 왜 애가서의 마지막 절은 회복으로 끝나지 않고 "우리에게 진노하심이 참으로 크시니이다"(5:22)라며 열린 결말로 마무리되나?

④ 애도의 신학과 현대의 적용

- 애가는 신앙 공동체에게 어떤 '애도 신학'을 제공하는가?
- 애가서가 오늘날의 고난·상실·재난 신학에 어떻게 적용되는가?

이러한 질문들은 애가서를 단순한 옛 비가(悲歌)가 아니라, 오늘 우리 시대의 고통과 신앙을 비추는 '살아 있는 시(詩)'로 다시 읽도록 이끌어 줍니다.

1. 애가는 왜 알파벳 아크로스틱(히브리 자모 순서)을 사용했는가?

애가의 장들은 대부분 히브리 알파벳 22자를 순서대로 사용하는 아크로스틱 구조를 갖습니다. 이는 단순한 문학적 기교라기 보다는 특정한 목적 아래 사용된 것으로 보여집니다.

① 혼돈 속에서 질서를 회복하려는 신앙적 행위

예루살렘 멸망이라는 극한의 혼돈 속에서, 시인은 알파벳이라는 가장 기본적 질서를 사용해 고통을 질서 속에 담아냅니다. 애도의 감정을 통제하기 위한 영적·문학적 장치로 볼 수 있습니다.

② 슬픔의 '완전성'을 표현

히브리어 알파벳 전체는 '처음부터 끝까지'라는 의미를 갖습니다. 즉, 고통의 전부—처음부터 끝까지를 하나님 앞에 토로하는 상징입니다.

③ 공동체 암송·예배를 위한 구조

아크로스틱은 암송하기 쉽고 예배에서 반복적으로 사용하기 좋았습니다. 애가는 포로기 공동체의 예배 전통에서도 중요한 역할을 했습니다.

이는 애가가 단순한 슬픔의 기록을 넘어, 혼돈을 질서 속에 담아내려는 신앙적·문학적 시도이며, 공동체가 상실을 예배 안에서 기억하고 해석하도록 돕는 구조임을 보여 줍니다.

2. 애가 3장의 '개인의 목소리'는 누구를 대표하는가?

애가 3장은 "고난당한 자는 나로다"와 같이 1인칭 단수로 고백됩니다. 그러나 이 '나'는 중의적 표현으로 보는 것이 적절합니다.

① 공동체를 대표하는 신앙적 목소리

시인은 자신의 경험을 말하면서도 고난받는 이스라엘 전체를 대신해 고백합니다. 예언자적·대표적 목소리라고 할 수 있습니다.

② 개인의 고백을 통해 공동체 신앙을 이끌어 냄

개인의 내적 고백—"여호와의 자비와 긍휼이 무궁하시므로"—는 공동체의 신앙 회복의 토대가 됩니다.

③ 예레미야적 정서의 반영

예언자 예레미야의 탄식과 매우 유사한 정서를 담고 있지만, 문학적으로는 대표 시인의 목소리를 통해 공동체 전체의 신앙을 말하는 방식입니다.

3. 하나님을 "원수같이"(2:4)라는 표현은 신학적으로 어떻게 이해해야 하는가?

이 표현은 "하나님이 실제로 원수가 되었다"는 뜻으로 볼 수 없습니다. 심판 속에서 하나님의 행동이 "원수처럼 느껴진다"는 신앙적 표현으로 인간의 관점에서 느끼는 신앙적 혼란을 솔직히 드러낸 것입니다.

그리고 고난 속에서 하나님에 대한 감정을 숨기지 않는 '애도 신학'의 특징을 보여 주며 고통을 부정하거나 미화하지 않습니다. 오히려 하나님께 정직하게 항의하고 탄식할 수 있는 신앙의 공간을 열어 줍니다.

나아가 하나님의 공의가 적대처럼 느껴질 정도로 무거웠다는 의미로, 이스라엘의 죄가 너무 컸기에, 심판의 무게는 실재적·감정적으로 '적대성'처럼 느껴졌습니다.

그렇기 때문에 애가는 하나님께 항의하면서도, 하나님은 여전히 구원의 하나님이심을 고백하고 있습니다. 이 자체가 바로 신앙입니다. 이는 인간의 언어로 표현된 '체험된 신학'으로서, 절대적 교리를 말하려는 것이 아니라 하나님 경험의 깊이를 담은 것입니다.

4. 고난을 신앙적 언어로 표현하는 것은 원망인가, 신앙인가?

애가서의 탄식은 원망이 아니라, 오히려 성숙한 신앙의 표현입니다. 진실한 신앙은 고통을 숨기지 않고 하나님께 아룁니다. 시편, 욥기, 애가 등 성경의 탄식은 모두 "신앙은 고통을 숨기는 것이 아니라, 하나님께 드러내는 것"임을 보여 줍니다.

그리고 하나님을 향해 부르짖는다는 것은 여전히 하나님과의 관계를 붙들고 있다는 뜻입니다. 탄식은 관계 속에서 이루어지기 때문입니다. 그리고, 애가는 고난을 통해 하나님과의 관계를 깊이 재형성하는 신학을 보여 줍니다. 즉, 고통을 통해 하나님과의 관계가 재정립되는 것입니다.

성경에서 탄식은 불신앙이 아니라, 하나님을 향해 계속 말할 수 있고, 관계가 지속되고 있는 상태를 보여 주는 가장 강력한 증거입니다.

5. 왜 애가서의 마지막 절은 회복으로 끝나지 않고 열린 결말인가?

애가 5장은 "주께서 우리를 아주 버리셨사오며, 우리에게 진노하심이 참으로 크시니이다"(5:22)라며 끝납니다. 학자들은 이것이 결말이 아니라 열린 기도라는 견해를 밝히고 있습니다.

실제로 애가는 포로기 초기에 기록되었을 가능성이 크며, 회복이 보이지 않는 현실을 반영한 것으로 보여집니다. 그래서 애가는 '회복을 위한 부르짖음'으로 마무리되지만, 그 기도는 하나님을 향해 여전히 열려 있음을 암시합니다.

이런 이유로 일부 전통/학자들은 5:21~22를 '기도의 마무리'로 읽으면서도 22절을 탄식의 절정으로 보기도 하고, 또 어떤 전승에서는 예배 낭독에서 5:22를 읽고 나서 5:21로 다시 반복하는 관습도 있습니다.

결국 애가의 끝맺음은 '미완성'이 아니라 "계속 기도하라"는 메시지로 볼 수 있고, 예레미야서의 회복과 새 언약을 향한 기대를 열어 둔 것입니다. 열린 결말은 공동체가 하나님의 회복을 '수동적으로 기다리는 것'이 아니라, 지속적으로 요청하고 하나님을 찾도록 만드는 신앙적 장치입니다.

6. 애가는 신앙 공동체에게 어떤 '애도 신학'을 제공하는가?

애도 신학은 상실·죽음·고통 앞에서 신앙이 어떻게 슬퍼하고, 해석하고, 견디는지를 묻는 신학을 의미합니다. 이런 의미에서 애가는 성경 안에서 가장 순전하고 정직한 '애도 신학'을 집약적으로 보여 줍니다.

애가는 고통과 고난을 외면하지 않고 하나님께 토로하는 행위 자체를 신앙으로 보며, 고통을 회피하지 않고 직면해야 되는 것임을 알려 줍니다. 그리고 "우리가 범죄하였나이다"라고 공동체적 고백을 통해, 고통을 함께 짊어지고 견디는 신앙을 가르쳐 줍니다.

눈물은 소망의 적이 아니라, 소망을 향한 영적 통로입니다. 애가 3장의 신앙 고백은 고난의 한복판에서 나온 것입니다. 애도는 고난을 제거하는 과정이 아니라, 하나님의 자비를 다시 발견하는 영적 자리입니다.

애가는 '애도'가 신앙의 약화가 아니라, 신앙을 재건하는 하나님 백성의 핵심 영성임을 증언합니다.

7. 애가서가 오늘날의 고난·상실·재난 신학에 어떻게 적용되는가?

애가는 오늘 우리 시대에도 강력한 신학적 의미를 갖습니다.

애가는 고난 속에서 하나님을 새롭게 인식하도록 이끕니다. 고난의 원인보다 "고난 가운데서 하나님은 어떤 분이신가"를 묻도록 하며, 개인적 신앙만이 아니라 공동체적 치유와 회복을 강조합니다. 이러한 점은 오늘날 재난·상실·아픔을 겪는 신앙 공동체에 그대로 적용됩니다.

그리고 애가는 "왜 이런 일이 일어났는가?"가 아니라 "이 고통 속에서도 하나님은 어떤 분인가?"라는 질문을 하게 합니다. 하나님의 자비와 공의를 고난 속에서 재발견하게 해 줍니다.

애가의 희망은 얕은 낙관주의가 아니라 고통을 통과한 신앙의 소망입니다. 희

망은 부정적 현실을 외면할 때가 아니라, 그 현실을 통과할 때 주어진다는 사실

을 가르쳐 줍니다.

6.

에스겔

에스겔의 히브리 이름은 예헤즈켈(Yeḥezqēl)로 '하나님이 힘을 주신다'라는 뜻을 가지고 있습니다. 원래는 제사장 출신(겔 1:3)으로 예루살렘 성전에서 제사장으로 섬길 사람이었으나, 바벨론 포로로 끌려가 성전 사역을 하지 못하게 되었고, 30세에(1:1) 포로지에서 예언자로 부르심을 받았습니다. 따라서 예레미야의 사역 말기 즈음에 에스겔이 부르심을 받았다고 볼 수 있습니다.

기원전 597년 1차 바벨론 포로 때 여호야긴 왕과 함께 바벨론으로 끌려갔고, 텔 아비브[1](Tel Abib) 근처 그발 강가 포로지에서 약 22년간 활동하였습니다. 학계에서는 대략 기원전 593년경 예언을 시작하였고 마지막 예언은 기원전 571년경에 있었던 것으로 추정하고 있습니다.

에스겔의 예언스타일은 벽돌에 예루살렘 공성전을 그리는 행위(4장), 390일+40일 동안 몸을 한쪽으로 눕는 행동, 머리털을 깎아 세 부분으로 나누는 행위(5장) 등과 같이 상징적인 행위가 많습니다. 그리고 하나님의 영

---

1) 히브리어 텔(흙더미)과 아비브(새싹/곡식의 첫 이삭)의 결합으로 '폐허에서 새싹이 돋아나는 곳'이라는 의미로, 포로 공동체의 새출발이라는 상징적 의미로 이해됨. 다만 현대의 Tel Aviv는 1909년 신도시 건설 시 에스겔 3:15의 'Tel Abib'를 상징적으로 차용해 이름 붙인 것으로, 지리적 연관은 없지만 어원적 의미만 연결

광 환상(1장), 성전에서 떠나는 여호와의 영광(10장), 마른 뼈 환상(37장), 새 성전 환상(40~48장)과 같이 풍부한 환상을 기록하고 있습니다.

전반적으로 성전, 거룩, 정결, 제사 규례에 대한 관심이 두드러져 제사장 적 관점이 두드러진다는 특징을 가지고 있습니다.

에스겔서의 전승과정

에스겔서는 다른 예언서와 달리 "제5년 4월 5일"(1:2), "제6년 6월 5 일"(8:1) 등과 같이 연대가 구체적으로 기록되어 있어, 전승과정이 비교적 명확한 책으로 평가됩니다.

에스겔은 제사장이자 지식인이었고, 포로 공동체에서 문서 보존·기록 역 할을 했을 것으로 보여집니다. 예언 장면마다 "그가 내게 이르시되", "내 가 보니"라는 1인칭 서술로 기록되어 있는 것도 에스겔이 직접 기록했거 나 기록을 주도했을 가능성이 높은 것으로 보여집니다. 이에 따라 책 전 체의 신학적·문학적 통일성이 뛰어납니다.

더불어 바벨론 포로 공동체 내부에서 문서 전승이 이루어졌을 가능성도 있습니다. 포로 공동체에는 서기관(학자)들이 많았기 때문에 기록 보존에 대한 의식과 의지가 있었을 것으로 볼 수 있기 때문입니다.

그래서 에스겔서는 예레미야서처럼 파괴 속에서 기록된 것이 아니라 상대적으로 안정된 포로지 환경에서 정리되었다는 특징을 가지고 있습니다.

따라서 에스겔서는 에스겔 자신의 말·환상·상징 행위 기록이 초기부터 문서로 남았고, 포로 공동체 내에서 비교적 빠르게 정리된 책으로 보는 것이 일반적 견해입니다.

에스겔서의 편집 시기

학자들이 대체로 받아들이는 편집 시기는 다음과 같습니다.

① 1차 기록: 에스겔의 활동 기간(기원전 593~571년경)
에스겔은 예언을 받은 즉시 혹은 아주 가까운 시점에 직접 기록한 것으로 보입니다. 상징 행위, 날짜, 장소 묘사 등이 상세하고 생생하여 현장 기록의 성격을 지닙니다.

② 2차 정리: 포로기 후반, 에스겔 생애 후반 혹은 사후(기원전 570~550년경)
대부분의 학자들은 에스겔 사후에 서기관 그룹(에스겔 학파)이 존재했다고 봅니다. 이 그룹에서는 산재한 기록을 연대 순서에 맞춰 배열하고, 일부 단락을 문학적으로 보강하고 연결하였으며, 예루살렘 멸망 후의 예언을 하나의 묶음으로 정리하기도 하였습니다. 그리고 일부 학자들은 40~48장의 성전 환상이 후대 제사장 문서의 영향을 받았다고 보기도 하

나, 이는 소수 견해에 속합니다.

한편 책 전체에 나타나는 거룩·성전·영광 등에 대한 일관된 신학, 문체의 통일성, 연대기적 배열의 정확도, 일부 단락의 부드럽지 않은 전환(redaction의 흔적) 등이 에스겔 학파의 편집 흔적으로 보입니다.

이러한 전환 부위는 본문이 자연스러운 구전 전승이 아니라, 실제 편집 과정을 거쳤음을 보여 주는 전형적인 편집적 흔적으로 이해됩니다. 따라서 에스겔 학파(서기관 그룹)가 초기 문서들을 정리한 것으로 보는 것이 가장 지배적인 견해입니다.

③ 최종 편집: 포로기 말기 또는 포로 귀환 직후(기원전 530~500년경)

일부 학자들은 최종 형태는 에스라-느헤미야 시대와 가깝다고 봅니다. 성전 환상(40~48장)이 매우 정교하고 상세하여 성전 재건(제2성전) 시대 분위기와 맞물려 있고, '거룩, 제사 질서'라는 신학적 강조점이 포로기 후반 제사 공동체와 유사하기 때문입니다. 그러나 지나치게 늦은 편집설은 전통적으로 지지되고 있지 않습니다.

정리하면 전통적(보수적) 관점에서는 기원전 593~571년경 선지자 에스겔이 기록하였고, 이후 최소한의 편집만이 있었다고 보며, 중도·비평학계 관점에서는 에스겔의 원자료(E-source)와 이를 정리한 에스겔 학파 편집(R-source)의 두 층위가 있다고 봅니다. 그러나 전체 책의 뼈대는 본래 에스겔의 문서라는 점은 비평학계에서도 거의 동의합니다.

에스겔서의 구성과 내용

에스겔서는 '심판'(1~24장), '열국 심판'(25~32장), '회복'(33~48장) 등 세 개 부분으로 구성되어 있습니다. 하나님의 영광이 떠나고, 심판이 임하며, 다시 돌아오는 흐름을 중심축으로 하고 있다는 점이 특징이라고 할 수 있습니다.

① 1~24장: 예루살렘과 유다에 대한 심판

이 부분은 예루살렘 멸망(기원전 586년) 이전에 주어진 예언들로, 유다의 죄와 타락, 피할 수 없는 심판을 선포합니다.

- 1~3장: 에스겔의 소명과 파수꾼 사명
  - 하나님의 영광 환상과 더불어 '두루마리를 먹는' 상징 행위를 통해 말씀의 무게를 내면화합니다.
- 4~7장: 예루살렘 포위와 심판의 상징 행위
  - 벽돌 위 공성도, 한쪽으로 누워 있는 행위 등 실제 행위를 통해 심판의 현실성을 보여 줍니다.
- 8~11장: 성전 우상숭배와 여호와 영광의 떠나심
  - 이는 에스겔 전체에서 가장 중요한 신학적 장면으로, 죄로 인해 하나님 임재가 성전을 떠나는 비극이 묘사됩니다.
- 12~19장: 멸망의 확정과 거짓 선지자들에 대한 경고
  - 포로처럼 짐을 꾸리는 상징 행위, 개인 책임(18장) 등의 주제가 등장합니다.

- 20~24장: 이스라엘 역사의 반복된 반역과 최후 경고
  • 20장: 이스라엘 역사의 반복된 반역 요약('역사적 고발문')
  • 21~23장: 심판의 불가피성과 예루살렘의 부정을 비유적·상징적으로 더욱 강화하여, 심판의 정당성과 도덕적 근거를 제시
  • 24장에서는 예루살렘 함락 시점에 에스겔의 아내가 죽고, 애도마저 금지되는 비극적 상황이 주어집니다.

② 25~32장: 열국 심판

이스라엘 주변국과 강대국들에 대한 심판 선포입니다. 이는 유다만이 아니라 모든 열국이 하나님의 주권 아래 있다는 사실을 드러냅니다.

- 25장: 암몬, 모압, 에돔, 블레셋 심판
- 26~28장: 두로와 시돈[1] 심판
- 29~32장: 애굽에 대한 심판

특히 애굽 왕 바로를 '큰 악어'로 묘사하여 교만의 정점을 상징합니다.

③ 33~48장: 회복과 새 창조

예루살렘 멸망 이후, 에스겔의 메시지는 심판에서 회복으로 전환됩니다.

---

1) 두로와 시돈은 오늘날 레바논 해안에 위치한 고대 페니키아의 상업 도시로, 에스겔서에서는 부와 교만, 하나님이 없는 문명의 상징으로 묘사되며 이로 인해 하나님의 심판의 대상이 됨

- 33장: 심판에서 회복으로 넘어가는 책 전체의 결정적 전환점으로, 에스겔이 다시 파수꾼 사명을 부여받음
- 34장: 참 목자(메시아)에 대한 약속
- 36장: 새 마음·새 영의 약속
- 37장: 마른 뼈 환상, 북·남 왕국 재통일
- 38~39장: 곡과 마곡 전쟁(종말적 적 세력에 대한 하나님의 최종 승리)
- 40~48장: 새 성전과 새 땅의 질서
  - 성전에서 생명이 흘러나오는 47장의 '생명수 환상'은 새 창조 신학의 절정을 이루며,
  - 마지막은 "그 성읍의 이름을 여호와 삼마[1]라 하리라"(48:35)로 마무리됩니다.

에스겔서의 신학적 의미

에스겔서는 예언서 가운데 가장 체계적이고, 제사장적이며, 종말론적 신학을 담고 있는 책으로 평가됩니다.

① 하나님의 영광 임재의 이동(떠남-심판-회복)

에스겔서는 하나님의 영광이 '성전 → 떠남(10장) → 회복 성전에 재임재(43장)'라는 흐름을 통해 죄와 심판, 회복과 구원의 본질을 보여 줍니다.

---

1) 여호와께서 거기에 계시다.

② 새 마음과 새 영의 신학

"새 마음과 새 영을 주겠다"(36:26~27)는 선언은 예레미야의 새 언약과 함께 포로기 신학의 핵심이며, 신약의 성령론·중생 교리와 직접 연결됩니다.

③ 심판과 회복의 긴밀한 연속성

에스겔의 심판은 단순한 파괴가 아니라 정화와 새 창조를 위한 하나님의 거룩한 개입입니다. 그래서 멸망 직후 즉시 회복 예언이 이어집니다(33장 이후).

④ 개인 책임의 강조(18장)

'조상 탓'을 거부하고 각 사람의 죄와 회개를 그 자체로 평가하시는 하나님을 선포합니다. 이는 공동체 심판 안에서도 책임은 개인에게 있음을 보여 줍니다.

⑤ 성전과 거룩을 중심으로 하는 제사장적 신학

에스겔이 강조하는 거룩·정결·구별됨은 단순한 제의적 규범이 아니라, 회복된 공동체가 하나님의 임재를 감당하기 위한 영적·도덕적 조건임을 보여 줍니다. 이것은 공동체 회복의 핵심이 '하나님 임재의 재확인'임을 강조하는 것입니다.

⑥ 새 창조 신학

37장의 마른 뼈 환상, 47장의 생명수 환상, 40~48장의 새 질서는 모두 창조 질서의 재편을 상징합니다. 회복은 단순한 귀환이 아니라 새 창조입니다. 즉, 에스겔의 회복은 단순히 예루살렘 귀환이 아니라 '창조의 재질서화'를 의미합니다.

⑦ 메시아적 희망(참 목자)

34장은 타락한 목자들과 달리 하나님이 직접 "한 목자(다윗)"을 세우겠다고 하시며, 메시아적 회복을 명확히 예언합니다.

요약하면, 에스겔서의 핵심 메시지는 "죄로 인해 떠나신 하나님이, 새 마음과 새 영을 주셔서 다시 그 백성 가운데 거하시며, 궁극적으로 새 창조를 이루신다"라는 것입니다. 곧, 하나님의 임재 회복이 에스겔 신학의 중심인 것입니다.

에스겔서에 대한 의문과 질문들

에스겔서는 명확한 전승과 편집 과정을 통해 하나의 통일된 메시지를 가진 예언서로 자리 잡았으며, 그 구조와 신학적 특징은 독자들에게 심판과 회복, 새 창조라는 깊은 신학적 의미를 전달합니다. 그러나 그 깊이만큼 난해함도 있어서, 에스겔서를 읽으면 자연스럽게 여러 가지 질문이 생겨납니다.

① 에스겔의 상징과 언어의 신학

　- 왜 네 생물·바퀴 환상, 몸을 한쪽으로 눕는 행위, 머리털을 나누는 행

위 등 에스겔의 환상과 상징은 이렇게 난해하고 과장되어 보이는가?

- 에스겔의 상징 행위들은 실제로 행한 것인가, 아니면 상징적 묘사인가?

- 왜 에스겔서의 언어는 반복적이고 강렬하며 때로는 폭력적으로 보이는가?

- 왜 에스겔서는 날짜와 숫자를 특별히 강조하는가? 그 신학적 의미는 무엇인가?

② 하나님의 영광과 심판의 신학

- 하나님의 영광이 성전을 떠났다는 것은 정확히 어떤 의미인가?

- 하나님은 왜 에스겔에게 아내가 죽어도 애도하지 말라고 명령하셨는가?

- 에스겔 18장이 말하는 '개인의 책임'은 공동체적 책임과 어떻게 조화를 이루는가?

- 에스겔의 하나님은 왜 이렇게 거룩을 강조하시는가? 그로 인해 하나님이 멀고 두려운 분으로 느껴지지는 않는가?

③ 회복과 종말론적 비전

- 마른 뼈 환상(37장)은 실제 부활 사건인가, 아니면 공동체 회복을 상징하는가?

- 곡과 마곡의 전쟁(38~39장)은 무엇을 의미하는가?

- 에스겔 성전(40~48장)은 실제로 지어질 성전을 말하는가, 상징적 청사진인가?

- 에스겔서의 회복은 정치적 회복을 의미하는가, 아니면 영적·종말론

적 회복인가?

④ 예언자의 시대와 사명

 - 에스겔서와 예레미야서의 예언은 왜 비슷한 시기에 중복되어 주어졌는가? 하나님은 왜 두 예언자에게 비슷한 메시지를 주셨는가?

이런 질문들은 에스겔서를 더 깊이 이해하게 할 뿐 아니라, 하나님께서 이 책을 통해 우리에게 주신 진정한 의미를 되새기도록 이끌어 줍니다.

1. 왜 에스겔의 환상과 상징은 이렇게 난해하고 과장되어 보이는가?

에스겔은 예루살렘이 아직 멸망하기 전, 포로 공동체와 예루살렘에 남아 있던 유다 백성이 "우리는 결코 멸망하지 않는다"는 잘못된 안전 신앙에 빠져 무감각해져 있었기 때문에, 그들을 깨우기 위해 강렬한 환상과 극적인 상징 행위를 사용했습니다. 평범한 말로는 그들의 왜곡된 확신을 흔들기 어려웠기 때문입니다.

또한 고대 근동의 문학 전통에서는 환상과 상징이 하나님의 메시지를 드러내는 중요한 수사적 방식이었습니다. 천상의 보좌 환상, 상징적 행동 예언, 반복적이고 극적인 이미지 사용은 당시 예언 문학의 공통된 특징이었습니다.

따라서 에스겔의 환상은 신학적 메시지를 극적이며 시각적인 방식으로 전달하기 위한 예언적·문학적 기법으로 이해하는 것이 타당합니다.

2. 에스겔의 상징 행위들은 실제인가, 상징적 묘사인가?

학자들은 상징 행위에 대해 실제 수행 여부와 상징적 묘사라는 두 견해를 모두 제시합니다. 일부는 문자적으로 수행된 행동이라고 보고, 일부는 문학적·예언적 과장 표현이라고 보기도 합니다.

그러나 중요한 점은 이 상징 행위가 단순한 퍼포먼스가 아니라 하나의 '설교'이며 하나님의 메시지를 시청각적으로 보여 주는 방식이었다는 것입니다. 심판의 무게, 멸망의 불가피성, 공동체의 영적 상태를 드러내기 위한 상징적 수단이었습니다.

따라서 실제 수행 여부보다 중요한 것은, 이 상징 행위를 통해 하나님이 전달하려 하신 신학적 메시지입니다.

3. 에스겔의 언어가 반복적이고 때로는 폭력적으로 보이는 이유는?

에스겔의 언어는 고발문, 소송문, 심판 선언문의 형식이 자주 등장하는데, 이는 고대 근동의 심판/고발 문학 전통을 반영한 문체입니다. 당시 사회에서 법적 고발문이나 심판 선포는 반복적이고 강렬한 언어를 사용하여 죄의 심각성과 판결의 확정성을 강조했습니다.

또한 에스겔의 청중은 완고하고, 영적으로 무감각하며, 심판이 임박한 상황에 놓여 있었기 때문에 일반적인 언어로는 메시지를 전달하기 어려운 상태에 있었습니다.

따라서 반복성은 메시지의 엄중함을 강조하는 장치이며, 폭력적으로 보이는 표현들은 '죄의 본질과 심판의 실제성을 드러내는 예언적 수사'로 보는 것이 적절합니다.

4. 왜 에스겔서는 날짜와 숫자가 정확한가? 그 신학적 의미는?

에스겔서는 예언서 가운데 날짜와 숫자를 가장 구체적으로 기록한 책입니다. 이러한 특징은 다음을 의미합니다.

이는 역사적 현실성을 강조하여, 예언이 신화나 환상이 아니라 실제 역사 속 사건임을 보여 주고, 하나님은 시간의 흐름 안에서 계획을 정확히 실행하시는 분이라는 것을 보여줘 하나님의 주권의 정밀함을 나타냅니다.

그리고, 바벨론 포로지에는 다수의 서기관들이 많아 기록 전통이 강했고, 에스겔 자체도 기록을 중시했던 제사장·지식인 계층이었다는 것도 이유가 될 수 있습니다.

결국 날짜의 정확성은 하나님의 심판과 회복이 '우연'이 아니라 정교한 하나님의 시간표 안에서 이뤄진 사건임을 드러내고 있습니다.

5. 하나님의 영광이 성전을 떠났다는 것은 무슨 의미인가?

겔 8~11장에서 나타나는 하나님의 영광의 이동은 에스겔서 신학의 핵심입니다. 이것은 단순한 '장소 이동'이 아니라,

- 하나님이 더 이상 유다의 죄와 함께하실 수 없다.
- 성전의 외형적 존재만으로는 보호받을 수 없다.
- 예루살렘의 심판은 필연적이며 되돌릴 수 없다.
- 하나님의 임재는 특정 장소에 제한되지 않으며, 하나님의 거룩하심이 임재의 조건이 된다.

라는 신학적 의미를 지닙니다.

요약하면, "죄로 인해 하나님이 떠나셨다"라는 선언은 예루살렘 멸망의 신학적 원인을 보여 주는 상징적 장면입니다. 또한, 훗날 하나님의 영광이 다시 돌아오는 회복의 신학적 전조가 되기도 합니다(겔 43장).

6. 하나님은 왜 아내가 죽어도 애도하지 말라고 하셨는가?(겔 24장)

겔 24장에서 하나님이 에스겔에게 아내의 죽음에도 애도하지 말라고 하신 장면은 비극적이고 무거운 본문입니다. 이 표징에는 두 가지 주요 신학적 의미가

있습니다.

첫째는 예루살렘의 파괴가 너무도 갑작스럽고 충격적이어서, 슬퍼하거나 애도할 여유조차 없을 것임을 상징합니다. 즉, 애도 금지는 예루살렘 심판의 비가역성과 심판의 절대성을 드러내는 예언적 행동이었다고 보는 것입니다.

다음으로는 에스겔의 삶 그 자체가 표징(sign)이었기 때문입니다. 에스겔은 단순히 메시지를 전달하는 전달자가 아니라, 하나님의 말씀을 '몸으로 살아내는' 예표의 역할을 감당했어야 했습니다. 이는 백성의 영적 각성을 위한 극적인 방식이었다고 볼 수 있습니다.

요약하면, 하나님이 에스겔의 고통을 이용하신 것이 아니라, 그의 삶 전체가 하나님의 메시지를 드러내는 예언적 상징으로 사용된 것입니다.

7. 에스겔 18장의 '개인 책임'은 공동체 책임과 어떻게 조화되는가?

에스겔은 공동체적 심판(예루살렘 멸망)이 실제 역사 속에서 일어나는 하나님의 공의로운 판단임을 부정하지 않습니다. 그러나 그 공동체적 심판 안에서도 개개인은 자기 행위에 따라 따로 평가받는다는 원리를 명확히 제시합니다.

에스겔 18장이 말하는 핵심은 다음과 같습니다.

- 개인의 행동은 개인이 책임진다(18:4, 20).
- 하나님은 의로운 자를 불의한 공동체와 동일하게 취급하지 않으신다.
- 회개는 개인적 결단이며 즉각적 효력을 가진다(18:21~23).

- 공동체적 심판이라는 큰 틀 안에서도 개인적 책임과 구원은 보존된다.

따라서 에스겔의 관점은 공동체 심판과 개인 책임은 서로 충돌하는 개념이 아니라, 동일한 역사 속에서 병존하는 두 차원의 심판 원리입니다.

8. 에스겔의 하나님은 왜 이렇게 '거룩함'을 강조하시는가? 두렵게 느껴지지 않는가?

에스겔에서 하나님은 심판의 하나님이면서 동시에 회복을 이루시는 거룩한 하나님입니다. '거룩함'은 하나님을 멀게 만드는 속성이 아니라 하나님이 임재하실 수 있는 조건을 정의합니다.

즉, 하나님이 강조하시는 거룩함은 백성을 멀리하려는 목적이 아니라 백성이 하나님과 다시 함께 거하기 위한 정화 과정입니다.

따라서 에스겔의 하나님은 두려움을 주기 위한 분이 아니라, 백성을 새롭게 하여 임재를 회복시키기 위해 거룩을 요구하시는 분입니다.

9. 마른 뼈 환상(37장)은 역사적 사건인가, 상징인가?

대부분의 학자들은 이 환상을 상징적 환상으로 봅니다. 이스라엘 공동체의 영적·국가적 재생을 상징하고, 포로기의 절망 속에서 하나님의 생기가 다시 공동체를 살려 내는 희망을 표현하며, 문자적 '신체 부활'보다는 공동체적 회복을 직접적으로 다룹니다.

그러나 이 환상은 동시에 부활 신학의 방향성을 간접적으로 보여 주는 예표적 성격을 가지고 있습니다. 그래서 신약의 부활 신학과 상징적 연속성이 있다고 평가되기도 합니다.

결론적으로 "완전히 죽은 것 같던 이스라엘도 하나님의 영으로 다시 살아난다"라는 메시지를 주고 있으며, 이것이 환상의 핵심적인 의미입니다.

10. 곡과 마곡 전쟁(38~39장)은 무엇을 의미하는가?

곡과 마곡에 대해서는 여러 해석이 존재합니다.

대표적으로는 곡과 마곡을 고대 근동 정치사의 맥락에서 이해하는 역사적·민족적 해석,

에스겔 시대 이후의 실제 역사적 충돌과 종말론적 전쟁을 함께 고려하는 이중 성취 해석,

곡과 마곡을 특정 국가로 보기보다 상징적·종말론적 적 세력으로 이해하는 해석이 있습니다.

이 가운데 상징적·종말론적 해석은 개신교 신학에서 널리 받아들여지는 관점입니다. 이 해석에 따르면, 곡과 마곡은 하나님 백성의 최종 회복을 가로막는 종말적 적 세력을 상징합니다. 그 의미는 다음과 같습니다.

- 하나님 백성을 위협하는 최후의 세력
- 하나님의 주권 아래 완전히 패배할 존재
- 요한계시록 20장의 종말 전쟁과 연결되는 상징적 이미지

이처럼 곡과 마곡 전쟁은 종말적 악의 총체가 하나님의 통치와 하나님의 백성

을 향해 일으키는 마지막 대적이며, 하나님께서 이를 단번에 심판하시는 종말론적 충돌을 상징합니다.

11. 에스겔 성전(40~48장)은 실제 성전인가, 상징인가?

에스겔의 성전 환상에 대해서는 크게 세 가지 해석이 존재합니다.

- 문자적 성전(미래 제3성전): 말세에 실제로 건축될 성전으로 보는 관점
- 포로 귀환 공동체를 위한 이상적 성전 모델: 스룹바벨 성전 건축의 이상적 청사진으로 보는 관점
- 상징적·종말론적 성전(하나님 임재의 회복을 상징): 새 창조 질서 속에서 하나님의 완전한 임재를 표현한 상징적 그림

현대 주류 학계는 세 번째 해석(상징·종말론적)을 많이 따릅니다. 그 이유는 다음과 같습니다.

- 성전의 크기, 구조, 질서가 현실적 건축으로 보기 어렵고
- 성전에서 흘러나오는 생명수(47장)가 새 창조적 이미지이기 때문이며
- 전체 구조가 하나님의 임재 회복이라는 신학적 메시지를 중심에 두기 때문입니다.

따라서 이 성전은 단순 건축물이 아니라 하나님 임재의 회복, 새 창조 질서를 상징하는 종말론적 비전으로 보는 것이 적절합니다.

12. 이스라엘의 회복은 정치적 회복인가, 영적 회복인가?

에스겔이 묘사하는 회복은 단일 차원의 회복이 아니라 총체적·다차원적 회복입니다.

- 정치적 회복(귀환): 바벨론 포로에서 돌아오는 역사적 회복
- 영적 회복(새 마음·새 영): 하나님이 주시는 새로운 내적 변화를 통해 순종이 가능해짐(36장)
- 예배 회복(새 성전): 하나님 임재 중심의 새로운 공동체 질서(40~48장).
- 종말론적 회복(새 창조): 마른 뼈 환상·생명수 환상·새 땅 분배를 통해 묘사된 궁극적 회복

따라서 에스겔의 회복은 정치·영적·예배·종말을 아우르는 총체적 회복이며, 단순한 국가 회복을 넘어 '새 창조'의 비전입니다.

13. 에스겔서와 예레미야서의 예언이 중복되는 이유는?

두 예언자는 같은 시대(포로 전·중)에 활동했으며, 하나님은 상황이 다른 두 공동체에 동일한 메시지를 평행하게 주셨습니다.
- 예레미야: 예루살렘 내부에서 멸망을 경고
- 에스겔: 바벨론 포로 공동체에게 심판과 회복을 선포

따라서 두 예언의 유사성은 중복이 아니라 하나님의 동일한 말씀을 서로 다른 현장에 적용한 것입니다.

요약하면, 하나님은 한 시대에 두 공동체(예루살렘·포로지)를 향해 다양한 방

식으로 동일한 메시지를 주셨고, 그 결과 예레미야서와 에스겔서에는 상호 보
완적·평행적 예언이 나타나게 된 것입니다.

7.

다니엘서

다니엘은 유다 왕국 귀족 혹은 왕족 출신(1:3~4)으로 바벨론에 끌려온 포로 1세대 인물입니다. 어린 나이에 바벨론으로 끌려왔지만, 왕궁 교육을 받고 바벨론 행정관 및 지혜자 계층으로 성장했습니다.

다니엘은 '하나님은 나의 심판자' 혹은 "하나님이 나를 옳다 하신다"라는 의미로 바벨론식 이름 벨드사살을 받지만(1:7), 본명인 다니엘의 정체성을 끝까지 유지합니다.

또한 다니엘은 바벨론(느부갓네살, 벨사살)과 메대[1]-바사(다리오[2], 고레스)까지 두 제국을 넘나들며 고위직을 유지한 보기 드문 인물로, 왕의 꿈(2, 4, 5장)을 해석하며 신적 지혜자 역할을 수행하기도 하였고, 이방 제국의 역사 속에서 종말적·보편적 예언을 전달한 인물(7~12장)로도 활동했습니다.

다니엘에 대한 평가는

---

1) 메대는 오늘날 이란 북서부의 이란계 왕국으로, 바사와 같은 계통이지만 별개의 국가였으며, 기원전 550년 고레스에게 정복된 후 바사(페르시아 제국)의 일부가 됨
2) 다니엘서의 '메대 사람 다리오'는 역사적 다리우스 왕과 동일 인물이 아니며, 고레스가 임명한 총독(고바뤼)을 지칭하거나 메대-바사 전환을 나타내는 문학적·상징적 표현으로 보여짐

- 흠잡을 데 없는 충성(6:4).

- 신앙적 절개: 왕의 음식 문제(1장), 하루 세 번 기도(6장).

- 비전의 사람: 금신상 꿈 해석(2장), 짐승의 환상(7장), 70이레 예언(9
  장) 등

종말론적 환상을 가진 사람이라고 성경은 기록하고 있습니다.

다니엘서가 히브리 성경에서 성문서에 포함된 이유

다니엘서는 바벨론과 페르시아 시대의 디아스포라 공동체 안에서 전해 내려온 지혜 전승과 묵시적 예언 전승이 결합된 책입니다. 앞서 언급한 것처럼 히브리 성경에서 다니엘서는 성문서(케투빔)로 분류되는데, 그 이유는 다음과 같습니다.

첫째, 유대 전통에서 예언자는 백성을 향해 하나님의 말씀을 직접 선포한 사람을 가리키지만, 다니엘은 주로 왕궁에서 꿈을 해석하고 환상을 경험한 지혜자로 이해됩니다. 따라서 전통적 의미의 예언자 범주와는 구분됩니다.

둘째, 다니엘서는 전체적으로 예언서보다 지혜·묵시 문학의 성격이 강합니다. 구성도 예언 선포보다 인물 이야기 중심(1~6장)과 환상 기록(7~12장)으로 되어 있어, 형식상 잠언·욥기 등 지혜문학이나 후대 묵시문학과

더 가깝습니다. 특히 다니엘이 '갈대아 학자'나 '점성술사' 등 왕궁의 지혜
자들과 함께 활동하는 모습도 일반 예언서와는 다릅니다.

셋째, 유대 전승에서 예언서(네비임)는 바벨론 포로기 전후(기원전 5세기
이전)에 확정된 것으로 이해되지만, 다니엘서는 안티오쿠스 에피파네스
시대(기원전 2세기)에 최종 편집된 책으로 여겨졌습니다. 따라서 예언서
집단이 완성된 이후에 정경으로 자리 잡았기에 성문서로 분류되었습니다.

마지막으로, 다니엘의 계시는 민족 전체를 향한 선포라기보다 개인에게
주어진 환상과 계시가 중심을 이루고 있습니다. 예언자들은 일반적으로
백성에게 회개·심판·언약 회복을 직접 선포했지만, 다니엘은 왕의 꿈을
해석하거나 자신에게 주어진 환상을 기록하는 방식이 많습니다(7~12장).

차이가 있는 가톨릭과 개신교의 다니엘서

여러 차례 언급한 것처럼, 가톨릭의 구약은 70인역(LXX) 전통을 존중하
고 있으며, 개신교 성경은 히브리 마소라 본문(MT)을 준용하고 있습니
다. 이러한 이유로 가톨릭과 개신교의 다니엘서에는 일정한 차이가 존재
합니다.

히브리 마소라 본문은 히브리어와 아람어로 기록되었고, 70인역은 그리
스어(헬라어)로 번역되었기 때문에 본문 구성과 분량 차이가 있으며, 70

인역에는 히브리 본문에 없는 세 부분이 추가되어 있습니다. 그 결과 다니엘서가 가톨릭 전통에서는 14장, 개신교 전통에서는 12장으로 구성되어 있습니다.

70인역에만 포함된 추가 부분은 다음과 같습니다.

① 아자르야의 기도와 세 청년의 찬가

가톨릭의 다니엘서 3장 중간에 삽입된 내용으로, 불 속에서 드리는 '아자르야의 기도'와 이에 이어지는 '세 청년의 찬가'가 포함됩니다.

② 수산나 이야기

가톨릭 다니엘서의 서문(13장)에 해당하며, 억울한 누명을 쓴 수산나가 다니엘의 지혜로운 판결로 구원받는 이야기입니다. 이 부분은 법정적 지혜가 강조된 지혜문학적 요소를 담고 있습니다.

③ 벨과 용

가톨릭 다니엘서의 후문(14장)으로, 바벨론 신 '벨' 제사의 속임수를 밝혀내고, 용(드래곤) 숭배를 무너뜨리는 다니엘의 신앙적 승리를 기록합니다. 이는 다니엘의 반(反)우상적 신앙을 부각합니다.

이처럼 가톨릭과 개신교의 다니엘서에는 본문 전승 차이로 인해 구성상 차이가 나타나지만, 이는 각 전통이 어떤 본문을 정경으로 채택했는가에 따른 정경 형성 원리의 차이일 뿐입니다. 즉, 서로 다른 신앙을 의도하거나 별개의 다니엘 신학을 형성하려는 차이로 보기는 어렵습니다.

결국 두 전통은 본문 범위에는 차이가 있지만, 중심적인 신학 주제와 다니엘 전승의 핵심 메시지는 공유하고 있으며, 큰 틀의 이해에서는 일치한다고 할 수 있습니다.

다니엘서의 전승과 편집과정

학자들은 다니엘서가 하나의 책으로 완성되기까지 세 단계의 전승·편집 과정을 거쳤다고 봅니다.

① 1단계: 바벨론·바사 시대의 다니엘 전승 형성(기원전 6~5세기)

다니엘과 세 친구, 꿈 해석, 사자굴 사건 등은 바벨론 포로기를 배경으로 한 고대 이야기 전승에서 출발했을 가능성이 제기됩니다.

이야기부(1~6장)는 왕궁 지혜자 전승과 유사한 구조를 가지며, 창세기 요셉 이야기(37~50장)와도 많은 면에서 평행을 이룹니다. 이 시기의 다니엘 전승은 포로기 유다 공동체에게 "이방 제국에서도 신실함을 지킬 수 있는 지혜자의 표본"으로 작용한 것으로 보입니다.

② 2단계: 헬레니즘 시대 유대 지혜·묵시 전승과 결합(기원전 4~3세기)

알렉산더 이후 헬라 제국 체제 아래에서 유대 사회에는 점성술·천문학·꿈 해석 등 학자적 지혜 전통, 종말적 구원에 대한 기대, 천사론의 발달 등이 본격적으로 확장되었습니다.

이러한 배경 속에서 기존의 다니엘 이야기 전승은 묵시적 색채와 결합하게 됩니다. 이 시기에는 천사 해석자 가브리엘의 등장, 네 제국 사상(금-은-놋-철 / 네 짐승), 숫자와 상징 중심의 묵시적 구조, '정한 때'와 '마지막 날' 등 종말적 시간표가 등장하며, 다니엘 전승은 지혜문학과 묵시문학의 특징을 함께 지닌 형태로 점차 발전한 것으로 이해됩니다.

③ 3단계: 마카비 시대 편집 및 최종 형성(기원전 167~164년)

마카비 시대는 헬레니즘 왕 안티오쿠스 4세 에피파네스의 혹독한 박해와 강제 헬레니즘화 정책에 맞서, 제사장 가문인 마타티아와 그의 아들들로 시작된 마카비(마카베오) 저항 운동이 전개된 시기이며, 그 결과는 이후 하스몬 왕조로 이어집니다. 이들은 신앙과 율법, 성전 예배를 회복하며 유대 자치의 기반을 세우게 됩니다.

비평학적 연구의 다수 견해는 다니엘서의 최종 편집(특히 환상부 7~12장)이 이 시기에 이루어졌다고 봅니다. 근거는 다음과 같습니다.

- 단 11장이 셀레우코스-프톨레마이오스 전쟁(기원전 2세기)을 매우 정확하게 반영
- '가증한 것을 세울 것'(11:31)이 안티오쿠스의 성전 모독 사건(기원전 167년)과 일치

- 묵시문학 특유의 상징·천사론·역사 해석 방식이 헬레니즘기 문학
  양식과 부합

따라서 이야기부(1~6장)와 환상부(7~12장)는 기원전 2세기 중엽에 하나의
책으로 편집·통합된 것으로 보는 견해가 학계의 일반적인 이해입니다.

다니엘서의 구성과 내용

다니엘서는 이야기·묵시문학·지혜문학 요소가 결합된 복합 장르의 형
식을 가지고 있습니다. 또한 히브리어와 아람어가 함께 사용되는 이중 언
어 구조를 지니는데, 1장~2:4a 및 8~12장은 히브리어, 2:4b~7장은 아람어
로 기록되어 있어 다른 성경서보다 더 복합적이라고 볼 수 있습니다.

특히 2~7장은 치아즘(대칭 구조)을 이루며 거울 구조를 형성합니다.

  - 2장: 네 금속(제국들) 환상 ↔ 7장: 네 짐승(제국들) 환상
  - 3장: 금 신상·풀무불 사건 ↔ 6장: 사자굴 사건
  - 4장: 느부갓네살의 교만과 회복 ↔ 5장: 벨사살의 교만과 멸망

다니엘서는 크게 이야기(서사, 1~6장)와 환상(묵시, 7~12장)으로 구성됩
니다.

① 1~6장: 역사 이야기(서사)

바벨론과 메대-바사 왕궁에서 전개되는 다니엘과 세 친구의 이야기를 통해 신앙적 정절과 하나님의 주권이 서사적 방식으로 증언됩니다.

- 1장: 다니엘과 세 친구의 왕궁 입문
  • 바벨론 포로로 끌려옴
  • 왕의 음식 거부 → 순결 유지
  • 하나님이 지혜와 총명을 주심
- 2장: 느부갓네살의 꿈(금·은·놋·철 신상)
  • 신상은 네 제국을 상징[1](전통적으로 바벨론-페르시아-헬라-로마로 해석됨)
  • '사람 손으로 하지 아니한 돌'이 제국들을 깨뜨림 → 하나님 나라의 도래
- 3장: 금 신상과 풀무불 사건
  • 세 친구가 우상 숭배를 거부
  • 불 속에서도 하나님의 보호
- 4장: 느부갓네살의 두 번째 꿈과 교만의 징계
  • '큰 나무'가 잘리는 환상
  • 왕이 짐승처럼 지내다 회복 후 하나님을 찬양
- 5장: 벨사살의 잔치('메네 메네 데겔 우바르신')

---

1) 다니엘 2장의 신상과 7장의 네 짐승은 전통적으로 동일한 네 제국—바벨론, 메대-바사, 헬라, 로마—을 서로 다른 상징으로 표현한 것으로 이해됨. 소수 의견으로 일부 학자들은 메대와 바사를 분리하여 다른 제국 순서를 제시하기도 함

- 성전 기물 모독
  - 손가락 글씨를 통한 심판 선언
  - 그 밤에 바벨론 함락
- 6장: 다리오 시대 다니엘의 사자굴 사건
  - 정적들의 음모, 기도 금지 조서 반포
  - 다니엘은 기도를 멈추지 않음
  - 하나님이 사자의 입을 막으심

② 7~12장: 환상과 예언(묵시)

세계 제국과 마지막 때에 대한 묵시적 환상으로 상징·숫자·천사 해석자가 등장하며 종말론적 메시지가 강조됩니다.

- 7장: 네 짐승과 인자(사람의 아들) 환상
  - 바다에서 나온 네 짐승은 네 제국
  - '인자 같은 이'가 하늘에서 영원한 권세를 받음
- 8장: 숫양과 숫염소 환상
  - 숫양 = 메대-바사
  - 숫염소 = 헬라(알렉산더)
  - '작은 뿔(대부분 안티오쿠스 4세로 해석됨)'이 성소를 더럽힘
- 9장: 다니엘의 기도와 70이레 예언
  - 예레미야의 70년 예언을 묵상하며 회개 기도
  - 천사 가브리엘이 70이레(490년)의 구속사적 시간표를 계시
- 10장: 다니엘이 금식 중 '광채 나는 사람(천사)'을 만남

- 보이는 역사 뒤에 영적 전쟁 존재('바사 왕자', '헬라 왕자')
- 11장: 북방 왕(셀레우코스)과 남방 왕(프톨레마이오스)의 갈등
  - 헬라 제국 분열 이후 두 왕조의 충돌
  - 안티오쿠스 4세의 박해가 상세히 묘사됨
- 12장: 마지막 때의 부활과 최후 심판
  - 의인과 악인의 부활(12:2)
  - 다니엘에게 "끝날에는 네 몫을 누리리라"(12:13)고 약속하며 마무리

다니엘서의 신학적 의미

다니엘서는 포로기 디아스포라 공동체 속에서 신앙의 순결성을 지키며 두 제국(바벨론·메대-바사)의 고위 관료로 살아간 다니엘의 지혜와 신앙을 보여 줍니다. 이를 통해 역사 속에서 신실한 자를 준비하시고 사용하시는 하나님의 주권적 임재를 드러내는 신학적 메시지를 담고 있습니다.

① 하나님의 절대 주권

다니엘서의 중심 사상은 "하나님은 인간 제국의 흥망을 주관하시며, 그분의 나라가 최종적으로 승리한다"라는 말로 요약할 수 있습니다.

하나님은 왕들을 폐하시고 세우시며(2:21), 느부갓네살을 낮추고 다시 세우기도(4장) 하셨습니다. 그리고 벨사살의 멸망을 선언하시고 바벨론을 무너뜨리기도 하셨습니다(5장). 이는 인간의 역사와 제국의 권세가 철저

히 하나님께 의존한다는 강력한 역사관을 제시하고 있습니다.

② 고난 속 신앙 공동체의 정체성

1~6장의 서사는 이방 제국 한복판에서 정체성과 거룩함을 지키는 공동체의 모습을 보여 줍니다.

- 음식 규례를 지킴(1장)
- 우상 숭배 거부(3장)
- 기도 생활 고수(6장)

이런 모습은 타협 없이 거룩을 지키는 삶이 하나님의 구원을 경험하게 함을 보여 줍니다.

다니엘서는 포로 공동체 신학을 담고 있으며, 하나님의 백성이 거룩한 소수로 살아가도록 부름받았음을 강조합니다.

③ 제국을 넘는 하나님 나라의 도래

단 2장과 7장은 구약에서 가장 강력하게 하나님 나라를 선포하는 본문입니다. 신상을 부수는 돌(2장), 인자에게 주어지는 영원한 나라(7장)는 구약의 이스라엘 중심 신학이 우주적·보편적 하나님 나라 신학으로 확장됨을 보여 주며, 예수님의 하나님 나라 선포와 직접 연결되는 신학적 토대를 제공합니다.

④ 인자 사상과 메시아 신학의 발전

다니엘 7:13의 "인자 같은 이"는 신약에서 예수 그리스도께서 사용하신 자기정체성의 핵심 배경입니다.

- 구름을 타고 오는 초월적 존재

- 영원한 통치권

- 모든 민족이 그를 섬김

이는 구약에서 가장 선명하게 초월적 메시아 왕권을 제시하는 본문이며, 신약의 '인자' 개념을 형성하는 기초가 됩니다.

⑤ 묵시 신학-역사의 종말적 해석

다니엘 7~12장은 유대 묵시문학의 대표적 형식을 보여 줍니다.

- 선악의 최종적 충돌: 제국들은 짐승으로 묘사되지만 하나님이 심판하심

- 시간표적 구원: 70이레(9장), "한 때, 두 때, 반 때"(7, 12장)

- 천상계와 지상계의 연속성: 보이는 역사 뒤에 영적 전쟁이 존재(10장)

다니엘서는 역사를 하나님의 구원 드라마로 보는 종말론적 세계관을 확립합니다.

⑥ 부활 신앙의 명확한 제시

다니엘서는 "땅의 티끌 가운데에서 자는 자 중 많은 사람이 깨어나 영생을 받는 자도 있겠고, 수치를 당하여서 영원히 부끄러움을 당할 자도 있을 것이며"(12:2절)라는 말씀을 통해 구약에서 가장 분명한 부활 신앙을 언급하고 있습니다.

이 구절은 구약 내부에서 명확히 자리 잡지 않았던 부활·심판 교리를 선명하게 제시하며, 신약(요 5장, 고전 15장, 계 20장)의 부활 신학과 직접 연결됩니다.

⑦ 영적 전쟁의 실체

10장은 보이는 정치·역사 사건 뒤에 영적 실체가 있음을 보여 줍니다.

- '바사의 왕자', '헬라의 왕자': 제국 배후의 영적 세력
- 미가엘 천사가 영적 전투에 개입

역사는 단순히 인간의 싸움이 아니라 하나님의 섭리와 악의 세력의 대립이 교차하는 장임을 밝힙니다.

⑧ 고난 속 인내와 순결의 신학

다니엘서의 독자는 포로 공동체뿐 아니라 박해받던 마카비 시대의 유대인들도 포함합니다. 그렇다 보니 다니엘서가 말하는 "지혜 있는 자는 궁창의 빛과 같이 빛날 것"(12:3), "모든 일이 다 끝나리라"(12:7)는 말씀은

고난 속에서도 인내와 순결을 지키는 신앙이 요구됨을 보여 주며, 신약의 박해 신학과도 연결됩니다.

⑨ 하나님 백성의 승리와 보상

다니엘서는 의로운 자들에게 약속된 하나님의 최종적 보상을 강조합니다.

- 풀무불에서의 보호
- 사자굴에서의 구원
- 마지막 때 영광스러운 부활(12:3)

지금 고난받는 백성에게 미래의 승리와 영광을 약속하는 위로의 책입니다.

다니엘서는 고난 속에서도 하나님의 백성이 지켜야 할 정체성과 믿음, 장차 오실 메시아와 하나님 나라의 영광을 바라보게 하는 신학적 메시지를 담고 있습니다.

다니엘서의 의문과 질문들

다니엘서는 서사(이야기)와 환상(묵시)이 함께 구성되어 있어 독자들에게 다양한 질문을 불러일으킵니다. 특히 고위 관료였던 다니엘이 이방 제국의 문화·지혜 체계 속에서 활동했다는 점은, 그의 기록과 신학에 어떤 영향을 주었는지에 대한 궁금증을 자연스럽게 낳습니다. 그로 인해 다음과 같은 신학적·문학적 질문들이 제기됩니다.

① 다니엘의 역사성과 본문구조

- 다니엘의 기록은 실제 역사인가, 상징적·문학적 서사인가?
- 히브리어와 아람어로 나뉜 본문은 뉘앙스, 강조점, 통찰에서 차이가 있는가?

② 제국과 묵시의 비전

- 네 제국(2장·7장)은 어떤 제국을 의미하는가? 두 환상이 서로 일치하는가?
- '작은 뿔'의 정체는 누구인가?(안티오쿠스 4세? 미래의 적그리스도?)
- 70이레는 어떻게 계산해야 하는가? 문자적·상징적 해석의 기준은?

③ 부활과 인자의 신학

- 부활·영생 교리가 다니엘서에서 가장 구체적으로 나타나는 이유는 무엇인가?(헬레니즘 또는 조로아스터 교리의 영향 가능성?)
- '인자(사람의 아들)'는 누구를 가리키며 신약의 예수님과 어떤 관련이 있는가?

④ 하나님의 나라와 '정한 때'의 신비

- 하나님 나라는 어떤 왕국이며, 어떻게 이 땅에 임하는가?
- 왜 이방 제국과 악한 권세가 때때로 승리하는 것처럼 보이는가?(하나님의 "정한 때" 개념은 무엇인가?)

이러한 질문들은 단순한 호기심을 넘어, 다니엘서가 지닌 문학적·신학적 깊이를 더 정확하게 이해하게 만드는 관문 역할을 합니다. 아울러 이 질문들은 독자로 하여금 다니엘서가 구약의 신학에서 신약의 메시아 신학·종말론으로 이어지는 연결 고리라는 사실을 더욱 분명하게 인식하게 합니다.

[참고, 다니엘서의 질문에 대한 평신도의 생각]

1. 다니엘의 기록은 실제 역사인가? 상징적 이야기인가?

전통적 관점(유대교·보수적 기독교)에서는 다니엘서 1~6장을 실제 역사적 사건을 토대로 한 이야기로 이해합니다. 특히 다니엘, 세 친구, 풀무불, 사자굴 사건은 역사 속에 임재하신 하나님의 구원 사건으로 읽습니다.

반면, 비평학적 관점에서는 이야기부를 고대 궁정 이야기로 분류합니다. 즉, 역사적 인물을 바탕으로 하지만 문학적 구성과 신학적 의도가 강조된 이야기로 보며, 환상부(7~12장)는 마카비 시대 상황을 반영한 묵시문학으로 분석합니다.

정리하면, 이야기부는 역사적 전승을 문학적으로 해석한 이야기이며, 환상부는 묵시문학 형식을 지닌 신학적 메시지라고 이해할 수 있습니다.

2. 히브리어와 아람어 본문은 신학적·문체적 차이가 있는가?

히브리어는 이스라엘 내부 공동체의 언어, 아람어는 바벨론·페르시아 제국의 국제 공용어였습니다.

따라서 아람어 부분(2:4b~7장)은 세계 제국, 왕의 꿈, 이방 왕의 교만·겸손 등 '열방 전체가 듣는 메시지'를 담고 있어 아람어가 사용되었고, 하나님의 백성을 향한 계시·종말·부활 등 내적 신앙 공동체를 위한 메시지는(1장·8~12장) 히브리어로 기록된 것으로 이해됩니다.

따라서 언어 차이는 의도적이며, 메시지의 대상과 성격에 따라 문체·강조점이 달라진 것으로 보는 것이 일반적입니다.

3. 다니엘서의 네 제국(2장, 7장)은 무엇인가?

초대교회 · 중세 교부 · 개신교 · 가톨릭 등 전통적 다수는 네 제국을 바벨론, 메대-바사(페르시아), 헬라(알렉산더 제국), 로마 제국으로 해석하고 있습니다.

일부 비평학적 견해는 메대와 바사를 별개의 제국으로 보기도 하나 소수 의견에 속합니다.

4. '작은 뿔'은 누구인가?

전통적(이중적 성취) 해석:

- 역사적 1차 성취: 안티오쿠스 4세 에피파네스
- 종말적 성취: 적그리스도적 인물(종말의 반역 세력)

학문적 관점에서는 대부분 안티오쿠스 4세를 직접 지칭한다고 봅니다.

정리하면, 작은 뿔은 역사적으로 안티오쿠스 4세를 가리키며, 신학적으로는 궁극적 반역 세력을 예표하는 상징으로 이해됩니다.

5. 70이레는 어떻게 계산하는가?

70이레(9:24~27)는 '하나님이 정하신 구속의 시간표'로 해석되며, 크게 세 가지 해석이 있습니다.

① 전통적 해석(역사적 성취 중심)

- 70이레 = 490년

- 예루살렘 회복 → 메시아 오심 → 메시아의 고난과 죽음으로 연결

② 상징적 해석(비평학 중심)

- 70이레는 완전한 하나님의 시간을 상징하는 숫자

- 마카비 시대 상황을 반영한다고 해석

③ 종말론적 해석(세대주의 · 전천년설)

- 마지막 "한 이레"는 미래 종말 시대에 성취될 것으로 이해

정리하면, 다니엘서의 70이레는 단순한 계산법이라기보다 "하나님이 역사를 주권적으로 통제하신다"라는 신앙 고백으로 이해하는 것이 적절할 것입니다

6. 다니엘서의 부활·영생 교리가 가장 구체적인 이유는? 조로아스터교 영향인가?

포로기 이후 이스라엘 공동체 안에서 의인의 보상, 최후 심판 신앙이 강화되었고, 사 26:19, 겔 37장 등에서 등장한 부활 개념이 묵시문학적 상황 속에서 정교화되었습니다.

일부 학자들은 조로아스터교의 영향을 제기하지만, 직접적인 증거는 없으며, 보수 기독교 전통은 이를 하나님 계시의 점진적 발전으로 이해합니다.

따라서, 헬레니즘 세계의 종교적 분위기가 환경적 영향을 주었을 가능성은 있으나, 유대 부활 신앙의 근원은 성경 내부 전승에 있다고 보는 것이 타당합니다.

7. '인자'는 누구인가?

다니엘서 7장의 "인자 같은 이"는 하늘 구름을 타고 오는 초월적 존재, 영원한 권세를 받고, 만민의 경배를 받는 것으로 묘사되고 있습니다.

이에 대해 유대교는 천사적 존재(특히 미가엘) 혹은 의인 공동체를 대표하는 상징으로 해석하고 있고, 기독교는 메시아 예수님으로 해석하며, 예수님이 스스로를 '인자'라 부르신 이유의 핵심 배경으로 삼고 있습니다.

따라서 다니엘서의 '인자'는 초월적 왕권을 지닌 존재로, 신약에서는 예수 그리스도의 정체성을 밝히는 중심 개념입니다.

8. 하나님 나라는 어떤 나라인가?

사람 손으로 하지 않은 돌(2장)은 초월적 기원을 뜻하며, 네 제국을 무너뜨리는 왕국은 역사 위에 임하는 하나님의 주권을 표현합니다. 그리고 인자에게 맡겨진 영원한 나라(7장)는 종말적·메시아적 왕국을 의미합니다.

그러므로 하나님 나라는 인간 제국보다 크고 영원하며, 메시아를 통해 완성되는 종말적 왕국이라고 할 수 있습니다.

9. 고난 속에서 왜 악이 종종 승리하는가?

다니엘서는 이 문제를 매우 정직하게 다룹니다.

- 하나님이 허락하신 '정한 때' 때문
  - 악은 잠시 승리하는 것처럼 보이나 결국 하나님께서 심판하심(7:21~22)

- 보이지 않는 영적 전쟁이 있기 때문
  • 정치·역사 사건의 배후에는 영적 세력이 존재함(10장)
- 의인 연단의 목적
  • 고난은 의인을 정결하게 하며, 지혜로운 자는 "빛과 같이 빛난다"(12:3)

그러므로 악의 승리는 일시적이며, 하나님 나라의 최종 승리를 위한 과정일 뿐
입니다.

8.

소예언서(열두 예언서)

열두 예언서는 히브리 성경에서 전통적으로 한 권의 책으로 취급되어 왔습니다. 이 책들은 분량뿐 아니라 주제의 연속성, 신학적 흐름, 시대적 연속성을 함께 가지고 있어 고대 이스라엘의 신앙 전승 안에서 하나의 통합된 예언서 모음으로 인식되었기 때문입니다. 따라서 유대 전통에서는 이들을 '열두 예언자(The Twelve)'로 불러왔습니다.

이 모음집은 북이스라엘 멸망 이전의 예언자들[1] 남유다 위기 시대의 예언자들[2], 포로 후 시대의 예언자들[3]으로 구성되어 있습니다.

비록 각 책은 역사적 상황과 문학적 배경은 다르지만, '하나님의 심판과 회복', '여호와의 날', '정의와 공의', '열방에 대한 하나님의 주권'이라는 핵심 주제를 공유하고 있습니다. 특히 '여호와의 날' 사상은 열두 예언서를 관통하는 신학적 축으로 작용합니다.

따라서 열두 예언서를 하나의 단위로 읽을 때, 독자는 12명의 독립적인 예언자의 메시지 너머에서 심판에서 회복으로 이어지는 하나님의 구원

---

1) 호세아·요엘·아모스·요나
2) 오바댜·미가·나훔·하박국·스바냐
3) 학개·스가랴·말라기

이야기 전체를 조망할 수 있습니다.

열두 예언서는 70인역(LXX)으로 번역되는 과정에서 현재와 같은 12권의 분책 형태로 자리 잡게 되었습니다. 히브리 성경이 두루마리 형태로 전승되었던 것과 달리, 70인역은 코덱스(Book) 형태로 편집되면서 문서 단위를 세분화해 보관하는 것이 더 실용적이 되었고, 각 예언서의 독특한 메시지를 개별적으로 가르치고 설교하기에도 더욱 적합한 구조가 마련되었습니다.

라틴어 불가타[1](Vulgate) 성경 역시 70인역의 구성을 따라 소예언서를 12권으로 배열하였습니다. 종교개혁자들은 히브리어 원문을 회복하려 했음에도 불구하고, 책의 배열 방식은 서방교회의 전통을 계승하였고, 이로 인해 오늘날의 개신교 성경에서도 소예언서는 하나의 책이 아니라 12권으로 구분된 형태를 유지하게 되었습니다.

열두 예언자의 활동 시기

소예언서의 열두 예언자는 약 400년에 걸쳐 다양한 시대적 배경 속에서 활동했습니다. 이들의 메시지는 이스라엘과 유다의 멸망, 포로기, 귀환 이후 재건까지 이스라엘 역사의 주요 전환점을 포괄합니다.

---

1)   히에로니무스의 가톨릭 라틴어 성경, 406년경 완성된 이후, 천년 넘게 사용

① 북이스라엘 멸망 이전의 예언자들(4명)

요엘(기원전 9~5세기 추정) → 요나(기원전 8세기) → 아모스(기원전 8세기) → 호세아(기원전 8세기) 순으로 활동한 것으로 일반적으로 추정됩니다.

요엘의 활동 시기는 학계에서도 논란이 많아 기원전 9~5세기까지 폭넓게 추정됩니다. 요나와 아모스는 북이스라엘의 전성기였던 여로보암 2세(기원전 8세기) 때 활동한 것으로 보며, 호세아는 북이스라엘 말기, 앗수르의 압박과 정치적 혼란이 심화되던 시기의 예언자로 이해됩니다.

② 남유다 위기 시대의 예언자들(5명)

대략적인 활동 시기는

- 미가(기원전 8세기, 요담·아하스·히스기야 시대)
- 나훔(기원전 7세기, 요시야 이전)
- 하박국(기원전 7세기, 여호야김 시대)
- 스바냐(기원전 7세기, 요시야 시대)
- 오바댜(기원전 6세기, 시드기야 이후)

의 순서로 추정됩니다.

오바댜는 전기설(기원전 9세기)과 후기설(기원전 6세기) 두 견해가 존재하지만, 오바댜서에 유다 멸망(기원전 586) 이후 에돔의 배신이 언급된다는 점에서 기원전 6세기 후기설이 더 널리 받아들여지는 견해입니다.

학개와 스가랴는 기원전 6세기경 페르시아 다리오 1세(기원전 522~486)[1] 시대, 즉 유다 귀환 이후 성전 재건을 독려하던 에스라-느헤미야 시대의 예언자이며, 말라기는 그 이후인 기원전 5세기경 아닥사스다 1세(기원전 465~424) 시대에 활동한 것으로 보입니다. 이 시기는 포로 귀환 공동체가 성전과 신앙을 회복하고 공동체 정체성을 재정립하던 시기입니다.

열두 예언서의 전승과 편집 과정

열두 예언서는 처음부터 한 권의 책이었던 것이 아니라, 원래는 각각 독립된 예언자 전승에 기초하고 있었습니다. 그러나 포로기 이후 공동체는 여러 예언자들의 메시지를 하나의 신학적 틀 속에서 이해할 필요를 느꼈고, 이 과정에서 개별 예언서는 하나의 두루마리 안으로 편집되며 의도적인 신학적 연결 구조를 갖추게 되었습니다.

학자들은 열두 예언서를 단순한 모음집이 아니라, 편집자의 신학적 의도가 반영된 하나의 통일된 작품으로 봅니다. 각 책의 마지막 문구가 다음 책의 주제와 이어지고, '여호와의 날'이나 '남은 자' 같은 표현이 반복되며, '심판-질문-희망'으로 이어지는 흐름이 전체를 하나의 구속사적 이야기로

---

[1] 다리오 1세는 포로 귀환 공동체의 재정비가 본격화되던 시기이며, 성전 재건이 다시 진행된 배경이 됨

엮고 있기 때문입니다.

또한 요나나 오바댜 같은 독특한 형식의 책들도 편집 과정에서 '열방에 대한 하나님의 주권'이라는 큰 주제를 형성하는 데 의미 있게 배치되었습니다. 따라서 열두 예언서는 각 예언자의 독립성과 함께, 공동체가 읽어야 할 '하나님의 메시지의 연속성'을 강조하는 문학적·신학적 구조를 가지고 있습니다.

열두 예언서의 개별 예언자 전승은 대체로 기원전 8~5세기 사이에 형성된 것으로 보입니다. 북이스라엘과 남유다의 멸망 이후인 기원전 6세기경부터는 이러한 예언 전승들을 하나의 전통으로 묶고 정리하려는 움직임이 나타났습니다.

이어서 기원전 5세기 전후, 바벨론 포로에서 돌아온 공동체는 예언 전통을 재해석하고 체계화할 필요를 느꼈으며, 이때 북이스라엘·남유다의 심판 예언과 포로 귀환 이후의 회복 예언 등이 점차 하나의 묶음으로 인식되기 시작했습니다.

이러한 흐름 속에서 개별 예언 전승을 하나의 두루마리로 묶으려는 초기 시도가 이루어진 것으로 보입니다.

기원전 4~3세기경 제2성전 시대에 들어서면서 '열두 예언자(The Twelve)'라는 개념이 본격적으로 정착합니다. 이 시기부터 열두 예언서는 실제로 하나의 두루마리에 담기며 하나의 책으로 호칭되기 시작했습니다.

'12'라는 숫자 또한 이스라엘 12지파를 상징하는 상징적·의도적 배열로 이해됩니다. 사해문서(쿰란)에서도 열두 예언서는 하나의 두루마리로 발견되어 이러한 전통을 확인시켜 줍니다.

기원전 3~2세기경에는 각 예언서를 특정한 순서로 배열하고, 앞뒤 책이 자연스럽게 연결되도록 문장, 주제, 용어를 조정하는 편집 작업이 이루어진 것으로 보입니다. 이러한 최종 편집을 통해 오늘날과 같은 호세아로 시작하여 말라기로 끝나는 전승 구조가 확정되었습니다.

이후 70인역(LXX)은 이 히브리어 전통의 구조를 수용하되, 코덱스 형태의 책이라는 특성을 따라 열두 예언서를 독립된 12권의 책으로 분리하여 편집했습니다. 반면 히브리 성경 전통에서는 오늘날까지도 열두 예언서를 단일한 한 권의 책으로 간주하고 있습니다.

열두 예언서의 주요 내용

'열두 예언서'는 개별적으로는 서로 다른 시대·상황·형식·메시지를 담고 있지만, 전체적으로는 '심판 → 질문 → 회복'이라는 큰 신학적 구조 안에서 읽을 수 있습니다.

① 호세아서

하나님의 언약적 사랑을 혼인 비유로 설명하며, 배반 속에서도 포기하지 않는 하나님의 사랑과 회복의 약속을 강조합니다.

- 이스라엘의 배반을 음행한 아내 비유로 표현
- 심판이 임하나 하나님은 언약을 버리지 않으심
- 핵심 구절: "내 백성이 지식이 없으므로 망하는도다"(4:6)

② 요엘서

'여호와의 날'을 중심으로 심판과 회복을 선포하며, 성령 강림의 약속을 제시합니다.

- 메뚜기 재앙을 하나님의 심판으로 해석
- 회개를 촉구하며 성령 부어주심을 약속
- 핵심 구절: "그 후에 내가 내 영을 만민에게 부어 주리니"(2:28)

③ 아모스서

사회적 불의와 종교적 위선을 고발하며, 하나님의 정의가 물 같이 흐를 것을 촉구합니다.

- 가난한 자를 압제하는 경제·사법적 부패 고발
- 형식적 예배를 책망
- 핵심 구절: "오직 정의가 물 같이, 공의가 마르지 않는 강같이 흐르게

할지어다"(5:24)

④ 오바댜서

형제국 에돔의 교만과 배신을 꾸짖으며, 하나님은 교만을 낮추고 정의를
이루시는 분임을 선포합니다.

- 에돔의 배신을 고발
- 시온의 회복과 열방 심판 예고
- 핵심 구절: "여호와께서 만국을 벌할 날이 가까웠나니"(1:15)

⑤ 요나서

예언자 이야기 형식으로, 니느웨를 향한 하나님의 긍휼을 보여 주며 하나
님의 자비가 열방으로 확장됨을 드러냅니다.

- 요나의 불순종과 니느웨의 회개
- 하나님은 이방 민족도 불쌍히 여기심
- 핵심 구절: "내가 어찌 아끼지 아니하겠느냐"(4:11)

⑥ 미가서

지도자들의 불의를 비판하며, '정의 · 인애 · 겸손'이라는 삶의 기준을 제시
하고, 베들레헴에서 나올 메시아를 예언합니다.

- 지도자들의 불의와 공동체의 타락 고발

- 베들레헴 메시아 예언
- 핵심 구절: "정의를 행하며 인자를 사랑하며 겸손하게 네 하나님과 함께 행하는 것이 아니냐"(6:8)

⑦ 나훔서

니느웨의 멸망을 선언하며, 하나님의 공의가 결국 완성된다는 희망을 전합니다.

- 폭력과 잔혹의 도시 니느웨에 대한 심판
- 하나님은 악을 오래 참지만 반드시 심판하심
- 핵심 구절: "여호와는 선하시며 환난 날에 산성이시라…"(1:7)

⑧ 하박국서

악인의 번영과 고난의 문제를 하나님께 질문하며, "의인은 믿음으로 살리라"는 신앙의 핵심을 제시합니다.

- 악인의 번영에 대해 질문
- 하나님의 응답: "의인은 그의 믿음으로 말미암아 살리라"(2:4)
- → 상황이 바뀌지 않아도 하나님을 신뢰하는 신앙의 선언

⑨ 스바냐서

임박한 '여호와의 날'을 경고하며, 심판 속에서도 남은 자의 회복을 약속합니다.

- 심판의 날 경고

- 남은 자를 통한 회복

- 핵심 구절: "너를 잠잠히 사랑하시며… 기뻐하시리라"(3:17)

⑩ 학개서

무너진 성전을 다시 세우도록 백성을 격려하며, 순종을 통해 영광이 회복됨을 약속합니다.

- 성전 재건 독려

- 순종 속에 영광 회복

- 핵심 구절: "이 성전의 나중 영광이 이전보다 크리라"(2:9)

⑪ 스가랴서

환상과 상징을 통해 장차 올 회복과 메시아적 미래를 제시합니다.

- 8개의 환상으로 회복 계획 제시

- 메시아적 왕·제사장 예표

- 핵심 구절: "힘으로 되지 아니하며 능력으로 되지 아니하고 오직 나의 영으로 되느니라"(4:6)

⑫ 말라기서

형식적 신앙과 영적 무감각을 꾸짖으며, 언약의 갱신과 엘리야의 재림을 통한 회복을 선포합니다.

- 형식적 예배와 제사장의 타락 고발

- 엘리야의 재림(세례 요한 예표) 약속

- 핵심 구절: "내가 선지자 엘리야를 너희에게 보내리니"(4:5)

열두 예언서는 다음의 큰 이야기 흐름을 따라 전개됩니다.

1) 심판의 선언: 호세아-요엘-아모스-오바댜

2) 신정론적 질문과 신앙의 본질: 요나-미가-나훔-하박국

3) 회복과 미래의 소망: 스바냐-학개-스가랴-말라기

문학적으로는 12권이 하나의 구속사적 스토리를 이루며, 신학적으로는 하나님의 공의, 언약의 신실함, 회복의 약속, 열방까지 확장되는 구원의 모습이 일관되게 드러납니다.

열두 예언서의 신학적 의미

열두 예언서는 다양한 시대와 상황 속에서 주어진 예언의 메시지를 통해, 구약 신학의 중심 주제들을 집약적으로 드러내는 독특한 위치를 갖고 있습니다. 그 신학적 의미는 다음과 같습니다.

① 심판과 회복의 이중 구조

열두 예언서 전체는 심판과 회복이라는 이중 구조 속에서 전개됩니다. 하

나님의 심판은 단순한 파괴나 멸망이 아니라, 언약 공동체를 정화하여 회복으로 이끄는 하나님의 구원 과정임을 반복적으로 보여 줍니다. 즉, 심판은 끝이 아니라 새로운 시작을 위한 하나님의 개입인 것입니다.

② '여호와의 날'의 확장된 의미

요엘과 스바냐를 중심으로 나타나는 '여호와의 날'은 각 시대의 역사적 재난을 넘어서, 심판과 구원이 동시에 나타나는 종말론적 의미를 함께 지니게 됩니다. 이는 하나님이 역사의 주관자이심을 드러내며, 종말론적 소망과 긴장을 동시에 담고 있습니다.

③ 정의와 의로움에 대한 하나님의 요구

아모스와 미가는 참된 신앙이 단순히 예배와 제사 행위에 머물지 않고, 정의·공의·자비·겸손이라는 윤리적 삶의 실천으로 나타나야 함을 강조합니다. 하나님께서 요구하시는 경건은 사회적 정의가 실현되는 공동체를 세우는 것임을 뚜렷하게 제시합니다.

④ 열방에 대한 하나님의 긍휼과 주권

요나는 이방 민족도 회개하면 하나님은 긍휼을 베푸신다는 사실을 드러내고, 나훔은 악을 행한 열강에게도 하나님의 공의가 동일하게 적용됨을 보여 줍니다.

이러한 대비는 하나님이 이스라엘만의 하나님이 아니라 모든 민족을 다스리시는 주권자이심을 강조하며, 열방을 향한 하나님의 구원 의지를 예시하고 있습니다.

⑤ 언약의 지속성과 회복의 약속

호세아에서 나타나는 하나님의 언약적 사랑(헤세드)은 이스라엘의 불순
종에도 불구하고 하나님의 신실하심이 지속됨을 보여 줍니다. 이 언약적
신실함은 포로 후 시대 예언서(학개·스가랴·말라기)에서 회복, 새 공동
체, 메시아적 미래라는 형태로 다시 강조되며, 하나님의 언약은 끊어지지
않고 역사 속에서 성취의 방향으로 나아간다는 진리를 제시합니다.

이렇게 열두 예언서는 개별 예언자들의 다양한 메시지를 넘어, 심판 속에
서도 회복을 예비하시는 하나님, 정의를 요구하시는 하나님, 열방을 향해
긍휼을 베푸시는 하나님, 언약을 신실하게 성취하시는 하나님을 증언하
며 하나의 통합된 신학적 초상을 분명하게 그려 냅니다.

열두 예언서와 관련된 의문과 질문들

열두 예언서는 북이스라엘과 남유다, 포로기라는 역사적 상황 속에서 기
록되었으며, 열두 명의 예언자들은 각기 다른 시대적 배경과 문학적 특징
을 가지고 있습니다. 이러한 다양성 때문에 독자들은 자연스럽게 여러 의
문과 질문을 품게 되며, 이 질문들은 오히려 열두 예언서를 깊이 이해하
는 데 중요한 출발점이 됩니다.

① 열두 예언서의 통합적 구조

- 12권의 책은 각기 특색이 있는데, 이 책에서는 왜 하나의 이야기처럼 묶어서 설명하는가?
- 포로 후 예언자들의 메시지는 이전 예언자들과 무엇이 다른가?

② 하나님의 자비와 심판의 긴장

- 하나님은 니느웨 백성의 생명은 아끼셨으면서 왜 북이스라엘과 남유다는 심판하셨는가?
- '여호와의 날'은 심판인가, 구원인가?

③ 요나와 니느웨 전승의 신학

- 요나서는 왜 열린 결말로 끝나는가?
- 요나는 왜 반복적으로 "죽여 달라"고 요청했는가?
- 나훔과 요나의 니느웨 메시지는 서로 모순되지 않는가?

④ 예언과 시대적 다양성

- 하박국은 더 악한 바벨론을 통해 이스라엘을 심판하겠다는 하나님의 말씀을 어떻게 받아들였는가?
- 요엘서의 시대는 왜 학자들 사이에 큰 논쟁이 있는가?
- 오바댜서는 왜 이렇게 짧은가?

이와 같은 질문들은 열두 예언서를 단순한 심판 선언으로만 이해하지 않게 하며, 그 안에서 하나님이 심판과 회복을 통해 구원의 길로 인도하시는 깊은 뜻을 발견하게 합니다. 그리고 무엇보다도 열두 예언서는 메시아 도래를 준비하는 신약 시대의 소망을 품게 하는 신학적 기반을 제공해 줍니다.

1. 12권의 책은 각기 다른 내용과 특색이 있는데, 이 책에서는 왜 하나로 묶어 설명하는가?

열두 권을 각각 따로 설명하면, 오히려 12권이 서로 어떻게 연결되고 어떤 신학적 흐름을 형성하는지 파악하기 어려워질 수 있습니다. 또한 시대·환경·메시지에 대한 설명이 반복되면서 독자의 피로감이 커질 수도 있습니다.

반면, 열두 예언서는 편집 과정에서
- 반복되는 주제(심판-회복, 여호와의 날, 남은 자),
- 서로 이어지는 표현,
- 점진적인 신학적 흐름
이 의도적으로 배열되었기 때문에 하나의 큰 이야기로 읽히도록 구성되어 있습니다.

이런 이유로 열두 예언서를 하나의 구조 속에서 설명하는 것이 더 이해하기 쉽고 자연스럽습니다. 다만 그 안에서도 각 예언서의 핵심 내용과 특징을 가능한 한 놓치지 않도록 균형 있게 설명했습니다.

2. 포로 후 예언자들의 메시지는 이전 예언자들과 무엇이 다른가?

포로 전 예언자(호세아 ~ 스바냐)는 심판·경고·회개 촉구가 중심인 반면, 포로 후 예언자(학개·스가랴·말라기)는 회복·성전 재건·새로운 공동체·메시아적 미래가 중심입니다.

특징을 정리하면:

- 성전 재건의 사명(학개)

- 종말론적 환상과 메시아 희망(스가랴)

- 형식적 신앙에 대한 경고와 언약 갱신(말라기)

전체적인 초점이 심판에서 회복으로, 현재에서 미래로 옮겨갑니다.

3. 하나님은 니느웨의 생명은 아끼셨으면서 왜 북이스라엘과 남유다는 심판하셨는가?

핵심은 회개에 대한 반응입니다.

- 니느웨: 짧은 메시지에도 즉각 회개(욘 3:5~10)
- 이스라엘 · 유다: 수백 년 동안 수많은 예언자를 보냈음에도 반복적으로 거부

또한 "내가 땅의 모든 족속 가운데 너희만을 알았나니 그러므로 내가 너희 모든 죄악을 너희에게 보응하리라"(암 3:2)는 말씀처럼, 이스라엘과 유다는 언약 백성이었기에 특권과 함께 더 큰 책임이 요구되었습니다.

따라서 하나님의 심판과 긍휼은 모순이 아니라, 각 공동체의 반응과 언약적 책임에 따른 공의로운 결과입니다.

4. '여호와의 날'은 심판인가, 구원인가?

여호와의 날은 심판과 구원이 동시에 나타나는 사건입니다.

- 악인에게는 심판

- 하나님을 찾는 자에게는 구원

요엘과 스바냐는 '여호와의 날'을
- 하나님의 최종 개입
- 역사의 전환점
- 새로운 창조의 시작
으로 묘사하여 양면성을 가진 종말론적 사건으로 제시합니다.

5. 요나서는 왜 열린 결말로 끝나는가?

요나서의 목적은 요나의 성공적인 사역 기록이 아니라,
요나의 마음(편협함)과 하나님의 마음(긍휼)을 대조하는 것입니다.

마지막 장면을 열어 두는 이유는, 하나님이 요나에게 하신 질문이 독자에게도
동일하게 던져지기 때문입니다.

"너는 니느웨를 아끼는 하나님의 마음을 받아들일 것인가?"

따라서 요나의 결말은 요나의 변화보다 우리의 응답을 묻는 구조로 되어 있습
니다.

6. 요나는 왜 반복적으로 죽여 달라고 하였는가?

요나의 절망은 단순한 감정적 반응이 아니라 신학적·심리적 갈등에서 나온 것
입니다. 그는 하나님의 성품(긍휼·용서)을 잘 알고 있었기 때문에(욘 4:2), 니느
웨가 회개하면 하나님이 그들을 용서하실 것도 알고 있었습니다. 그 결과 원수

민족은 살아나며, 자신은 실패한 예언자처럼 보일 것이라고 생각했습니다.

요나는 민족적 경건심 때문에 하나님의 보편적 자비를 받아들이기 어려웠고, 이 긴장이 극단적으로 표현된 것입니다. 따라서 "죽여 달라"는 표현은 하나님의 뜻과 자신의 마음이 충돌할 때의 내면 붕괴를 보여 주는 의도적으로 사용된 문학적 장치입니다.

7. 나훔과 요나의 니느웨 메시지는 모순되는가?

전혀 모순되지 않습니다. 두 예언은 서로 100년 이상의 시간 차이를 두고 선언된 메시지입니다.

- 요나서: 니느웨가 회개하던 시점 → 긍휼
- 나훔서: 다시 폭력과 악으로 돌아간 시점 → 심판

즉, 두 책은 회개하는 자에게는 긍휼, 완악한 자에게는 심판이라는 하나님의 일관된 성품을 서로 다른 시대에서 보여 주는 것입니다.

8. 하박국은 더 악한 바벨론으로 심판하신다는 말씀에 어떻게 결론을 내렸는가?

하박국은 처음에는 이해할 수 없었지만(합 1장), 하나님과의 대화 속에서 다음 두 가지 결론을 얻습니다.

- 환경과 상관없이 하나님을 신뢰하기로 결단
  → "의인은 그의 믿음으로 말미암아 살리라"(2:4)
- 상황이 최악이어도 하나님으로 인해 기뻐함

→ "비록 무화과나무가 무성치 못하며… 나는 구원의 하나님으로 기뻐하리로
다"(3:17-18)

결국 하박국의 결론은 이해를 포기하는 것이 아니라, 이해를 넘어 하나님을 신
뢰하는 것이며, 상황이 아니라 하나님을 더 간절히 붙드는 믿음입니다.

9. 요엘서의 시대는 왜 논쟁이 많은가?

요엘서는 왕 이름·정치 사건 등이 거의 언급되지 않아 연대 결정이 어렵습니다.

- 초기설(기원전 9세기): 전통적 성전 중심 묘사
- 후기설(포로 후, 기원전 5세기): 문체와 신학이 스가랴·말라기와 유사

다수 학자들은 포로 후 시대를 더 선호하지만, 확정된 연대는 없습니다.

10. 오바댜는 왜 이렇게 짧은가?

오바댜서는 에돔의 배신이라는 단일 사건을 다루기 때문입니다. 주제가 명확하
고 목적이 좁기 때문에 긴 서사 구조가 필요 없었습니다. 짧지만 핵심 신학(정
의·열방 심판·시온 회복)은 매우 강렬합니다.

구약의 마지막 장면에 이르기까지, 우리는 창세기의 창조와 언약에서 시작된 하나님의 이야기와 인간의 응답을 따라 긴 여정을 걸어왔습니다. 열두 예언서의 심판과 회복, 질문과 소망을 지나며, 저 역시 그 이야기 속에서 오래 머물렀습니다.

구약의 마지막 페이지를 덮을 때 마음에 남는 것은 지식의 완성도나, 이해의 충족이 아니었습니다. 오히려 말씀을 관통하는 하나님의 인내와 신실하심, 그분의 오랜 기다림이 깊은 울림으로 남았습니다. 구약을 따라 걷는 일은 단지 역사적 사건을 나열하는 과정이 아니라, 하나님께서 그 모든 시간 속에서 어떻게 기다리시고, 어떻게 부르시며, 어떻게 다시 일으키시는지를 발견하는 여정이었습니다.

이 여정을 제 나름대로 따라가며, 저는 여러 본문 앞에서 멈추기도 하고, 때로는 이해할 수 없어 조용히 서 있기만 했던 순간들이 많았습니다. 잘 알고 있다고 생각했던 구절이 어느 날 전혀 다르게 다가온 적도 있었고, 설명할 수 없어 가만히 머물러야 했던 장면들도 있었습니다.

이 책을 쓰는 일 역시 크게 다르지 않았습니다. 정리된 답을 전달하기보다, 그저 제가 머뭇거리며 걸었던 흔적을 조심스럽게 옮겨 적는 마음이었습니다. 저는 여전히 배우는 사람이며, 여전히 많은 질문을 품고 있는 독자 중 한 사람입니다.

누군가에게 이 책이 도움이 된다면 기쁘겠지만, 누군가를 이끌거나 가르치려는 마음으로 쓴 글은 아닙니다. 오히려 "나도 잘 모르지만, 혹시 괜찮다면 함께 걸어 볼 수는 있겠습니다"라는 작은 마음으로 썼습니다.

저는 성경의 깊이를 다 이해하지 못합니다. 그렇다 보니, 이 책에도 분명 부족함이나 보완이 필요한 부분이 있을 것입니다. 혹시라도 신학적으로 보완할 점이나 어색한 해석이 있다면, 기꺼이 배우고 겸손히 수정해 나가고자 합니다. 말씀은 언제나 우리보다 크고, 우리는 그 앞에서 늘 배우는 존재이기 때문입니다.

그럼에도 불구하고 이 책을 마무리할 수 있었던 것은, 구약 곳곳에서 만난 하나님의 인내와 너른 품 때문이었습니다. 우리가 모든 것을 이해하지 못하더라도, 그분은 묵묵히 우리를 기다리시고, 다시 걸음을 내딛도록 이끌어 주셨습니다.

그리고 이 책을 마무리하며 다시금 확신하게 된 것은, 성경은 신앙 공동체 안에 보존된 기억(전승) 위에, 하나님의 섭리와 영감(편집)이 역사하시어 오늘의 모습이 되었다는 사실입니다.

책은 여기서 끝나지만, 구약을 읽는 여정은 끝나지 않는다고 생각합니다.

어떤 날에는 조금 앞서 나아가고, 어떤 날에는 다시 돌아가고, 또 어떤 날에는 멈추어 서 있다가 다시 걷게 되는—그런 긴 여정이 우리 모두에게 계속 이어질 것입니다.

이 책이 여러분의 걸음에 조금이라도 동행이 될 수 있었다면, 그것으로 충분합니다. 혹시 이 글 속에 부족함이나 어색함이 있었다면 너그럽게 이해해 주시고, 필요하다면 언제든 조언해 주시기를 부탁드립니다.

끝까지 함께 읽어 주셔서 진심으로 감사드립니다. 각자의 자리에서 말씀 앞에 조용히 서고, 때로는 질문하며, 때로는 아무 말 없이 머물며, 하나님을 조금 더 깊이 알아 가는 여정을 앞으로도 계속 함께 이어 가기를 소망합니다.